곽준혁

정치철학자이자 공화주의 이론가. 시카고대학교에서 마키아벨리에 대한 연구로 정치학 박사학위를 받았다. 고려대학교 정치외교학과 교수, 경북대학교 정치외교학과 교수, 이탈리아 볼로냐대학교 방문교수, 그리고 숭실대학교 가치와 윤리 연구소 공동소장을 역임했다. 현재 중국 중산대학교(中山大學校) 철학과 교수로 재직 중이며, 영국 루틀리지(Routledge) 출판사의 "Political Theories in East Asian Context"시리즈 책임 편집자를 맡고 있다.

지은 책으로는『마키아벨리 다시 읽기: 비지배를 꿈꾸는 현실주의자』,『지배와 비지배: 마키아벨리의 「군주」 읽기』,『경계와 편견을 넘어서』등이 있고, 옮긴 책으로『선거는 민주적인가』,『신공화주의』등이 있다.

KB108851

정치철학

르네상스와 근현대

민음

MODERN ERA POLITICAL PHILOSO

SOPHO

PERICLES

PROTAGORAS

THUKYDIDES

SOCRATES

ISOKRATES

XENOPHON

PLATO

ARISTOTLES

ANCIENT GREEK POLITICAL PHILO

정치철학

르네상스와 근현대

2

지배가 없는
권력은 가능한가

MARCUS

TULLIUS

CICERO

GAIUS

SALLUSTIUS

CRISPUS

LUCIUS

ANNAEUS

SENECA

TITUS LIVIUS

MARCUS

ANCIENT ROMA POLITICAL PHILOSOPHY

곽준혁

민음사

AURELIUS

AUGUSTINUS

AMICIUS

MANLIUS

SEVERINUS

BOETHIUS

AL-FARABI

AVICENNA

AVERROES

MOSES

MIDDLE AGES POLITICAL PHILOSOPHY

차례

5부

르네상스 정치사상

27

살루타티 Coluccio Salutati, 1331-1406

카이사르의 독재는 정당한가?

피렌체 공화정의 서기장이던 살루타티도 혼란을 이겨내기 위해서라면 군주정이 더 나을 수 있다는 생각을 갖고 있었다. 시민의 동의를 통치의 정당성으로 전제했지만, 통치의 동기에 주목하는 중세적 습관이 여전히 남아있었던 것이다.

도미니크회 출신 도미니치(Givanni Dominici) 추기경은 "기만, 힘, 돈, 그리고 파당과 족벌만 있을 뿐 그 어떤 정의(altro iustizia)도 없다." 고 15세기 초의 이탈리아를 한탄한다.[1] 비록 신앙인의 자세가 묻어나지만 그의 토로는 당시 유력 가문들의 파벌싸움으로 이탈리아 도시국가들이 도탄에 빠졌다는 사실을 여실히 보여 준다. 법 위에 군림하던 유력 가문들, 그리고 이들이 벌이는 싸움(furori)에 이탈리아인들의 일상마저도 파탄에 이르렀다는 것이다. 만약 이 싸움을 부추기는 교황까지 언급되었다면, 도미니치 추기경의 말은 13세기부터 누적된 이탈리아의 문제를 고스란히 전달해 줄 수 있었을 것이다.

이런 혼란 속에 이탈리아 지식인들은 로마제정의 정당성을 역설했던 세네카를 탐독한다.[2] 세네카는 『자비에 대하여』에서 군주의 모범적 사례를 아우구스투스에게서 찾는다.[3] 마찬가지로 이탈리아의 지식인들도 내전을 종식시키고 평화를 가져온 아우구스투스와 같은

단테

군주를 열망하고, 로마공화
정의 '자유(libertas)'가 한 사
람의 군주 아래에서도 실현
될 수 있다고 항변하며, 세네
카와 마찬가지로 '이성'이나
'자비'와 같은 도덕적 기준들
을 군주의 덕목으로 제시한
다.[4] 한편으로는 공화정을 뒤
엎고 등장한 이탈리아의 전
제군주들(signori)에게 새로운
이념적 근거가 제공된 셈이
고, 다른 한편으로는 군주의
덕성만이 체제의 정당성을 확보하는 기준으로 강조되는 경향이 형성
되었다.

　14세기 공화정의 지도자들도 '황제'와 '교황'의 알력 사이에서,
그리고 도시국가에 난립한 파벌의 끝없는 갈등 속에서 '군주의 모범
(speculum principis)'을 찾는다. 전제군주를 옹호하지 않더라도 '황제'와
'교황'의 대리인으로서가 아니라 이성적이고 도덕적인 덕성을 통해
도시국가의 생존과 번영을 위해 스스로를 헌신하는 '군주'가 가능한
대안일 수 있다는 생각이 널리 퍼졌던 것이다. 피렌체의 단테도 예외
가 아니었다.

살루타티

머리를 아래로 매달린 둘 중
검은 얼굴이 브루투스(Bruto)다.
보라. 몸이 뒤틀려도 말 한마디
못하는구나.[5]

단테는 『신곡』의 「지옥」 편에서
카이사르를 암살한 브루투스와
카시우스(Gaius Cassius)를 예수를
배반한 유다와 동일한 범주에 넣
고, 그들의 행위가 정의롭지 못
했음을 시사한다. 이러한 서술은
당시 지식인들 사이에 격론을 불
러일으킨다.[6] 브루투스의 행위가
아버지와 같은 사람을 살해한 배
은망덕한 행위인지 아니면 참주를 죽인 명예로운 행동인지, 카이사
르가 공화정을 무너뜨린 참주인지 아니면 공화정을 시대의 요청에
맞게 바꾸려던 탁월한 정치가였는지가 다시 논란거리가 된 것이다.

성공한 정치가

살루타티는 1331년 토스카나의 조그마한 마을 스티냐노에서 태어났다. 피스토이아와 루카 사이에 위치한 이 마을은 뻬샤(Pescia), 부기아노(Buggiano)와 더불어 살루타티 가문이 주로 거주하던 도시들 중 하나였다. 아버지 피에로 살루타티(Piero Salutati)는 1330년 황제파가 득세하면서 볼로냐로 도피했는데, 그로부터 1년여 후에 스티냐노에서 살루타티가 태어났다. 그리고 태어난 지 두 달 후에 어머니와 함께 볼로냐로 가서 그곳에서 아버지와 함께 살게 된다.

피에로 살루타티는 볼로냐의 군주(signoria)였던 페폴리(Taddeo de' Pepoli)의 도움을 받고 있었는데, 1341년 그가 죽은 이후에도 가족은 지속적으로 후원을 받을 수 있었다. 사실 페폴리 가문의 지원이 없었다면 살루타티는 페트라르카(Francesco Petrarca)에게 탁월한 인문주의 교육자로 칭송받은 몰리오(Pietro da Moglio)와 같은 학자에게 수사와 문법을 배울 수 없었을 것이다.[7] 당시 볼로냐는 법학으로 정평이 나 있었다. 이런 배경에서 자란 살루타티는 자연스럽게 공증인이 되기 위한 길을 걷는다.

1350년 페폴리 가문이 몰락하자 살루타티와 가족은 볼로냐를 떠나 고향으로 돌아왔다. 이듬해에 그는 피렌체에서 공증인 자격을 취득하고 이후 토스카나 일대를 전전하며 공증인으로 활동한다. 1367년 토디에서 시정을 맡기도 했고, 1368년부터 1369년까지 로마에서 교황 우르바노 5세의 비서인 프란체스코 브루니(Francesco Bruni)를 돕기도 했지만, 1370년 교황의 추천으로 피사로부터 독립한 루카의 서기장이 되기까지 그의 이력은 보잘것없었다.

1374년 2월 피렌체의 공증인이 되고, 1375년 4월 19일 피렌체 공화정의 서기장으로 선출되면서 살루타티의 인생은 곧 피렌체의 역사가 된다. 그는 서기장이 되자마자 시작된 교황 그레고리우스 11세와의 전쟁을 특유의 끈기와 능란한 외교로 극복했고, 1378년 교황 우르바노 6세와 피렌체에 부과된 벌금을 삭감함과 동시에 내정에서 로마교회의 영향력을 축소하는 내용을 골자로 하는 평화조약을 체결함으로써 명성을 떨쳤다. 또한 그가 이 시기에 작성한 외교 문서들은 철학적 깊이와 수사적 기교에서 타의 추종이 불가능하다는 평가를 받았으며, 1378년 빈민들과 하층 노동자들이 가담한 '치옴피의 폭동(Il Tumulto dei Ciompi)'에도 흔들리지 않는 정치적 영향력을 대내외에 과시했다.

인문주의 실천가

르네상스 인문주의(studia humanitas)를 중세의 종교적 장막에 가려진 고전들을 탐독했던 지식인 운동으로 단순화하는 경향을 종종 보게 된다. 그러나 르네상스 인문주의는 중세 수사학적 전통과 르네상스 수사가들(dictatores)의 필요가 결합된 것이었다. 즉 법률 문서를 작성하거나 중요한 편지를 대필하면서 웅변과 수사의 설득력을 높이기 위해 적합한 모델을 찾아 모방했고, 이러한 과정에서 유사 직업에 종사하는 사람들도 자연스럽게 고전을 공부하고 연구하게 되었다는 것이다.[8]

그럼에도 불구하고 최초의 인문주의자들은 실천적이거나 정치적이었다기보다 문학적이고 철학적인 담론에 매몰되어 있었다. 정치적으로 민감한 문제에서도 키케로와 세네카의 언술들을 통해 '공공선'의 중요성을 강조하는 수준에 머물렀다.[9] 이러한 특성은 최초의 인문주의를 대표하는 페트라르카를 보면 잘 드러난다. 그는 로마인들의 문헌과 역사에 큰 관심을 보이지만, 키케로나 세네카와 같이 실제로 정치에 관여할 의사는 없었다.[10] 비록 '조국에 대한 애정'으로 이탈리아의 노예적 삶을 극복하고 고대 로마의 영광을 재현해야 한다는 호소는 있지만,[11] 정치에 참여함으로써 문제를 해결하려는 의지가 보이지 않는 것이다.

반면 살루타티는 이러한 최초 인문주의 전통과 다른 정치적 태도를 보여 준다. 그는 한편으로는 개인의 정치적 성공을 넘어 인문주의의 정치적 실천을 고민하고, 다른 한편으로는 브라촐리니(Poggio Braccriolini)와 브루니 같은 후학들과 함께 밀라노의 비스콘티(Giangaleazzo Visconti)의 정치적 선전에 대항하는 공화주의 이념을 구체화한다. 이런 실천적 움직임은 1390년부터 가시화된다. 그는 열정적으로 고대 문헌들과 기록들을 모으고, 정치가로서 자신의 생각을 정책에 적용하기 시작했다. 그리고 이런 일련의 과정을 통해 피렌체가 로마 시민들이 추구했던 '자유'의 진정한 상속자이며 로마공화정

페트라르카

이 누렸던 영광을 재현할 주체라는 점을 분명히 한다.[12]

이러한 인식론적 전환은 살루타티가 공증인으로서 법률적 수사와 정치적 업무에 오랫동안 종사했기에 가능했다. 그는 페트라르카와 달리 실천적인 측면에서 고전들을 읽었다. 실제로 그는 고대 정치철학자들의 지혜를 도덕적 이상이나 지성의 요람으로 여기지 않고, 보다 설득력 있는 수사를 만들어 내는 실천적 지침으로 여겼다.[13] 최초의 인문주의자들처럼 신학자들과 종종 논쟁을 벌이기도 했다. 그러나 그에게는 기독교적 '자비(caritas)'와 시민적 '덕성(virtus)'이 구분되어야 할 이유도, 적대적일 이유도 없었다.[14] 왜냐하면 그가 보기에 '공동체의 행복(politica felicitas)'을 위해서는 전자도 후자도 모두 필요했기 때문이다.

살루타티의 참주론

1375년부터 죽기까지 피렌체 공화정부의 서기장을 역임했던 살루타티도 '카이사르의 독재가 정당했는가?'라는 질문으로부터 자유롭지 못했다. 사실 중세 전반에 걸쳐 로마공화정이 표방했던 '자유'는 정치체제의 특성과 무관하게 이해되는 경향이 있었다. 키케로가 내세운 '평등한 자유(aequa libertas)', 즉 "모든 시민들이 자유롭고 평등한 조건을 향유해야 한다."는 전제가 정치체제의 정당성을 판단하는 기준으로 적용되지 못했다는 것이다. '법치'와 '동의'를 강조했던 아퀴나스도 군주정을 선호했을 정도였다.[15]

반면 키케로를 따르는 인문주의자들은 '한 사람'의 통치는 시민적 자유를 보장해 줄 수 없다고 생각했다.[16] 이들에게 카이사르의 독재는 내전의 종식과 공공의 안전이라는 고귀한 목적을 가졌더라도 결코 정당화될 수 없는 통치였고, 동일한 맥락에서 브루투스에 대한 단테의 비난은 쉽게 받아들여질 수 없었다. 배신의 결과라기보다 불행한 운명일 뿐 브루투스의 실패를 부도덕의 결과로 본다거나 그가 지향한 바가 잘못되었다고 생각하지 않았던 것이다.

따라서 살루타티가 『참주에 대하여(De Tyranno)』(1400)에서 카이사르의 독재를 옹호하고 군주정을 최상의 정체라고 말한 것은 충격이 아닐 수 없었다. 파도바 대학의 안토니오(Antonio da Aquila)라는 학생이 던진 질문에 대한 답변의 형식으로 쓴 이 저술에서, 그는 카이사르의 통치는 신이 정한 운명이었을 뿐만 아니라 시민들의 동의에 기반을 둔 것이라고 주장한다. 카이사르를 '국부(國父, pater patriae)'이자 시민들의 광범위한 지지를 받은 자애로운 통치자로 이해한 것이다.[17] 다시 말하자면, 카이사르의 통치는 '행위에 의한 참주(tyrannus ex parte exercitii)'도 '부당한 자격에 의한 참주(tyrannus ex defectu tituli)'도 아니었기에 브루투스에 대한 단테의 평가는 옳았다는 것이다.

물론 살루타티는 전제군주정을 옹호할 생각이 없었다. 그는 일관되게 '참주정'을 노예를 다스리는 나쁜 정치체제로 간주하고, 자유롭고 평등한 시민들을 대상으로 하는 '정치적 통치(principatus politicus)'와 대조되는 것으로 여긴다.[18] 그리고 카이사르가 시민들의 자유를 '노예상태(servitutem)'로 전락시켰다고 주저 없이 말하기도 한다.[19] 다시 말하자면, 『참주에 대하여』는 어떤 수사적 목적을 갖고 있고, 이런 목적에 맞게 그가 카이사르의 통치를 두둔했다는 것이다.

살루타티가 『참주에 대하여』에서 카이사르를 옹호한 것은 신성로마제국 황제의 역할에 대한 기대를 반영한다.[20] 당시 피렌체는 황제와의 관계를 통해 밀라노를 견제하고, 황제를 비롯해 동맹을 맺은

살루타티

군주들과 관계를 돈독하게 유지하는 것이 무엇보다 중요했다. 그렇기에 그는 군주정은 곧 참주정이라고 단언할 수 없었다. 대신 카이사르가 집권하기 전 로마공화정은 이미 붕괴되었고, 내분을 종식시킬 '한 사람'의 통치가 필요한 시점이었다고 항변한다.[21] 그럼에도 불구하고 군주정도 시민적 자유를 보장할 수 있다는 견해를 단순히 외교적 수사의 일환으로 간주할 수만은 없다. 시민의 동의를 통치의 정당성으로 전제했지만, 정치체제의 형태가 아니라 통치의 동기에 주목하는 중세적 습관이 여전히 남아 있었던 것이다.[22]

28
브루니 Leonardo Bruni, 1370-1444
공화(共和)냐 자유(自由)냐?

브루니는 '시민적 자유'와 '정치참여'로 대표되는 르네상스 '시민적 인문주의'의 전형으로 평가받는다. 그러나 그의 정치사상을 이런 틀에 가두는 것은 무리다. 그의 제도적 구상에서는 여전히 자유와 평등보다 조화와 단합이 강조되고, 빈민과 하층민의 정치참여에 대한 부정적인 견해가 내재되어 있다. 이것이 그의 공화주의가 갖는 이중성에 주목해야 할 이유다.

13세기에 유럽의 상업 계층(mercatores)은 토지귀족들이 독점하던 정치권력의 판도를 완전히 바꾸어 버릴 기세로 급속히 성장했다. 부의 축적(quaestus)에 대한 도덕적 멸시는 사라졌고, 교회와 정치를 독점하고 있던 귀족들도 앞을 다투어 상인들과 손을 잡기 시작했다. 비록 전사적 용맹과 귀족적 교양을 내용으로 하는 덕목들이 여전히 중시되었지만, 공증인과 같이 새롭게 각광을 받기 시작한 업종에 종사하는 사람들이 조성한 새로운 가치들이 기존의 관습과 특권을 서서히 대체해 나갔다.[1]

그러나 상업적 변화가 기존 정치세력의 재편으로 곧바로 귀결되지는 않는다. 자본주의의 발달과 사회구조적 변화의 연관을 강조하는 학자들조차 이런 사실을 부인하지 못한다.[2] 토지귀족과 상업 계층의 첨예한 대립은 14세기에도 지속되었고, 길드를 중심으로 세력을 넓혀 가던 '새로운 계층(novi homines)'은 봉건적 잔재를 해소하기보다 전통적 상층부에 편입되기를 열망했다. 로마교회와 신성로마제국의 긴장은 파당의 대립으로 얼룩진 시민의 삶에 전쟁의 위협까지 보탰다.

이런 상황에서 이탈리아의 도시들은 정치적으로 퇴행의 길에 접어들었다. 길드를 장악하고 귀족과 연대한 가문들이 정치권력을 독점하고, 시민들의 정치참여를 제한함으로써 정치적 안정을 확보하려는 정치체제가 광범위하게 받아들여졌던 것이다. 그 결과 이탈리아 중북부가 스페인의 지배에 들어간 16세기 중반까지 공화정이든 군주정이든 자치도시의 수장제도(signorie)가 변형된 독재가 횡행했다.[3] 시민적 자유(libertà)를 앞세웠던 피렌체도 예외는 아니었다. 정부의 요직만큼은 특정 가문들에 의해 독점되었던 것이다.

특히 1378년 치옴피 폭동(Il Tumulto dei Ciompi) 이후 피렌체에서는 정치적 안정을 우선시하는 목소리가 힘을 얻기 시작했다. 소위 '달콤한 자유(la dolce libertà)', 즉 파당 경쟁과 계층 갈등이 공화정의 독립에 치명적인 해악을 가져올 수 있다는 전제에서, 시민적 연대와 사회적 단합이 시민적 자유보다 중요하다는 입장이 지배적인 견해가 된 것이다. 혼합정체로서 베네치아 공화정의 지속에 주목하던 인문주의자들의 저술들이 널리 회자되었고,[4] 로마공화정을 선호했던 지식인들도 키케로의 정치사상으로부터 '시민적 통합(unione civile)'을 찾기에 여념이 없었다.[5]

15세기 초 피렌체의 인문주의자들은 치옴피 폭동 이후 빈민층(popolo minuto)과 결별한 상인들과 길드 조합원들의 입장을 더욱 분명하게 대변했다. 피렌체의 대표적인 인문주의 정치가였던 살루타티의 제자들도 마찬가지였다. 교황 보니파키우스 9세를 보좌했던 브라촐리니는 정치적 안정과 제도적 효율을 이유로 베네치아의 폐쇄적이고 귀족적인 권력구조조차 두둔했고,[6] 『피렌체 찬가(Laudatio Florentinae Urbis)』를 통해 시민적 자유를 찬양했던 브루니도 하층 노동자들과 빈민들의 비이성적 행동에 대한 두려움을 숨기지 않았다.[7] 15세기 초 인문주의자들은 14세기에 굳어진 시민의 정치참여에 대한 비관적인 전망을 일정 정도 공유했던 것이다.

피렌체 인문주의자

레오나르도 브루니는 에트루리아인들의 옛 거점이자 토스카나의 주요 도시들 중 하나였던 아레쪼에서 곡물상의 아들로 태어났다. 그는 스스로를 '아레쪼 사람(Aretino)'이라고 부르기를 주저하지 않았고, 로마인들보다 앞서 이탈리아 반도에 문명을 일으켰던 에트루리아인의 후예라는 점에 대단한 자부심이 있었다.[8] 물론 이러한 자부심은 피렌체에 연고가 없던 이방인이 감당해야 할 불이익까지 고려한 것이었다. 그만큼 그는 유력 가문과의 인맥만큼이나 자신의 능력에 대해 확신을 가지고 있었다.

그러나 아레쪼에서 브루니가 경험한 것은 혹독한 정치적 현실이었다. 1384년 이탈리아 원정에 나섰던 앙게랑(Enguerrand VII de Coucy)을 이용해서 황제파(Ghibellina)가 권력을 장악했고, 피렌체의 교황파

(Guelfa)와 연대했던 세력들은 이듬해에 앙게랑이 프랑스로 돌아가기까지 극심한 탄압을 받았다. 이때 교황파의 지도자들 중 한 사람이던 브루니의 아버지도 체포되었고, 당시 열네 살이던 그도 수감되었다. 이른바 가톨릭교회의 대분열, 파당적 정쟁, 전쟁의 공포까지 아레쪼는 브루니의 정치적 현실주의의 토대가 되었다.

사실 1416년에 브루니는 피렌체의 시민이 되었지만, 그의 지적 고향은 아레쪼가 아니라 피렌체다. 1386년에 아버지를 잃고, 1388년에는 어머니도 여의게 된다. 그로부터 몇 년 후에 피렌체로 삶의 터전을 옮긴다. 이때부터 그는 당시 피렌체의 서기장이자 인문주의자들의 스승이었던 살루타티의 후견을 받게 된다. 1398년 법학을 중단하고 마누엘 크리솔로라스(Manuel Chrysoloras)에게 그리스어를 배운 것도 전적으로 살루타티의 조언 때문이었다.[9] 살루타티가 인노켄티우스 7세에게 보낸 편지에서 보듯, 둘의 관계는 지적 교류를 넘어 부자의 정을 나눌 정도였다.[10]

그렇기에 살루타티가 후견하던 인문주의자들과 브루니가 지적 흐름을 함께 이끌어 나간 것은 지극히 당연해 보인다. 예를 들면, 그가 크세노폰의 『히에론(Hieron)』을 라틴어로 번역한 것은 살루타티가 『참주에 대하여』를 통해 카이사르를 옹호하고 군주정을 최상의 정체라고 말한 것과 관련된다.[11] 주지하다시피 그는 카이사르를 두둔하지 않았다. 그럼에도 불구하고 좋은 정부의 기준은 통치자의 수가 아니라 통치의 적법성이어야 한다는 살루타티의 입장, 그리고 고전을 자구대로 읽기보다 주제를 중심으로 이해하려는 인문주의적 습관에 깊

이 빠져 있었음을 부인하기는 힘들다.[12]

1405년부터 1415년까지 브루니는 로마교황청에서 공식 서한을 담당하는 비서로 재직한다. 가톨릭교회의 대분열을 기점으로 교황청은 민감한 사안에 대한 교황의 뜻을 효과적으로 전달할 인재들이 필요했고, 편지의 대필과 수사적 작문에 능했던 살루타티 주변의 여러 인문주의자들이 대거 비서로 고용된 것이다. 특히 브루니는 인노켄티우스 7세와 그레고리우스 12세를 비롯해 여러 교황들을 섬기면서 대분열의 종식과 로마교회의 권위 회복에 결정적인 역할을 수행한다. 1427년 피렌체의 서기장이 된 이후 그가 보여 주었던 정치와 전쟁에 대한 남다른 분별력은 교황청에서의 경륜에서 비롯되었던 것이다.

공화주의 철학자

역사학자 바론(Hans Baron)은 자기가 명명한 '시민적 인문주의(Bürgerhumanismus)'의 시작을 브루니에서 찾는다.[13] 이때 '시민적 인문주의'는 밀라노의 참주 비스콘티의 '절대주의' 정치공세에 대항하기 위한 인문주의자들의 '공화주의' 운동을 일컫는 것으로, '철학적 삶(vita contemplativa)'에 매몰되었던 14세기 인문주의자들과 달리 '정치적 삶(vita activa)'을 지향했던 15세기 인문주의자들의 학문적 자세를 부각시키기 위해 만들어진 명칭이다. 즉 14세기 말부터 살루타티를 중심으로 모였던 인문주의자들의 지적 교류가 15세기 초에 '시민적 인문주의'로 진화했다.

밀라노의 참주 비스콘티

바론이 유독 브루니에게 초첨을 맞춘 이유는『피렌체 찬가』에 내재된 공화주의의 사상사적 의미 때문이다.[14] 브루니의 공화주의는 브루크하르트(Jacob Burckhardt)가 개인성의 발견과 절대군주의 등장으로 정의한 르네상스의 특징으로 설명할 수 없는 내용을 가졌다고 그는 주장한다. 르네상스 시대 정치문화는 개인주의의 출현에 조응하는 전제정치의 만연으로 단순화할 수 없으며,[15] '시민적 자유'와 '정치적 참여'를 내용으로 하는 고전적 공화주의가 브루니를 비롯한 인문주의자들을 통해 부활함으로써 또 다른 지적 흐름이 형성되었다는 것이다.[16]

이러한 '바론 테제(Baron thesis)'에 대한 반론들은 크게『피렌체 찬가』의 집필 시기, 수사적 표현, 정치사회적 맥락으로 나뉜다.[17] 앞의 두 가지는 상대적으로 변론의 여지가 크다. 사실 1402년이 아니라 1404년에 집필되었다고 하더라도 비스콘티의 죽음이 가져온 전쟁으로부터의 해방감이 피렌체인의 자신감과 무관하다고 볼 수 없고, 살루타티의 뒤를 이을 재목으로 보이기 위해 피렌체를 과도하게 찬양한 '의례적(epideiktikon)' 수사의 특징만으로 내용을 단순화할 수는 없다는 것이다. 다만 당시 피렌체가 진정한 의미에서 '공화정'이었는지는 한번 따져봐야 한다.

엄밀하게 보면, 바론이 말한 '시민정신(bürgerlicher Geist)'은 '부유층(popolo grasso)'에 의해 주도되었고 피렌체는 공화정이라기보다 과두정체에 가까웠다.[18] 왜냐하면 당시는 금융을 통해 거대한 부를 획득한 상인 집단들이 길드 조직을 장악함으로써 정치권력을 강화하던 시기였고, 1382년 권력을 잡은 이후 1417년에 죽기까지 뛰어난 정치적 감각을 가지고 있었던 마조 델리 알비찌(Maso degli Albizzi)가 피렌체를 효과적으로 지배했기 때문이다.[19] 한마디로 1434년 메디치 가문이 권력을 장악하기 전에도 피렌체에서는 빈민층과 하층 노동자들을 포괄하는 '시민적 자유'란 없었다는 것이다.

다른 도시에서는 종종 다수(maior pars)가 더 나은 쪽의 의사를 뒤집지만, 피렌체에서는 다수의 의사가 최상의 시민들의 것과 일치해 왔습니다.[20]

따라서 브루니의 『피렌체 찬가』를 하나의 정치이념(ideology)으로서 '시민적 인문주의'라는 틀에 가두는 것은 무리가 있다.[21] 전제(專制)에 대한 반감, 로마공화정의 영광, 시민적 애국심과 같은 공화주의 요소들을 그가 거듭 언급한 것은 부인할 수 없다. 그러나 위에서 보듯 그가 강조한 것은 '조화'과 '단합'이지 '자유'와 '평등'이 아니다. 게다가 그도 빈민과 하층민에 대한 우려를 공유하고 있다. 즉 그의 공화주의로부터 '적극적인 정치참여를 통한 시민적 덕성의 고양'이라는 '시민적 인문주의'의 내용들을 유추하기란 쉽지 않다는 것이다.

사실 브루니의 공화주의는 그가 탐독했던 키케로를 크게 벗어나지 않았다. 그는 키케로를 통해 아리스토텔레스를 이해했다.[22] 아리스토텔레스처럼 정치와 수사의 조화를 강조하고, 키케로처럼 철학적 성찰로 실천적 지혜를 보완하려고 노력했다.[23] 동일한 맥락에서 그는 사색적 삶을 살았던 페트라르카보다 정치적 삶을 거부하지 않았던 단테를 칭찬했고,[24] 무분별한 다수의 의사보다 신중한 소수의 판단이 우선되는 정치를 열망했다.[25] 만약 14세기 인문주의자들과 뚜렷한 차이가 있다면, 그가 로마제정의 전제를 옹호했던 세네카를 선호하기보다 초기 로마공화정의 단합된 모습을 회복하려던 키케로를 선택한 것이다.

'근대적' 역사가

브루니의 『피렌체 사람들의 역사(Historiae Florentini populi)』(이하 『피렌체사』)는 집필 과정에서부터 피렌체의 공식적인 역사책으로 인정받았다. 1415년에 시작해서 1442년에 완성되기까지 피렌체 정부는 일부분의 헌정식을 갖거나 노고를 치하하는 상금을 수여했고, 완성된 책을 다른 전쟁 전리품들과 함께 정부청사의 예배당에 보관했을 정도로 높이 평가했다. 게다가 1456년에는 브라촐리니에게 15세기 전반기를 보충하게 했고, 1473년에는 아치아이우올리(Donato Acciaiuoli)를 통해 이탈리아어로 완역되도록 힘을 썼다.

피렌체 정부가 『피렌체사』에 깊은 애정을 보인 이유는 단순히 현직 서기장이 집필했기 때문만은 아니었다. 보다 직접적인 이유는 이 책이 당시 지배집단들이 염원했던 피렌체의 영광을 대변하고 있었기 때문이다.[26] 『피렌체사』에서 브루니는 피렌체의 화려한 순간들을 로마공화정의 영광의 순간들과 등치시키고, 피렌체가 토스카나를 넘어 이탈리아의 패권을 장악할 자격이 충분하다는 확신을 불어넣는다. 이런 내용들은 상업적 이익을 위해서라도 영토의 팽창을 염원하던 지배집단의 공감을 얻기에 충분했고, 내부 분열을 애국적 헌신으로 극복하려던 지식인들의 정치적 판단에도 부합되는 것이었다.

이러한 '민족주의'의 맹아적 역사기술은 『피렌체사』에 대한 두 가지 논쟁을 지속시키고 있다. 첫 번째 논쟁은 역사기술과 관련되며, '『피렌체사』의 I권이 나머지 열한 권의 가이드라인이 되느냐?'는 질문으로 압축된다.[27] 브루니는 I권에서 로마제정에서 기독교 보편화를 정점으로 역사를 기술하던 스콜라 전통을 거부한다.[28] 대신 에트루리아인의 자유로운 도시, 그리고 이 전통을 계승한 로마공화정을 역사의 중심에 안착시킨다. 헤겔식으로 표현하자면, '사건(res gestae)을 이야기(narratio)하는 고전적 방식을 버리고 주제에 따라 역사를 비판적으로 기록(historia)하는 근대적 방식을 취했느냐?'가 논쟁거리가 된 것이다.

대부분의 학자들은『피렌체사』의 I권을 제외한 나머지 열한 권에서 브루니가 고전적 '서술' 방식을 따랐다고 본다. 사건에 대한 세밀한 서술, 연설과 논쟁의 가감 없는 나열, 옛날 문헌의 사용에서 고전적 방식이 고수되었음을 인정하는 것이다. 특히 웅변적 설득력을 지향하던 고전적 수사학이 대화를 통해 이야기를 풀어 가는 방식 속에 내재되었음을 누구도 부인하지 않는다.[29] 그러나 I권에서 노정된 근대적인 역사인식도 간과할 수 없다. 따라서 학자들은 대체로 브루니의 역사를 고대와 근대의 혼합으로 이해한다. 고전이 갖는 시대적 한계를 직시하면서도 사변적 서술에 대한 애착을 버리지 않았다고 보는 것이다.

두 번째 논쟁은『피렌체사』에서 기술된 '자유'의 성격과 관련된다. 브루니가 정치공동체의 독립에 우선을 두는 '주권적 자유'에 초점을 맞추었는지, 아니면 시민의 적극적인 정치참여를 내용으로 하는 '시민적 자유'를 피력했는지가 핵심이다. 당시 정치권력의 과두정적 성격을 강조하는 입장에서는 전자를 내세우고,[30] '바론 테제'를 따라 시민적 공화주의의 단초를 찾으려는 학자들은 후자를 앞세운다.[31] 아울러 당시 공화주의에 내재했던 '귀족주의적 속성'에 주목하는 학자들은 전자를 통해 표출된 제국주의를 강조한다.[32]

예를 들면,『피렌체사』에 기술된 쟈노 델라 벨라(Giano della Bella)의 연설은 '시민적 인문주의'의 전형적인 사례로 자주 언급된다. 이 연설을 통해 브루니가 시민들이 지배집단을 견제할 필요성을 역설하고, '자유(libertas)'의 반대는 '노예상태(servitude)'라는 점을 강조하기 때문이다.[33] 그러나 그가 시민들의 적극적인 정치참여가 늘 필요하다는 생각을 가지고 있었는지는 분명하지 않다. 그는 시민들의 집단적 저항의 필요성을 지배집단의 불법과 부패가 만연된 위기 시기로 국한하고, 시민들의 견제 방식도 '법과 법정(legibus scilicet atque iudiciis)'을 통해서 이루어져야 한다고 강조하고 있기 때문이다.[34]

코시모 메디치

> 그러나 내가 생각하기에 좋은 시민(boni civis)은 조국(patria)이 그의 조언을 필요로 할 때 자기 이익을 제쳐둔다는 것입니다.[35]

아울러 브루니가 '주권적 자유'를 '시민적 자유'보다 우선시하는 점 또한 간과할 수 없다. 위에서 보듯 '조국의 안위'는 '시민적 자유'가 정당성을 갖는 근거이자 '좋은 시민'이 가져야 할 행위의 목적이다. 동일한 이유에서 지적 탁월성을 갖춘 유력 가문의 인물들에 의해 주도되는 정치가 옹호되고, 공동체의 생존과 번영을 위해 군사적·상업적 팽창의 필요성이 역설된다.[36] 즉 그가 '시민적 자유'에 대한 남다른 열망을 지녔다는 점을 부인할 수는 없지만, 그의 공화주의가 '시민적 인문주의'의 전형과는 다른 모습들을 갖고 있었다는 사실 또한 간과할 수 없다.

신중한 정치가

페리클레스의 '장례식 연설'을 모방한 『난니 스트로찌를 위한 추도사(Oratio in funere Nanni Strozzae)』(1428)에서 브루니는 피렌체인은 "한 사람의 지배 아래에서 움츠러들지 않으며, 소수의 권력에 노예가 되지도 않는다.(Neminem enim unum quasi dominum horremus, non paucorum potentie inservimus.)"고 목소리를 높였다.[37] 페리클레스가 아테네 민주정을 찬양했듯이 그도 피렌체 공화정이 진정한 자유와 평등을 구가하고 있다고 극찬했던 것이다. 그래서 메디치 가문의 독재가 시작되고도 그가 서기장 자리를 유지했다는 사실은 역설적으로 받아들여진다. 명목상 서기장이 아니라 광범위한 권한을 행사했기에[38] 시민적 자유에 대한 그의 열정이 수사적 표현에 불과했다는 인상마저 준다.

그러나 브루니의 이러한 정치적 행보는 이념적 전향이 아니라 세 가지 요소의 연속성이 가져온 결과다. 첫째는 피렌체 공화정의 특성이다. 전술한 바 있듯, 피렌체 공화정은 실제로는 과두정적 성격을 갖고 있었다. 따라서 1434년 리날도(Rinaldo delgi Albizzi)에 의해 추방당했던 코시모 메디치(Cosimo de Medici)의 귀환은 정체의 변화라기보다 지배집단의 변경에 불과한 것으로 볼 수 있다. 보다 근본적인 차이가 있다면 전자는 전통적인 귀족들의 지원을 받았고, 후자는 부유층과 중산층을 중심으로 보다 광범위한 시민들의 지지를 바탕으로 했다는 것이다.[39]

둘째, 브루니에게 '주전파'였던 리날도의 몰락과 '화친파'인 코지모의 등장은 지난한 전쟁의 종식과 파당적 분열의 극복을 위한 호재로 받아들여졌을 가능성이 충분했다. 전쟁의 양상을 살펴보면 이러한 개연성은 더욱 커진다. 1431년 볼테라 봉기 진압이 루카와의 전쟁으로 확대되면서 피렌체는 궁지에 몰렸다. 산로마노 전투(Battaglia di San Romano, 1432)에서 용병대장 토렌티노(Niccolò da Tolentino)가 밀라노와 시에나 연합군을 무찌르지 않았다면 1433년의 일시적 평화도 불가능한 일이었다. 그러나 1434년 교황 에우제니우스 4세의 요청을 받은 리날도가 피렌체를 다시 밀라노와 전쟁으로 몰아넣고, 이 전쟁에서 토렌티노가 체포되었다가 이후 죽임을 당한다. 어쩌면 불필요한 전쟁과 파당적 분열을 일삼는 리날도에 대한 브루니의 반감은 당연한 것일 수도 있다.

셋째, 브루니의 정치적 현실주의다. 그는 아리스토텔레스의 정치철학들을 번역하면서 한편으로는 '신중함'이라는 실천적 잣대를, 다른 한편으로는 '절제'라는 도덕적 기준을 확립했다. 여기에 치옴피 폭동 이후 만연된 대중의 정치참여에 대한 비판적 견해, 서기장으로 재직하는 동안 무분별하게 전쟁을 요구하는 대중의 집단행동에 대한 뼈저린 경험이 더해진다. 그 결과 제도적으로는 귀족정과 민주정이 혼합된 정치체제를 선호했고,[40] 사상적으로는 탁월한 지도자가 시

레오나르도 브루니

민을 설득하는 고전적 공화주의를 부활시키려 했다.[41] 이런 그에게는
코지모가 최소한 차선의 대안으로 보였을지도 모를 일이다.

29
사보나롤라 Girolamo Savonarola, 1452-1498
새로운 예루살렘의 주인은 누구인가?

1498년 5월 23일 아침, 사보나롤라와 그를 따르던 두 명의 도미니코회 수도사들이 시뇨리아 광장에서 화형에 처해졌다. 이때 그의 정치철학이 후대에 미칠 영향을 예측한 사람들은 아무도 없었다. 누구도 그로부터 근대 민족주의 운동의 영감이 잉태되고, 루터를 비롯한 종교개혁가들의 열정이 시작된 것을 알지 못했던 것이다.

15세기 피렌체 시민들은 6월이 오기만을 기다렸다. 세례 요한축제 때문이다. 봄부터 모두가 축제에 필요한 장식과 의복을 마련하고, 4월부터 도시의 모든 부문들이 축제 준비에 몰입한다.[1] 두 달여 동안, 복속된 도시로부터 조공이 도착하고, 이웃나라에 초청장이 발송되며, 직능조합들이 화려한 장식을 갖추고, 각지에서 '경마(palio)'에 쓸 종마들이 들어온다. 축제 당일은 금빛으로 치장한 시민들의 행진과 저녁 만찬 이후 시작되는 경마로 절정에 이른다. 한마디로 세례 요한축제는 피렌체가 지상의 낙원이 되는 날이었고, 그렇기에 이 축제는 피렌체 시민들의 자랑거리였다.

따라서 1495년 피렌체 시민들이 지롤라모 사보나롤라의 충고에 따라 세례 요한 축제를 종교적 행사로 전환한 것은 실로 놀라운 일이었다. 요란한 장식과 격렬한 경기가 사라졌고, 땅거미가 드리우기 전에 잠간 진행되던 종교적 행사가 끝까지 지속되었으며, 시민들의 활

사보나롤라

기찬 행진은 흰옷을 입은 사보나롤라의 '아이들(fanciulli)'이 보여 주는 경건한 행렬로 대체되었다.[2] 아울러 1496년부터 메디치 가문이 후원했던 사육제도 '참회의 화요일'에 행해지는 엄숙한 정화(淨化)운동으로 전환되었다. 거리에서 모은 축제 후원금은 헐벗은 사람들의 구제에 사용되었고, 도시를 들뜨게 하던 음악은 신을 찬미하는 노래로 바뀌었다.

그러나 피렌체를 송두리째 바꿀 것 같았던 사보나롤라의 개혁도 시작부터 난관에 봉착해 있었다. 그가 약속한 '새로운 예루살렘(Nuova Gierusalemme)' 건설의 궁극적인 목표는 '종교적 회심'을 통한 신앙의 회복이었지만, 피렌체 시민들이 기다린 것은 "피렌체가 더 부유해지고, 더 강해지며, 더 영광스러워질 것"이라는 예언이 실현되는 순간이었다.[3] 샤를 8세에게 지급한 과도한 부담금과 국채 가격의 하락으로 궁핍해진 재정상태, 여기에 경기 불황과 가중된 세금으로 시민들의 불만은 커져만 갔다.[4] 게다가 프랑스의 열세로 점차 악화되는 대외관계는 합종연횡하며 숨죽이던 귀족들에게 좋은 구실을 제공했다.

결국 사보나롤라의 개혁은 1497년 '허영의 소각(Falò delle Vanità)'을 기점으로 더욱 극단으로 흐른다. 시간이 갈수록 사보나롤라의 설교는 점점 격렬해지고, 그의 도덕적 가르침에 시민들은 점차 무료해져 갔다. 밀라노의 참주 루도비코 스포르차의 위협, 지지부진한 피사의 회복, 시에나에 포진한 피에로 메디치, 알렉산드르 6세에 의한 사보나롤라의 파문, 여기에 프랑스 샤를 8세의 철군까지 모든 것이 사보나롤라에게 불리하게 돌아갔다.

무장한 모든 예언자들은 획득했고, 무장하지 않은 사람들은 파멸을 당했다. 왜냐하면 지금까지 말한 것들 외에도 인민들의 본성은 변덕스럽기 때문이다. 그들에게 무언가를 설득하기란 쉽지만 그들을 설득된 상태로 유지하기란 어렵기 때문이다. 그래서 일들은 다음과 같은 방식으로 수행되어야 한다. 그들이 더 이상 믿지 않을 때 강제로 그들을 믿게 만들 수 있어야 한다. 만약 모세, 키루스, 테세우스, 로물루스가 무장하지 않았다면 우리 시대 지롤라모 사보나롤라 신부에게 일어났듯이 그들은 그들의 체제를 오랫동안 유지할 수 없었을 것이다.[5]

사보나롤라가 무장한 예언가(profeta armato)였더라도, 그의 개혁이 성공했으리라고는 누구도 장담할 수 없었을 것이다. 마키아벨리도 『강의(Discorsi)』 I권 45장에서 지적하듯, 1497년 8월 21일 국사범으로 몰린 다섯 명의 시민들을 대(大)평의회(Consiglio Maggiore)에 청원할 기회를 박탈한 채 사형에 처한 것이 치명적이었다.[6] 비록 메디치 가문의 복귀 가능성에 촉각을 곤두세울 수밖에 없었던 상황이었지만, 자기들이 우겨서 만든 '청원법'을 그것도 논란의 여지가 있는 사건에서 보란 듯이 어김으로써 참주라는 비난을 받기에 충분했기 때문이다.[7]

결국 사보나롤라는 로렌초 메디치(Lorenzo de' Medici)와 달리 교황의 파문과 정적의 견제를 극복하지 못했다. 두 사람 모두 인쇄물과 편지를 통해 위기를 극복하려고 노력했지만, 사보나롤라는 로렌초가 가졌던 참주처럼 보이지 않을 처세에도, 시민의 호감을 유지하는 방법에도 무관심했던 한 사람의 성직자였던 것이다.[8] 그렇기에 1498년 그를 따르던 시민들은 더욱 탄식했다. 심지어 "어떻게 새로운 예루살렘과 같은 피렌체인의 꿈이 한갓 거짓말(una sola bugia) 위에 세워질 수 있었느냐."라고 한탄하는 사람도 있었다.[9] 사보나롤라가 처형된 1498년에는 누구도 그의 정치철학적 영향력이 이후 그토록 강렬할지 몰랐을 것이다.

준비된 설교자

사보나롤라는 볼로냐에서 조금 떨어진 이탈리아 동부 페라라에서 상인의 기질과 의학적 근성을 가진 가문의 일곱 남매 중 셋째로 태어났다. 아버지는 사업과 환전을 하는 상인이었고, 어머니는 만토바의 유력 가문이었던 보나코시(Bonacossi) 출신이었다. 아버지는 사업에서도 실패했지만 자녀 교육에도 태만했던 것으로 보인다. 어린 시절부터 총명했던 그의 교육은 자연스럽게 유명한 의사이자 파도바 대학 교수였던 할아버지의 손에 맡겨졌다. 할아버지는 그를 의사로 만들고 싶어 했다고 전해지지만, 그는 애초부터 할아버지의 바람과 달리 문학과 신학에 더 큰 관심을 가졌다.

1468년 할아버지가 세상을 떠난 뒤, 그는 아리스토텔레스와 스콜라 철학에 심취하게 된다. 이때 페라라 공국의 궁정의사로 봉직했던 할아버지의 주변에서 보았던 참주의 행태에 더욱 큰 반감을 가지게 되었고, 피렌체에서 망명 온 스트로찌(Strozzi) 가문의 여성에게 집

방탕을 버리라고 설교하고 있는 사보나롤라

안의 차이를 이유로 모욕적인 퇴짜를 받은 후에는 인간성에 대한 실망도 강화되었다.[10] 이 시기에 쓴 「세계의 몰락(De ruina Mundi)」(1472)이라는 시에서 토로하듯, 그는 타락한 세계와 로마교회에 대한 절망에 사로잡혀 있었다.

> 땅은 갖은 악(ogni vizio)으로 억압받아
> 멍에(la soma)를 스스로 벗어 버릴 수 없고,
> 바닥으로 추락한 세상의 우두머리(il suo capo), 로마
> 결코 위대한 직분(grande offizio)으로 돌아갈 수 없네.[11]

결국 그는 1475년 신앙적 구원의 열망에 사로잡혀 볼로냐의 도미니코 수도원에 들어간다.[12] 이곳에서 아퀴나스를 체계적으로 학습했고, 이후 1479년 고향으로 돌아와 성경과 아퀴나스 신학을 가르친다. 1482년 도미니코회의 명령으로 그는 피렌체 산마르코(San Marco) 수도원의 강사로 자리를 옮긴다. 이곳에서 5년 동안 열성을 다했지만 그의 설교는 페라라 사투리와 학자적 태도 때문에 인기가 없었다. 그러나 그의 신앙고백은 이미 '계시적 환상'으로 가득 차 있었고, 교회 개혁에 대한 요구는 도발적 수준에 이르러 있었다.

1490년 다시 볼로냐로 돌아가 신학을 강연하고 있던 사보나롤라가 피렌체로 돌아왔다. 흥미롭게도 그를 다시 불러온 것은 로렌초 메디치였다. 로렌초의 후견을 받고 있던 철학자 피코 미란돌라(Pico della Mirandola)가 사보나롤라의 개혁적인 이미지를 통해 메디치 가문의

신앙심을 대내외에 과시하라고 충고했기 때문이다. 그러나 로렌초의 기대와 달리 사보나롤라는 1년 후 산마르코 수도원장으로 선출되자마자 로마교회에 대한 비판과 함께 메디치 일가의 폭정에 대해서도 거침없이 독설을 내뿜기 시작했다. 이때 그의 설교는 피렌체 시민들이 좋아하는 간결한 문장과 대중을 사로잡는 쉬운 언어로 무장되었고, 산타마리아 대성당으로 자리를 옮겨야 했을 만큼 많은 청중이 모여들었다.

1492년 로렌초가 죽기 전부터 사보나롤라는 이탈리아와 피렌체의 부패를 씻기 위한 '신의 칼(la Spada di Dio)'이 곧 내려올 것이라는 경고를 퍼붓기 시작했다. 그리고 1494년 8월 프랑스 샤를 8세가 나폴리 왕국의 상속권을 내세워 이탈리아로 쳐들어왔을 때, 그는 자기의 예언이 적중했다고 믿는 시민들에게 '회개(penitenza)'를 촉구하며 전면에 나섰다.[13] 11월 5일 피렌체로 밀고 들어온 프랑스 군인들의 약탈과 행패가 자행되고, 이에 격노한 피렌체 시민들이 메디치 통치를 종식시키고 공화정을 복원한다. 이후 사보나롤라는 샤를 8세에게 파견된 특사들 중 한 사람으로 뽑히고, 드디어 피렌체 정치의 중심에 서게 된다.

시민정부 설계자

사보나롤라에 대한 피렌체 시민들의 믿음은 1494년 11월 17일

1494년 피렌체에 입성하는 샤를 8세의 프랑스 군대

샤를 8세가 피렌체로 입성한 이후 고조된다. 샤를 8세는 시민들보다 메디치 가문을 다루는 것이 더 낫다는 생각을 갖고 있었고, 피에로 메디치의 아내인 알폰시나 오르시니(Alfonsina Orsini)가 샤를 8세의 고문관을 매수했다는 소문이 돌고 있었다. 이때 사보나롤라는 피렌체 시민들의 사랑을 한 몸에 받는 업적을 하나 이루어 낸다. 11월 21일 샤를 8세와 피렌체 시민들의 갈등이 극단으로 치달을 때, 그가 샤를 8세를 설득해 낸 것이다. 이어 피사의 회복, 성채 복원, 전쟁부담금 삭

성직자들로부터 심문을 받고 있는 사보나롤라

감, 프랑스 군대의 이동을 포함한 합의를 이끌어 낸다.

11월 28일 샤를 8세가 피렌체를 떠난 후에 사보나롤라를 추종하는 세력들이 피렌체의 권력을 움켜쥔다. 사실 그의 세력은 반(反)메디치 귀족들과 인문주의 지식인들, 공화주의 인사들과 새로운 중산층들이 복잡하게 얽혀 있었다.[14] 그리고 시민들 모두가 스스로를 '통곡파(piagnoni)'나 '형제파(frateschi)'라고 부르기를 주저하지 않았던 시절이었다. 전자는 사보나롤라의 설교에 감동해 눈물을 흘리는 사람들을 빗대어 부른 말이고, 후자는 말 그대로 '수사(frate)'를 추종하는 사람들을 지칭했던 말이다. 여기에 도시를 돌아다니며 힘을 과시하던 어중이떠중이 '광신도들(pinzocheroni)'까지 섞여 있었다.

그러나 사보나롤라는 정치개혁의 분명한 방향을 갖고 있었고, 그의 제도적 지향은 『피렌체 정체와 정부에 대한 소고(Trattato circa il reggimento e governo della città di Firenze)』(1495)에 상세히 기술되어 있다. 내용은 크게 세 가지로 나뉜다. 첫째는 아리스토텔레스의 정치철학에 기초한 정체 분류이고, 둘째는 피렌체 시민들에게 '시민적 정부(Governo Civile)'가 '군주정'보다 더 적합한 이유이고, 셋째는 토마스 아퀴나스가 말한 기독교적 공공선에 기초한 도덕적 개혁의 필요성이다. 수사학적으로는 메디치의 통치를 '참주'의 전형으로 규정하고, 새롭게 건설된 공화정의 정당성을 설득하려는 의도가 내재되어 있다.

제도적인 측면에서 살펴보면, 사보나롤라의 구상은 아리스토텔레스의 인식론과 베네치아 공화정의 결합이다. 우선 그는 아리스토텔레스의 견해를 따라 인간의 '군집'적 본성과 바람직한 정체의 내용을 나열한다.[15] 이때 그는 아우구스티누스와 같이 인간 본성에 대한 비관적 전망도 함께 노출하고,[16] 인간의 악한 본성을 제어하기 위해서라도 법적 통제가 필요하다는 견해를 피력하기도 한다.[17] 그러나 전체적으로 그의 서술은 아리스토텔레스의 견해에 의존하고, 궁극적으로는 "군주정보다 공화정이 바람직하다."는 주장으로 수렴된다.

그러나 총명하고, 혈기왕성하며, 용맹스러운 사람들은 폭압적으로 제어하지 않는 한 결코 한 사람에 의해 쉽게 통치되지 않는다(non si possono facilmente reggere da Uno, se non li tiranneggia). 왜냐하면 그들은 똑똑하기에 그 군주에게 지속적으로 반란을 획책할 것이고, 용감하기에 음모들을 쉽게 실행에 옮길 것이기 때문이다.[18]

일면 레오나르도 브루니가 『피렌체 찬가』에서 묘사하던 피렌체 시민들의 시민적 자유에 대한 열망을 담은 것 같은 문장이다.[19] 그러나 사보나롤라는 피렌체 시민들의 '자유에 대한 열정'보다 '분열적 경향(inclinato alle dissensioni)'에 주목했고,[20] 바로 그런 이유에서 가장 이상적인 '한 사람의 통치'라도 피렌체에는 적합하지 않다는 견해를 피력한다.

사보나롤라가 염두에 두고 있는 정치체제는 베네치아 공화정을 보다 개방적이고 민중적으로 개조한 것이다. 당시 베네치아 공화정은 가장 안정적인 '혼합정체'로 간주되었고, 1378년 치옴피 폭동 이후 지식인들의 이념형으로 자리를 잡았다.[21] 비록 그도 기본적인 골격에서는 국가원수(Doge), 주요 위원회, 대평의회로 구성된 정치체제를 그리지만 베네치아 공화정의 귀족적이고 폐쇄적인 구조에 대해서는 비판적이었다.[22] 보다 평등한 사회경제적 조건, 보다 개방적인 정치참여의 기회, 보다 많은 수의 대표로 구성되는 대평의회를 요구했다. 이른바 '인민의 정부(governo popolare)'를 구상했던 것이다.

그러나 사보나롤라의 '폭넓은 정부(governo largo)'에 대한 선호는 아퀴나스의 기독교적 도덕주의를 넘어서지 못했다.[23] '시민정부

(reggimento civile)'의 오랜 경험이 피렌체인의 제2의 본성을 형성했다고 덧붙이지만,[24] 갈등보다 조화가 강조되는 기독교 정신이 그에게는 무엇보다 우선시되는 것이었다. '전제(專制)'에 대한 강한 적개심도 세상의 것에 지나치게 탐하는 태도에 대한 경멸에서 비롯된다.[25] 참주 아래의 '노예적 삶'에 대한 분노도 '올바른 기독교적 삶(il ben vivere Cristiano)'에 대한 열망에서 기인한다.[26] 한마디로 그는 '기독교 공화정'을 꿈꾸었던 것이다.

몰락한 예언자

사보나롤라는 개혁 초기에 시민적 자유와 종교적 삶을 결합시키려고 노력했다. 그러나 『피렌체 정체와 정부에 대한 소고』의 마지막 장에서 밝히듯,[27] 그는 새롭게 수립된 공화정은 인간이 만든 것이 아니라 신의 작품이기에 "영적 행복(felicità spirituale)"이 없이는 "진정한 자유(vera libertà)"를 누릴 수 없다는 입장을 갖고 있었다. 따라서 그는 시민적 덕성의 함양을 위해서라도 신앙의 회복이 중심이 된 도덕적 개혁이 필요하다는 주장을 처음부터 고수했고, 1497년 정치적 위기가 점차 심각해지자 오히려 도덕적 개혁의 고삐를 늦추어서는 안 된다는 생각에 사로잡혔다.

사실 1497년에 사보나롤라는 사면초가였다. 그중에서도 5월 13일에 공표된 교황 알렉산데르 6세의 파문 교지가 결정적이었다. 정치인들과 달리 성직자에게는 파문이 심각한 정당성의 위기를 초래했기 때문이다. 그는 늘 대립각을 세우던 '귀족파(compagnacci)'뿐만 아니라 교회 내부의 반대파와도 싸워야 했고, 메디치 가문의 복귀를 모색하는 '회색파(bigi)'만큼이나 개혁에 소극적이던 '미온파(tiepidi)'의 행동에도 촉각을 곤두세워야 했다. 그리고 그의 지지자들 중에서도 '협소한 정부(governo stretto)'를 지향하는 반메디치 귀족들의 움직임도 주시해야 했다.

이런 가운데 1497년 8월 베르나르도 델 네로(Bernardo del Nero)를 비롯한 '회색파'의 처형이 있었다. 사건의 발단은 피에로 메디치의 복귀 시도가 실패한 것이었다. 1497년 4월 베르나르도가 행정부의 '수반(Gonfaloniere)'이 된 사실에 고무된 피에로 메디치가 시에나로 진격했다가 호응이 없자 로마로 돌아간다. 이후 프란체스코 발로리(Francesco Varlori)가 중심이 되어 회색파에 대한 조사가 진행되고, 피에로의 수족이던 람베르토 델란텔라(Lamberto dell'Antella)의 자백을 바탕으로 다섯 명의 시민들이 '8인 위원회(Otto di guardia)'로부터 사형을 선고받는다. 이들은 '대평의회 청원'조차 배제된 채 곧바로 처형된다.

이 사건은 사보나롤라 반대 세력의 결집뿐만 아니라 지지 세력의 분열도 동시에 가져왔다. 우선 사보나롤라의 정치 개입에 불만을 가졌던 '분노파(arrabbiati)'가 하나로 뭉쳤다. 사건의 심의가 진행되는 동안 탁월한 법률가였던 귀단토니오 베스푸치(Guidantonio Vespucci)는 '청원'을 둘러싼 격렬한 논쟁 속에서 사보나롤라를 참주로 부각시키는 데에 성공했다.[28] 1495년에 자신들이 도입한 '청원법'을 필요에 따라 자의적으로 배제했다는 점이 시민들에게 각인된 것이다.[29] 곧바로 1496년 전사한 피에로 카포니(Piero Capponi)를 따라 사보나롤라와 결속했던 반메디치 귀족들이 반발했고, 프랑스에 호의적이었기에 사보나롤라를 지지했던 베르나르도 루첼라이(Bernardo Rucellai)의 세력도 뒤를 이었다.

1498년 3월 9일 마키아벨리가 교황청에 대사로 가 있던 리치아르도 베키(Ricciardo Becchi)에게 사보나롤라에 대해 편지를 쓴다. 궁지에 몰린 사보나롤라의 설교를 듣고 그는 "시류에 편승하고 거짓을 둘러댄다(viene secondado e tempi, et le sua bugie colorendo)."고 평가한다.[30] 개혁 군주처럼 제왕적 권력(podestà regia)을 행사하지도, 그렇다고 도덕적 통치를 지속하지도 못한 예언가에 대해 가혹한 평가를 내린 것이다. 다른 역사가들도 사보나롤라의 정치적 실패에 대한 평가만큼은 크게 다르지 않다.[31] 그의 통치는 종교를 앞세운 당파 정치에 불과했고, 그의 몰락은 1497년에 이미 예견되었다는 것이다.

1527년 6월 사보나롤라를 따르던 공화파 인사들이 다시 정권을 잡는다. 1498년 5월 23일 아침 그와 그를 따르던 두 명의 도미니코회 수도사들이 시뇨리아 광장에서 화형에 처해졌을 때에는 누구도 예상하지 못한 일이었다. 그러나 '새로운 예루살렘'의 신화로 무장한 정치적 운동은 마키아벨리가 느꼈던 종교의 정치적 힘보다 훨씬 컸다.[32] 신으로부터 선택받았다는 확신과 세속적인 풍요에 대한 열망은 맹아적 민족주의 운동을 촉발했고, 교황과의 대립에서 양산한 인쇄물들은 종교개혁의 교재가 되었으며, "하느님 당신만이 나의 피난처(Solus igitur Deus refugium meum)"라는 그의 고백은 루터의 본보기가 되었다.

에라스뮈스 Desiderius Erasmus Roterodamus, 1466/1469-1536

기독교 군주는 무엇을 해야 하는가?

'가톨릭 인문주의'는 르네상스의 또 다른 하나의 지적 흐름을 만들어 낸다. 비록 가톨릭의 질서로부터 완전히 이탈하지는 못했지만, 이들이 찾고자 했던 신앙과 지식의 새로운 균형은 시민적 인문주의나 종교개혁운동에서 보지 못한 또 다른 지적 고뇌를 반영하는 것이다. 에라스뮈스의 정치철학은 르네상스와 종교개혁이 결코 상이한 열정이 아니었음을 반증한다.

16세기 유럽 사회의 혼란은 가톨릭 신앙을 지켜 내려는 학자들에게 더욱 치명적이었다. 기독교를 전면에 내세우는 군주들 사이의 끝없는 전쟁, 1527년 강대국의 물리적 위협에 로마까지 내준 가톨릭교회, 1517년 루터의 「95개조 반박문」을 기점으로 점차 거세지는 개혁의 목소리, 이 모든 일련의 사건들이 학문과 신앙을 조화시키려 했던 가톨릭 지식인들의 신념을 위태롭게 만들었다. 특히 15세기 말부터 교회 내부에서 개혁을 준비했던 북유럽의 '기독교 인문주의자들(spirituali)'은 심각한 좌절을 맛보았다.

북유럽의 기독교 인문주의자들도 가톨릭교회의 부패와 무능이 한계에 도달했다는 것을 잘 알고 있었다. 논리와 사색을 중시하던 스콜라 학풍과 달리 설득과 실천을 강조하는 인문주의 전통에서 볼 때, 가톨릭교회의 문제는 이미 신앙으로 타협할 수 없는 지경에 이르렀기 때문이다. 히브리어와 그리스어에 능통했던 신학자들은 잘못된 성경 번역과 기만적 교회 설교에 몸서리를 쳤고, 고대 그리스와 로마 철학에 해박했던 학자들은 종교적 이상과 비참한 현실의 괴리로부터 도피할 새로운 피안을 꿈꾸게 되었다.

그러나 기독교 인문주의자들의 노력은 당시 가톨릭교회가 초래한 정치사회적 문제를 해결하기에는 턱없이 부족했다. 가톨릭교회의 고위 직책이 지배집단의 권력 기반이던 상황에서 교회개혁이 갖는 정치적 부담만이 그 이유는 아니었다. 일반 평신도를 깨우치는 대중교육에 대한 소극적인 태도, 그리고 개인의 영성 회복을 교회의 개혁보다 우선시하는 신앙적 자세도 한몫을 했다. 1550년대 교황 파울루스 4세의 보수적 탄압에 그들이 무기력했던 것도 이러한 특성에서 기인한 것이었다.

다만 기독교 인문주의자들의 국경을 초월한 친분만큼은 근대 계몽주의자들을 열광하게 만들기에 충분했다.[1] 이상과 현실의 괴리를 극복하는 방식의 하나로, 그들은 서로의 학문적 관심과 신앙적 고민을 담은 편지를 나누면서 하나의 지적 공동체를 구성했다.[2]

나는 우리가 함께 공부한 것들을 곰곰이 생각해 보려고 노력했지. 그리고 한동안 떨어져 있는 박식하고 기분 좋은 친구들과의 대화를 회상하고는 했지. 그들 중에서도 당신, 나의 모어는 내게 가장 먼저 떠올랐던 이름들 중 하나였네.[3]

이탈리아에서 영국으로 향하는 여정에서 구상했던 『우신예찬(Stultitae

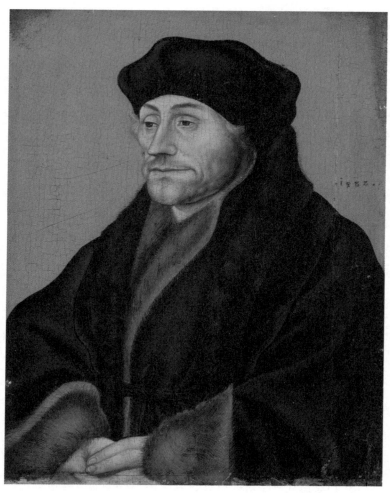

에라스뮈스

Laus)』(I509)을 집필하면서, 에라스뮈스는 자기보다 열 살이나 어린 모어에게 보내는 서한으로 서문을 대신한다. 그리고 잡담과 추문의 현실을 벗어나, 지리적 경계를 넘어, 지식에 대한 열정과 지혜에 대한 열망을 통해 만들어진 그들만의 세계를 애써 떠올렸다고 말한다.

이렇듯 '가톨릭 인문주의'는 르네상스의 또 하나의 지적 흐름을 만들어 낸다. 비록 가톨릭 질서로부터 완전히 이탈하지는 못했지만, 이들이 찾고자 했던 신앙과 지식의 새로운 균형은 시민적 인문주의나 종교개혁운동에서 보지 못한 또 다른 지적 고뇌를 반영한다. 그리고 이러한 고뇌는 르네상스와 종교개혁이 동일한 시대적 고민의 결과였음을 새삼 깨닫게 해 준다. 르네상스가 표방한 인간성의 부활과 종교개혁이 부르짖은 신앙의 회복이 결코 상이한 열정에서 나오지 않았음을 반증하는 것이다.

중세의 굴레

에라스뮈스는 네덜란드 하우다에서 가톨릭 사제의 아들로 태어났다. 그는 사제와 가정부의 관계에서 태어난 아들이라는 출생 배경에 대해 적지 않게 불편을 느꼈던 것 같다. 출생년도가 I446년인지 아니면 I469년인지 논쟁이 그치지 않듯이, 그는 아버지가 자기를 가졌을 때에는 성직자가 아니었다는 식의 뉘앙스를 담은 모호한 서술들을 남겼기 때문이다. 그러나 이러한 출생 배경과 무관하게 그와 형은 당시 젊은이들이 누릴 수 있는 최상의 교육을 받았다.

어머니가 흑사병으로 세상을 등진 1478년을 전후해서 에라스뮈스는 데벤테르에 세워진 가톨릭 사제들의 '공동생활 형제단(Fratres Vitae Communis)'에서 기독교적 교리와 인문학적 교양을 쌓았다. 이곳의 엄격한 훈육은 함께 있으면서도 형제의 정을 나눌 수 없었던 형에게 쓴 편지에 고스란히 전해지는데,[4] 그는 세상과 절연된 삶, 강요된 절제와 혹독한 체벌, 연일 계속되는 예배와 강독을 무척 괴로워했던 것으로 보인다. 그래서인지 기독교 교육에 보다 인간적이고 지적인 방법이 필요하다고 역설하고는 했다.[5]

1483년부터 에라스뮈스는 스헤르토헨보스에 있는 또 다른 '공동생활 형제단'으로 옮겨 보다 체계적인 교육을 받았던 듯하다. 이때부터 사실상 아버지는 주변에서 종적을 감추었고, 그는 아버지의 유산을 관리하던 후견인들의 도움을 받았던 것으로 보인다. 그가 본격적인 성직 훈련으로 접어든 것은 1486년 스테인에 위치한 수도원에 들어간 이후다. 그는 이곳에서의 일상을 상대적으로 즐긴 것으로 보이는데, 절망적 환경으로부터 도피해서 최소한 독서를 통해 평정심을 유지할 수 있다고 생각한 것 같다.[6]

1492년 에라스뮈스는 위트레흐트의 다비드 대주교(David van Bourgondie)가 실시한 시험을 통해 사제 서품을 받았다. 그리고 이듬해에 수도원을 떠나 캉브레의 주교였던 앙리(Henry de Bergen)의 라틴어 비서로 일하게 된다. 일시적이었지만 수도사의 직분으로부터 면제되어 세속의 자유를 누리게 된 것이다. 당시 앙리는 추기경이 되려 했는데, 앙리의 꿈은 에라스뮈스가 파리 대학의 몽테규(Collége de Montaigu)에서 신학을 공부하기 시작한 1495년 즈음에 좌절된 것으로 보인다.

파리 대학의 스콜라적 교과과정은 에라스뮈스를 만족시키지 못했다. 오래지 않아 그는 수도원과 다를 바 없는 규율에 환멸을 느꼈고, 세속적 가치에 대한 학문적 열정은 동료들과의 대화도 따분하게 만들었다. 대신 프랑스 인문주의를 이끌던 고갱(Robert Guaguin)과의 관계를 바탕으로 자신의 문장과 지식을 알리기 시작했다.[7] 그리고 자기 이름이 지식인들 사이에서 회자될수록 그는 네덜란드 수도원으로 되돌아갈 수 있다는 두려움에 사로잡혔다. 1517년 교황으로부터 수도사의 직분을 영원히 면제받기까지 그도 중세의 그림자로부터 해방되기를 열망했던 르네상스 사람들 중 하나였다.

가톨릭 인문주의자

1517년 교황 레오 10세는 에라스뮈스를 수도사의 굴레로부터 해방시켜 준다. 이런 영구적인 면제는 매우 이례적인 일이었고, 학자로서 그의 탁월한 능력이 로마교회로부터 인정받았다는 것을 의미한다. 아울러 그만큼 그가 로마교회와의 관계에서 슬기롭게 처신했다는 것을 증명하기도 한다.

존 콜렛

토머스 모어

저의 노작으로 오래되고 널리 받아들여진 텍스트를 폐기하려는 것
이 아닙니다. 단지 몇몇 부분에서 오류를 바로잡고, 몇몇 곳에서 모호한
것을 설명했을 뿐입니다(sed alicubi depravatam emendamus, aliquot locis obscuram
illustramus).[8]

실제로 그는 자신의 개혁적 열정이 반교회적 인상을 주지 않도록 조
심했다. 위에서 보듯이 그는 레오 10세에게 보낸 헌사에서 자기가 새
롭게 편집한 『신약성경(Novum Instrumentum omne)』(1516)의 그리스어
판본과 기존 라틴어 번역(Vulgate)의 수정이 불러일으킬 논쟁도 미리

대비했던 것이다.

에라스뮈스의 신중한 태도는 정치적 판단만큼이나 자신이 견지했던 신앙적 자세로부터 비롯된 것이기도 했다. 사실 그는 자신의 인문학적 열정을 기독교 신앙과 조화시키려고 부단히 노력했다. 이러한 입장은 1499년 영국을 방문했을 때에 콜렛(John Colet)과 모어를 비롯한 인문주의자들과의 만남을 통해 굳어진 것이기도 했다.[9] 즉 그는 인문주의의 문헌학적 연구를 통해 잘못된 성경 이해를 바로잡고, 이러한 과정을 통해 훼손된 기독교 신앙을 회복하는 데에 자신이 꿈꾸던 개혁의 일차적 목적을 두었던 것이다.

그렇기에 에라스뮈스의 이른바 '진정한 신학(vera theologia)'은 신앙의 회복에 초점을 둔 기독교 인문주의의 전형적인 모습을 보여 준다. 그는 한편으로는 자구에 매달려 성경의 정신을 외면한다는 이유에서 '신문학파(neoterici)'를 비판하고, 다른 한편으로는 이성과 신앙의 구분에 천착해 바람직한 성경 이해에 소극적이라는 이유로 둔스 스코투스(Duns Scotus)와 같은 스콜라 철학자들과도 거리를 둔다. 『교본(Enchiridion militis christiani)』(1503)의 말미에 기술하듯, 그는 신앙이 "규례나 예배와 같은 형식이 아니라 성경에 기술된 신의 명령을 따르는 삶"을 통해 드러나야 한다고 진정 믿었던 것이다.[10]

동일한 이유에서 에라스뮈스는 루터의 종교개혁에 대해서도 반기를 든다. 처음에 그는 루터의 종교개혁을 지지했다. 교회의 부패, 성경의 오독, 만연한 불신앙에 대한 비판을 은연중 공감했던 것이다.[11] 그러나 루터가 '믿음(fide)'을 앞세워 교회의 질서조차 부정한다고 판단되자 '자유의지(libero arbitrio)'를 전면에 내세워 혁명적 움직임의 자제를 촉구한다.[12] 그의 기독교 철학(Philosophia Christi)에서 볼 때, 신의 섭리에 '동참(cooperatio)'하려는 인간의 이성적 판단을 전적으로 배제함으로써 초래될 비이성적 집단주의가 로마교회의 부패보다 더 위험스러웠던 것이다.[13]

기독교 군주 교육

정치철학적으로 볼 때, 에라스뮈스와 관련해서 중요한 저술은 『기독교 군주 교육(Institutio Principis Christiani)』(1516)이다. 신성로마제국의 카를 5세로 등극한 당시 열다섯 살 왕자에게 헌정한 책이다. 이 저술은 중세를 거쳐 르네상스 시대에 '군주의 교본(speculum regia)'이라는 갈래로 정착한 수사학의 정수이자, 플루타르코스의 "교육을 통해 올바른 삶을 가르칠 수 있다."는 철학적 확신과 이소크라테스의 "탁월함이란 일상의 습관에서 완성된다."는 교육적 신념이 결합된 르네상스 도덕 교육의 전형이다.[14]

에라스뮈스의 『교육』이 '군주의 교본'으로서 갖는 특징은 비슷한 시기에 집필된 마키아벨리의 『군주(De Principatibus)』(1513)와 비교하면 뚜렷해진다.[15] 첫째, '국가의 유지'를 군주의 가장 중요한 행위의 준칙으로 상정한 후자와 달리, 전자는 "정의롭고 자애롭게 신민을 다스리는 것"을 가장 우선적인 통치의 원칙으로 제시한다.[16] 따라서 전

신성로마제국 카를 5세

자에게도 후자에게도 정치공동체의 안전이 '공공선(publica commoditas)'일 수 있지만, 전자에서는 이러한 목적을 앞세운 비도덕적 수단이나 반종교적인 원칙이 용납되는 경우는 없다.

둘째, 마키아벨리의 군주에게 가장 중요한 업무는 '전쟁'이지만 에라스뮈스의 군주가 유념해야 할 주된 업무는 '평화'다.[17] 후자도 지리적 환경에 대한 숙지와 전쟁 수행 능력을 강조한다. 그러나 후자는 전자와 달리 영토의 확장이나 군주의 영광을 위한 전쟁을 용인하지 않는다. 동일한 이유에서 평화로울 때의 통치가 전쟁의 효과적 수행을 위한 수단일 이유도 없다. 단지 후자에게 이러한 통치는 참주의 특성일 뿐이고, 전투적 군주의 야수적 본성들은 기독교 군주의 덕목에 포함되지 않는다.

셋째, 마키아벨리의 군주에게 '다수' 또는 '대중'이 실질적인 권력 기반이라면, 에라스뮈스의 군주에게 이들은 한편으로는 돌봄의 대상이면서 다른 한편으로는 경계해야 할 집단이다.[18] 이런 차이가 단순히 설득 대상의 차이, 즉 권력 기반이 약한 새로운 군주인 전자와 달리 후자는 안정된 권력을 상속받은 군주이기 때문에 기인하는 것은 아니다. 보다 궁극적인 차이는 에라스뮈스가 마키아벨리와 달리 '잔인한 참주'와 '자애로운 군주'를 엄격하게 구분하기 때문이다.[19] 즉 그에게 진정한 군주는 '공포'를 통해서라도 대중의 지지를 확보하는 데에 주력하기보다 대중을 올바른 방향으로 선도하려는 도덕적 모범이어야 했던 것이다.

이렇듯 에라스뮈스의 『교육』은 '정치적 필요'라는 이유로 소크라테스 전통에서의 '좋은 삶(eu zēn)'과 기독교의 '그리스도 모방(Imitatio Christi)'을 포기하지 않는다. 그가 말하는 기독교 군주는 여전히 '지혜(sapientia)', '관후함(animi magnitudine)', '절제(temperantia)', '고결함 (integritate)'과 같은 도덕적 품성을 갖추어야 하고,[20] 고대철학자들이 제시했던 이상적 통치자와 호칭만 다를 뿐 "철학자이자 한 사람의 기독교인(esse Philosophum et esse Christianum)"이어야 했다.[21] 그에게는 16세기의 참혹한 정치현실도 기독교적 훈계와 도덕적 교훈을 통해 계도될 수 있다는 확신이 남아 있었던 것이다.

31
마키아벨리 Niccolò Machiavelli, 1469-1527

목적은 수단을 정당화하는가?

마키아벨리의 정치철학은 "목적이 수단을 정당화한다."
는 말로 단순화할 수 없는 냉철한 정치적 관찰과 신중한
수사적 설득이 결합되어 있다. 정치공동체의 존속이 걸린
문제에 도덕적 잣대를 들이댈 수 없다는 정치가의 경륜이
스며 있고, 귀족적 공화주의를 보다 민중 친화적인 제도
적 구상으로 전환시키려는 철학자의 호소가 내재되어 있
는 것이다.

르네상스 시대 지식인들은 로마제정기 시인들의 시를 좋아했다. 오비디우스(Publius Ovidius Naso)의 『여인들의 편지(Heroides)』도 그중 하나였는데, 특히 트라케 공주 필리스의 비극이 큰 사랑을 받았다. 이 애가는 아테네의 왕자 데모폰을 기다리던 필리스의 절망을 "결과가 행위를 입증한다(Exitus acta probat)."는 트라케 사람들의 비난 속에 담아냈다.[1] 그리고 르네상스의 시대적 열망을 예견이라도 한 듯, 오비디우스는 이 조롱 섞인 저주가 어떻게 필리스의 소망으로 전환되는지를 그녀의 간절한 기도를 통해 그려 낸다.[2] 데모폰이 트라케로 돌아와 자신을 비난하던 사람들이 틀렸다는 것을 증명해 주길 바라는 마음, 필리스의 마지막 절규를 동일한 구절 속에 다시 담은 것이다.

그래서일까, "결과가 행위를 입증한다."는 오비디우스의 구절은 르네상스 시대의 저술에서 끊임없이 등장한다. 그러나 어떤 저술도 마키아벨리의 『군주(De Principatibus)』만큼 이 구절에 새로운 생명력을 불어넣은 것은 없었다.

> 모두가 당신이 드러낸 바를 볼 수 있지만 소수만이 당신이 누구인
> 지를 느낀다. 그 소수조차도 국가의 위엄(la maestà dello stato)이 옹호하는
> 다수의 의견에 감히 반대하지 못한다. 그리고 모든 사람의 행동에서, 특
> 히 항의할 법정이 없는 군주의 행위에 있어 사람들은 그 결과를 본다(si
> guarda al fine). 그렇기에 군주는 국가를 획득하고 유지해야 한다. 그러면
> 수단은 늘 고결하다는 평가를 받고 모두의 칭송을 받을 것이다.[3]

마키아벨리의 정치철학이 "목적이 수단을 정당화한다."는 표현으로
과장되듯, 오비디우스의 구절은 그의 손을 거쳐 완전히 새로운 의미
를 갖게 되었다. 도덕적 잣대로 가늠할 수 없는 정치적 행위를 판단
하는 근거로 옷을 갈아입은 것이다.

　그러나 마키아벨리의 "결과를 본다."는 표현에는 "목적이 수단
을 정당화한다."는 말로 단순화할 수 없는 냉철한 정치철학적 성찰과
복잡한 수사학적 계산이 깔려 있다. 비록 그의 정치적 현실주의는 당
시 지식인들의 지배적 견해를 형성했던 키케로의 도덕이나 기독교적
윤리와 부합될 수 없었지만, 그렇다고 "결과가 모든 것을 정당화한
다."거나 "어떤 행위를 해서라도 권력을 획득하라."는 충고를 던졌다
고 단정하기는 어렵다. 한편으로는 정치공동체의 존속이 걸린 문제
에 도덕적 잣대를 들이댈 수 없다는 르네상스 정치가의 경륜이 스며
있고, 다른 한편으로는 정치공동체의 존속을 위해 군주가 연대해야

할 세력은 귀족이 아니라 인민이라는 공화주의 철학자의 간절한 호소가 내재되어 있기 때문이다.

　만약 마키아벨리의 정치철학이 우리가 '마키아벨리즘'으로 폄하하는 내용만으로 채워졌다면, 프랑스의 키케로라는 평가를 받았던 몽테뉴(Michel de Montaigne)가 그의 교훈을 따라 "공공의 안녕을 위해서는 배신도 거짓말도 학살도 용인된다."고 쓰지는 않았을 것이다.[4] 만약 마키아벨리의 정치사상이 당시 군주의 조언자들처럼 권력의 획득과 유지만을 집요하게 다루었다면, 『군주』가 탈고된 지 500년이 지난 오늘날에 그의 공화주의가 '비지배'라는 주제로 재조명되는 일도 없었을 것이다. 만약 마키아벨리의 애국심이 근대인들의 마음을 사로잡지 않았다면, 1514년 6월 10일 베토리(Francesco Vettori)에게 쓴 절망적인 편지에 많은 사람들이 눈시울을 적시지도 않았을 것이다.

　이곳엔 나의 공직 생활을 기억하는 사람도, 내가 어떤 일에든 쓰임이 있으리라 믿는 사람도 없습니다. 나는 이런 것들을 그리 오래 견딜 수는 없을 것입니다. 왜냐하면 나는 녹슬어 가고, 만약 하나님이 더욱 따뜻한 얼굴로 대해 주시지 않는다면 언젠가 집을 떠나 가정교사나 고관의 비서가 될 수밖에 없을 것이기 때문입니다. 아니면 어느 외딴 곳에 처박혀 아이들에게 책 읽기라도 가르치고, 그러면 이곳에 버려둔 가족들은 내가 죽었으려니 하겠지요.[5]

니콜로 마키아벨리

이방인 마키아벨리

마키아벨리는 1469년 5월 3일 피렌체에서 사 남매 중 셋째이자 장남으로 태어났다. 집안이 귀족은 아니었지만, 한때 발디페사(Val di Pesa)의 많은 토지를 가졌을 뿐만 아니라 열세 명이나 피렌체 정부의 요직을 맡았을 정도로 위세를 떨쳤던 가문의 후예였다.[6] 그러나 그가 태어날 무렵 집안의 가세는 이미 기울어 있었다. 궁핍한 것은 아니라도 넉넉하지는 못했다.[7] 게다가 메디치 가문이 득세하는 동안 그의 가문은 몇몇 특출한 법률가를 배출하기는 했지만 권력으로부터는 멀어졌다. 당숙이자 피렌체 대학의 법학교수였던 지롤라모(Girolamo Machiavelli)가 1460년 반메디치 음모로 체포되어 옥중에서 죽음을 맞이한 후부터 더욱 그러했다.

마키아벨리의 아버지 베르나르도(Bernardo Machiavelli)는 공증인 자격증을 갖고 있었지만 부채가 많아 정상적인 활동을 하지 못했다. 그는 시 정부의 공식 문서에 '부채자(specchio)'로 이름이 올라가 있었는데, 밀린 세금을 내려고 노력했지만 매년 불어나는 빚을 감당하지 못했다.[8] 게다가 농장은 매우 작고 소출도 적었으며, 그는 1480년 세금 보고서에 "일정한 직업이 없다."고 썼을 만큼 경제적으로 무능했다. 다만 인문학적 열정은 누구에게도 뒤지지 않았다. 좋은 책을 얻거나 사는 데 무척이나 열심이었고, 법률적 논쟁만이 아니라 풍부한 문헌학적 식견도 갖추고 있었다. 그렇기에 1475년 그가 리비우스의 『로마사(Ab Urbe Condita)』의 지명 색인을 도와주고 10년이나 기다려 책을 제본해 얻은 일화는 놀라울 것도 없다.

아버지의 인문학적 열정 덕분에 마키아벨리는 넉넉지 않은 형편에서도 최고의 선생들과 함께 인문학의 기초를 쌓는다.[9] 일곱 살

때부터 마테오(Maestro Matteo)에게 라틴어를 배웠고, 이듬해 포피(Battista da Poppi)로부터 문법을 배웠다. 그리고 몇 년 후 당대 석학이던 란디노(Cristoforo Landino)의 동료로서 큰 명망을 누리던 파골로 론칠리오네(Pagolo Sasso da Ronciglione)로부터 인문학적 교육을 받는다. 마키아벨리가 대학 교육을 받았는지에 대해서는 논란이 계속되고 있지만, 일반적으로 피렌체 학당(lo Studio Fiorentino)에 출석은 했지만 정규 대학 교육을 받지는 못했던 것으로 추측한다. 왜냐하면 그는 대학 교육을 받은 사람들과 달리 그리스어를 읽을 수 없었기 때문이다.

마키아벨리가 당시 귀족들이나 유력 가문의 자제들과 달리 대학 교육을 받지 못했다는 것은 어쩌면 행운이었다. 아버지로부터 이어받은 공화주의 정신과 어머니로부터 물려받은 시인의 기질이 독자적인 생각을 만들어 냈기 때문이다. 아버지가 가졌던 "한 명의 군주에게 의지하는 통치보다 인민에 의해 만들어진 법을 통한 통치가 월등하다."는 생각은 이후 그의 소신이 되었다.[10] 어머니의 남다른 시적 능력은 그의 문장이 틀에 박힌 인문주의 교양을 훨씬 뛰어넘어 공직 생활과 저술 활동 속에서 끊임없이 소용돌이치도록 만들었을 뿐만 아니라 그의 정치적 상상력이 시대를 넘어 숨 쉴 수 있는 생명력을 불어넣었다.[11] 그렇기에 마키아벨리의 사상은 인문주의자들의 것과 너무나도 달랐고, 간명하면서도 정확한 문장은 일찌감치 '신이 내린 글(divina prosa)'이라는 찬사를 받기에 부족함이 없었다.

동일한 이유에서 마키아벨리는 당시 피렌체에서 지배적 지위를 갖고 있던 사람들에게는 이방인일 수밖에 없었다. 이렇다 할 가족적 계보도, 정치적 연대도 없었다. 단지 아버지와 교류가 있었던 인문주의자들의 관심, 그리고 본인이 갖고 있던 재능이 전부였다. 그래서인지 그의 삶은 유쾌함 뒤에 고독이 스며들어 있고, 그의 저술은 수사적 기교 안에 예언가적 탄식이 배어 있다. '위대한 예언가(maggiore profeta)'라고 칭찬한 사람도 있었지만, 피렌체의 귀족들과 실력자들은 그의 말에 주목하지 않았다.[12] 비록 그의 탁월한 분석력과 간결한 문체가 필요한 경우는 많았지만, 그들에게 마키아벨리는 단지 '다른 생각(contraria professione)'을 하는 이방인일 뿐이었다.

공직 생활

마키아벨리는 1498년 2월에 있었던 선거에서 사보나롤라의 추종자인 안토니오 밀리오로티(Antonio Migliorotti)에게 패한다. 메디치 가문의 복귀를 모색하는 '회색파(bigi)'는 아니라도 최소한 사보나롤라의 정치 개입에 불만을 가졌던 '분노파(arrabbiati)'라는 소문이 돌았고, 스스로도 사보나롤라 추종자들과 일정한 거리를 두고 있었기 때문이다. 1498년 6월 사보나롤라가 몰락한 뒤 벌어진 선거에서 상황은 호전되었다. 그의 반(反)사보나롤라적 행보가 제2서기국의 서기장 자리를 놓고 벌어진 선거에서 유리하게 작용한 것이다. 어떻게 두 번에 걸쳐 '80인 위원회'로부터 후보 지명을 받을 수 있었는지에 대한 논쟁이 끊이지 않지만, 마키아벨리의 탁월한 문장력이 큰 도움이 되었으리라는

체사레 보르자

데에는 이견이 없다.

1437년 설립된 제2서기국은 최고 행정 체계인 정무위원회의 예산 집행을 비롯한 국내 문제를 담당했지만, 용병대장의 임금을 지급하는 등 전쟁 업무를 수행했기에 외교 업무를 담당한 제1서기국과 업무가 많이 겹쳤다. 특히 마키아벨리는 외교 문서를 쓰는 데에 뛰어난 소질이 있었을 뿐만 아니라, 상황을 간명하게 보고하는 데에 탁월한 소질이 있다고 정평이 났기에 더욱 그러했다. 게다가 제2서기국 서기장으로 선출되고 몇 달 후에 전쟁을 총괄하는 '10인 위원회(Dieci di Libertà e Pace)'의 서기장이라는 직분까지 맡아 그는 사보나롤라 몰락 이후 수립된 피에로 소데리니(Piero Soderini) 정부에서 외교 업무와 전쟁 업무를 도맡아 처리하게 되었다.

외교 분야에서도 마키아벨리의 활약이 돋보였다. 프랑스 샤를 8세의 이탈리아 침공을 틈타 1494년 독립한 피사를 회복하는 업무, 1502년 프랑스 루이 12세의 지원을 등에 입고 이몰라와 폴리를 손에 넣은 체사레 보르자(Cesare Borgia)가 피렌체를 노리고 있는지 그 의중을 살핀 일, 1507년 신성로마제국의 막시밀리안 1세의 동향을 살펴

피에로 소데리니

기 위해 특사로 파견된 일 등 모든 것들은 피렌체의 사활이 걸린 외교전쟁이었다. 이러한 일련의 과제들은 마키아벨리에게 민병대의 필요성을 각인시킨 사건들이기도 했다.

우선 시민군의 무용론에 대해 답하자면, 나는 자기 시민으로 만든 것보다 더 유용한 군대는 없고, 이런 방식이 아니고서는 진정 자기 군대를 조직할 방법도 없다고 말하겠습니다. 이건 논쟁의 여지가 없습니다. 옛 역사의 모든 사례들이 우리들에게 보여 주었기에 이 점에 대해서는 시간을 낭비하고 싶지 않습니다.[13]

『전술(Dell'arte della guerra)』(1520)에서 용병대장 파브리치오 콜론나(Fabrizio Colonna)의 말을 통해 확인할 수 있듯이, 마키아벨리는 힘없는 나라는 결코 상대방의 실질적인 협력을 얻어 내지 못한다는 냉혹한 현실을 몸소 보고 느꼈던 외교관이었다. 따라서 그의 공직 최고의 순간들은 1506년 각고의 노력으로 민병대가 창설되고, 이 민병대가 주축이 된 피렌체 군대가 마침내 1509년 피사를 회복했을 때였다. 그만큼 용병대장의 잦은 배신과 강대국의 이해타산으로부터 벗어날 수 있으리라는 일말의 기대를 갖게 한 사건은 없었기 때문이었다.

마키아벨리의 생애는 강대국들의 틈바구니에서 주저앉은 피렌체 공화정과 함께 몰락의 길로 접어든다. 새로 교황이 된 율리우스 2세는 거침없이 세력을 넓혀 갔고, 위협을 느낀 프랑스 루이 12세의 감정이 격화되면서 전운이 감돌기 시작했다. 1511년 교황과 동맹한 베네치아와 스페인 연합군이 프랑스에 맞서면서 전쟁이 일어났고, 프랑스에 의지했던 피렌체 공화정의 운명은 1512년 4월 11일 라벤나 전투에서 총사령관을 잃은 프랑스군이 본국으로 철수하면서 파국을 맞는다. 8월 29일에 피렌체령인 프라토가 스페인 군에게 유린되고, 교황의 지지와 스페인의 지원을 등에 업은 메디치의 군대가 피렌체 민병대를 연파하면서, 피렌체 공화정은 9월 16일 친(親)메디치 쿠데타로 역사에 종말을 고하게 된다.

강요된 여가

1512년 11월 7일 마키아벨리는 서기장에서 파직됨과 동시에 피렌체 외곽으로 추방당하는 수모를 겪는다. 그리고 1513년 2월 19일 카포니(Agostino Capponi)와 보스콜리(Pietro Paolo Boscoli)의 반메디치 음모에 가담했다는 혐의를 받아 체포되면서 더욱 만신창이가 된다. 네 번이면 누구라도 자백하게 만든다던 '날개꺾기(strappado)' 고문을 여

섯 번에 걸쳐 받았고, 2월 23일 주동자들의 처형 소식을 접한 후 절
망 속에서 메디치 가문의 줄리아노(Giuliano di Lorenzo de' Medici)에게
구제를 요청하는 14행시(sonetto)를 지어 바치기까지 했다. 줄리아노
가 실제로 도왔는지는 모를 일이지만, 다행히도 그는 조반니 메디치
(Giovanni de' Medici)가 교황 레오 10세로 선출된 경사를 축하하는 특별
사면의 대상자가 된다.

    1513년 3월 11일 특별사면으로 풀려난 뒤 마키아벨리는 산탄드
레아의 조그만 산장에 칩거해 『군주』를 집필한다. 이때 마키아벨리
는 줄리아노가 자신의 사면을 도왔다고 굳게 믿고 있었기에,[14] 자신
을 절망적 상황에서 해방시켜 공직으로 다시 데려갈 인물도 줄리아
노뿐이라고 생각한다. 그렇기에 최초에 『군주』를 헌정할 사람으로
그를 염두에 두었다.[15] 교황 레오 10세의 즉위로 피렌체와 로마가 모
두 메디치 가문의 손아귀에 들어간 상황에서 줄리아노에게 복귀에
대한 희망을 걸었던 것이다. 그러나 한량이었던 줄리아노의 무관심
과 교황청에 있었던 정적들의 견제로 복귀를 위한 여러 노력들은 모
두 수포로 돌아갔다. 결국 '모든 것을 잃은 후(post res perditas)'의 절망
적 삶은 1526년까지 지속된다.

    망명해 있던 피에로 소데리니가 라구사 공화정의 서기장을 제
의하기도 했고, 1521년 제2서기국 서기장 봉급보다 훨씬 더 많은 돈
으로 용병대장 콜론나(Prospero Colonna)에게 요직을 제안받기도 했지
만, 그는 피렌체를 제외한 다른 지역의 공직을 모두 거절했다. 그래
서 진정한 공직으로의 복귀는 메디치 가문의 의심이 사라진 이후에

날개꺾기 고문

야 가능했다. 교황 클레멘스 7세가 마키아벨리가 쓴 『피렌체사(Istorie fiorentine)』(1525)를 매우 흡족하게 여기고, 1526년 5월 신성로마제국의 황제 카를 5세에 대적해 교황을 중심으로 '코냐크 동맹(the Holy League of Cognac)'이 결성되면서 마키아벨리는 그토록 염원하던 외교 무대로 다시 돌아왔다. 그에 대한 의심을 단 한 번도 버리지 못했던 클레멘스 7세도 전쟁의 소용돌이 속에서는 그의 두뇌가 필요했던 것이다.

1526년 5월 교황 클레멘스 7세는 마키아벨리를 피렌체 성벽 증축을 위해 급조된 위원회의 서기장으로 임명한다. 4월에 교황의 명을 받

교황 클레멘스 7세

아 스페인에서 망명을 온 군사 전문가 나바라 백작(Pietro Navarra)과 함께 피렌체 성곽을 둘러보고 쓴 보고서가 효과를 거둔 것이다. 이때 그는 지금의 근대식 전쟁은 커다란 요새와 탄탄한 포좌가 무엇보다 중요하다는 점을 각인시켰고, 산미니아토 성당이 있는 동남쪽 언덕을 포기하고 아르노 남쪽 제방으로 방어선을 옮길 것을 권유했다.[16] 산미니아토 성당을 포기하는 의견은 교황청 내부의 심각한 논쟁을 불러일으켰지만 끝내 관철되었다. 그러나 전쟁의 위협이 코앞에 닥친 1527년 봄까지 이렇다 할 일의 진전은 없었다.

사실 1526년부터 마키아벨리는 성곽 보수를 감시하는 일보다 외교적 잡무로 동분서주했다. 카를 5세의 군대가 다가오자 교황령과 동맹군의 영토는 소요로 들끓었고, 민병대 육성에 남다른 명성을 가지고 있던 마키아벨리는 외교 업무와 함께 군사 업무도 조언하고 다녔다. 아치아이우올리(Roberto Acciaiuoli)가 "지나치게 이상적"이라고 푸념하듯, 마키아벨리의 군사훈련은 현장에서 환영받지도 실현되지도 못했다.[17] 그러나 외교 업무에서는 남달랐다. 특히 클레멘스 7세의 소심한 행보가 동맹의 계획들을 무산시킬 때마다 그는 모데나에 있던 귀치아르디니와 머리를 맞대고 난국을 극복할 방법을 모색했다. 1526년 9월 콜론나 가문의 기습을 받은 교황이 맺은 휴전으로 롬바르디아에 있던 동맹국들이 철수하고, 스페인 군대에 피렌체가 노출된 11월 이후 그의 노력은 처절하기까지 했다.

1527년 5월 4일 스페인 군대는 피렌체를 향할 것이라는 예측과 달리 방향을 돌려 로마를 함락시켰다. 치욕적인 '로마 대함락(il Sacco di Roma)'이 눈앞에 펼쳐진 것이다. 이미 피렌체는 그해 2월부터 정국이 불안했고, 마키아벨리는 권력다툼을 뒤로하고 피렌체를 지켜 낼 묘안을 짜고 있었다. "나의 조국(patria)을 내 영혼(anima)보다 사랑한다."는 절규가 전해 주듯[18] 그는 조국의 안위만을 걱정했다. 그러나 운명의 여신은 또다시 그를 배신한다. 5월 16일 '대평의회(Consiglio Grande)'와 함께 공화정이 부활되었지만 그를 기다리고 있는 것은 '메디치의 하수인'이라는 낙인뿐이었다. 사보나롤라의 추종자들과 반메디치 귀족들이 주축을 이룬 새로운 공화정은 그의 충정을 받아들이지 않았던 것이다. 다시 모든 것을 잃은 후, 그는 6월 21일 갑자기 세상을 등졌다.

1527년 로마 대함락

『군주』의 아이러니

베네데토 크로체(Benedetto Croce)가 "아마도 풀리지 않을 문제(una questione che forse non si chiuderà mai)"라고 고백한 것처럼[19] 마키아벨리의 저술들은 많은 수수께끼를 담고 있다. 기독교 윤리를 들먹이며 마키아벨리를 악마라고 지칭한 프리드리히(Friedrich II of Prussia) 대왕의 비난처럼 "악의 교사"라 불리기도 하고, 이탈리아의 민족적 열망에 사로잡힌 조각가 스피나찌(Innocenzo Spinazzi)가 마키아벨리의 가묘에 새겨 놓았듯이 "어떤 찬사도 그의 이름에 걸맞지 않다.(Tanto nomini nullum par elogium.)"는 존경을 받기도 한다. 이러한 상반된 평가의 중심에 『군주』가 있다. 그가 이상주의자였든 현실주의자였든, 공화정을 꿈꾸었든 군주정을 옹호했든, 신실한 기독교인이었든 무신론자였든, 새로운 도덕을 주창했든 도덕을 경멸했든 모든 논란의 중심에 『군주』가 자리를 잡고 있는 것이다.

사실 아이러니는 『군주』라는 제목부터 시작된다. 마키아벨리가 붙인 최초의 라틴어 제목을 글자 그대로 옮기면 '군주정에 대하여(De Principatibus)'라고 번역되어야 한다. 이탈리아어로 옮기면 'Sui Principati'로 옮겼어야 했다. 그러나 1532년 블라도(Antonio Blado)가 교황 클레멘스 7세의 허가를 받기 위해 제목부터 수정을 가한 후, 최초의 라틴어 제목은 지금의 '군주(Il Principe)'로 바뀌고 말았다. 그리고 동북아시아에서는 최초 일본어 번역본인 『君論』(1886)을 따라 '론(論)'을 붙여 『군주론(君主論)』으로 정착되었다. 라틴어 제목이 초대 로마 황제가 로마공화정의 계승자임을 선전하기 위해 사용한 '원로원의 수장(princeps senatus)'이라는 말을 연상시킨다는 점을 고려할 때, 로마공화정을 재건할 '새로운 군주'에 대한 저자의 열망을 담기에는 '군주'도 '군주론'도 턱없이 부족할 뿐이다.

『군주』가 누구에게 그리고 언제 헌정되었는지도 수수께끼다. 1513년 탈고된 사실에 대해서는 이견이 없지만, 마키아벨리가 최초에 의도한 대로 줄리아노에게 헌정했는지, 아니면 헌정사에 기록된 것처럼 줄리아노의 조카인 로렌초 메디치에게 바쳤는지는 확실치 않다. 후자의 경우라 하더라도 대상이 바뀐 이유가 무엇인지, 로렌초에게 헌정되었는지, 로렌초가 읽었는지 어느 것도 분명한 것이 없다.[20] 몇몇 필사본에는 1514년 12월 30일에 사망한 루이 12세가 "현재 프랑스 왕(El re di Francia presente)"이라고 명기되어 있기에,[21] 1516년 줄리아노가 죽어서 헌정 대상이 바뀌었다고 단정하기도 어렵다. 또한 모든 필사본이 하나같이 1516년 1월 23일에 사망한 페르난도 2세를 "현재 스페인 왕(El re di Spagna presente)"으로 표기하고 있기 때문에[22] 1516년까지 원고가 조금씩 첨삭되었다는 주장을 완전히 배제할 수도 없다.

이렇듯 원본이 없는 상태에서 헌정 대상과 필사본의 차이를 두고 논쟁이 그치지 않는 이유는 바로 『강의(Discorsi)』(1517) 때문이다. 『강의』가 공화정에 대한 저술이고 『군주』가 군주정에 대한 저술이라는 일반적 기준에 기초해 볼 때, '어떻게 동일한 저자가 상반되는 정치체제에 대해 똑같은 비중을 둔 주장을 전개할 수 있느냐?'는 의문이 생기는 것이다. 그러나 제목만 고려해도 조금 다른 각도에서 이러한 의문을 고민해 볼 수 있다. 비록 『로마사 논고(ローマ史論考)』라는 일본식 제목을 쓰고 있지만, 『강의』의 원래 제목은 '리비우스 첫 열권에 대한 강의(Discorsi sopra la prima deca di Tito Livio)'다. 즉 『강의』는 리비우스의 『도시의 건설로부터(Ab Urbe Condita)』에 내재된 로마공화정의 붕괴와 로마제정의 시작이 교차되는 순간의 시대적 열망을 공유하고, 리비우스가 환기시키려는 로마공화정의 역사를 어떻게 수용하고 극복할지를 동시에 설명하고 있는 것이다.

따라서 두 저술은 헌정 대상과 논의 주제가 초래한 차이만큼이나 동일한 정치적 태도를 전달한다. 특히 두 가지 점에 주목할 필요가 있다. 첫째, 공화정에도 '제왕적 권력(potestà regia)'을 가진 '한 사람(uno solo)' 또는 왕국에서나 볼 수 있는 정치권력의 행사가 필요할 때가 있다는 점을 부각시켰다.[23] 둘째, 군주정에서도 '다수' 또는 '인민'의 "지배받지 않고자 하는 욕구"를 충족시키는 것, 즉 인민의 자유를 보장하는 것이 정치체제 존속에 가장 중요한 조건이라는 점을 강조했다.[24] 그렇기에 『군주』와 『강의』는 모두 '군인'보다 '인민'이 중요하다는 사실을 무시한 채 용병에게 매달리는 권력자들에 대한 한탄을 담고 있고, 두 저술 모두 시대사적 변화를 파악하지 못한 채 소란했지만 강력했던 로마공화정보다 폐쇄적이고 조용한 베네치아 공화정을 선호하는 귀족들에 대한 절망을 대변한다.

마키아벨리의 정치철학

마키아벨리의 정치철학은 당시 지배적 견해에 대한 도전을 내포하고 있다. 첫째, 당시 로마 가톨릭교회가 설파하던 기독교 역사관을 부정한다. 단순히 교황이 이탈리아의 통일을 방해한다는 정치적 판단이 아니라, 신의 뜻이 관철되는 계시의 실현으로 역사를 바라볼 생각이 없음을 분명히 한다.[25] 설사 반기독교적이지는 않았다고 하더라도, 인간적 한계의 극복과 종교의 정치적 사용을 포함한 그의 핵심 주장들은 기독교적 세계관에서 수용할 수 있는 한계를 넘어섰던 것이다.[26] 둘째, 키케로를 앞세운 인문주의자들의 도덕적 훈육에 비판적이었다. 그에게서 우리는 '절제'나 '조화'와 같은 당시 인문주의자들이 정치지도자에게 요구하던 덕성을 들을 수 없다.[27] 대신 "갈등은 불가피할 뿐만 아니라, 잘 제도화하면 시민의 자유와 강대한 국가를 가져다줄 것"이라는 충고를 듣게 된다.[28] 그에게는 '신중함(prudenza)'을 통해 도덕적 삶과 정치적 탁월성의 상관관계를 증명하려는 욕심이 없었던 것이다.

특히 세 가지 측면에서 마키아벨리의 정치철학이 갖는 독특한 성격에 주목할 필요가 있다. 첫째, 권력정치(machtpolitik)다. 마키아벨리는 국외 '전쟁'과 국내 '정쟁'의 구분이 없는 '권력정치'에 대한 새로운 인식론적 태도를 제공했다. 많은 사람들이 그의 '권력정치'를 국제질서의 냉혹함에 대한 이야기로 이해하는 경향이 있다. 그러나 무정부 상태인 국제관계에서 국가는 안전을 확보하기 위해 '힘'을 우선적으로 추구해야 한다는 주장은 인류의 역사만큼 오래되었다.[29] 그의 새로움은 오히려 군사적 개념을 국내 정치에도 적용하고, '힘'과 '권력'에 대한 인간의 이기적 욕망을 제어하기보다 부추기는 태도를 보였다는 점이다. 즉 그의 '권력정치'는 인간의 이기적 욕망에 기초한 '힘'의 추구가 국내외 정치에 똑같이 적용되는 새로운 형태의 '힘'에 대한 성찰이었고, 신이 아니라 인간의 '힘'을 통해 이탈리아를 절망으로부터 해방시키려는 새로운 내용의 구속사적 열망을 대변했던 것이다.

둘째, 결과주의다. 전술한 바와 같이, 마키아벨리는 군주정과 공화정의 지도자들에게 "결과를 염두에 두어야 한다."고 주문한다. 이때 그가 말하는 '결과(fine)'는 수단을 정당화하는 근거를 말하는 것이 아니라 다수의 "지배받지 않으려는 욕구"의 실현이다.

니콜로 마키아벨리

모든 도시(città)에는 두 개의 다른 기질들(umori)이 발견되는데, 이러한 기질들은 이것으로부터 비롯된다. 인민은 귀족들에게 명령받거나 지배당하지 않기를 원하고(il populo desidera non essere comandato né oppresso dai grandi), 귀족은 인민을 명령하고 지배하기를 원한다는 것이다. 이러한 두 가지 욕구들로부터 세 가지 결과들 중 하나가 발생한다. 군주정(principato), 자유(libertà), 방종(licenzia)이다.[30]

위에서 보듯 마키아벨리는 지도자들에게 인민의 '명령받지 않으려는 욕구'는 억제하고 '지배받지 않으려는 욕구'는 충족시켜야 한다고 주문한다. 전자까지 용인하면 '방종'의 나락으로 빠지게 되고, '후자'를 억압하면 '참주(tiranno)'로 전락한다는 것이다. 따라서 군주는 자기의 '국가를 유지'하기 위해, 그리고 공화정 지도자들은 시민의 자유를 지키기 위해 다수의 '일반적 안전(la sicurtà universale)'을 국정의 일순위로 상정해야 한다. 동일한 맥락에서, 그는 어떤 절대적 가치 또는 특정 행동의 규율이 정치적 행위를 규정해야 한다는 도덕적 요구를 거부한다. 만약 그에게 공동체 구성원들이 공유해야 할 가치가 있다면, 그것은 '어떤 사람이 되어야 한다.'는 당위적 이상이 아니라 '비지배 자유'라는 현실적 목표뿐이다.

셋째, 공화주의다. 마키아벨리는 당시 인문주의자들의 귀족적 공화주의를 보다 민중 친화적인 제도적 구상으로 전환시키려고 노력했다. 『군주』조차도 '자유(libertà)'의 용례를 따라가면 결국 공화정이 군주정보다 우월한 정치체제라는 설득과 마주하게 된다. 『강의』는 고전적 공화주의의 '조화(homonoia)'라는 덕목을 '갈등(disunione)'의 미학으로 대체하고, 집단으로서 '인민'은 거대한 제국을 만들 가장 중요한 정치적 '힘'으로 부상한다.[31] 억압으로부터 벗어나려 하거나 정치권력의 전제를 막기 위해 인민이 일으킨 소요(tumulto)는 시민적 자유라는 이름으로 정당화된다.[32] 이때 '조정자(gubernator)'로서 정치가의 역할은 있지만, 원로원이 중심이 된 고전적 공화주의의 '귀족적 심의'는 인민이 참여하는 보다 '민주적 심의'로 대체된다. 이런 과정을 통해 그는 조심스럽게 고전적 공화주의의 빗장을 푼다.

32

모어 Thomas More, 1478-1535

유토피아는 실현될 수 있을까?

모어는 키케로의 공화주의를 통해 당시 상업사회의 문제
점들, 그리고 그가 실현해보고 싶었던 공화주의 정치체제
를 고스란히 노정시킨다. 에라스뮈스와는 달리 정치적 현
실에 민감했지만, 결국 그도 철학과 신앙을 삶의 중요한
잣대로 삼았던 기독교 인문주의자였다.

15세기 르네상스 인문주의자들은 로마제정기 루키아노스 (Lukianos)의 풍자에 열광했다. 당시 지식인들은 그의 작품을 통해 그리스어를 익혔고, 당대 최고의 문장가들은 앞을 다투어 그의 작품을 번역하거나 모방했다. 또한 그의 작품 속 대화들은 이소크라테스나 크세노폰의 저술들과 함께 정치가의 교양으로 널리 읽혔다. 예를 들면 『죽은 자들의 대화(Nekrikoi Dialogoi)』는 정치적 탁월함을, 『애도에 대하여(Peri Penthous)』는 수사의 전형을 보여 주는 문장으로 애독되었다.

어떻게 2세기 로마제국의 주변부인 시리아 동부 태생의 작가가, 그것도 그리스어로 쓴 작품이 15세기 지식인들에게 큰 관심을 끌게 되었는지는 여전히 미지수다. 또한 고대 문헌들에 대한 해박한 지식이 있어도 이해하기 힘든 2세기의 사회적 풍자를 15세기 지식인들이 과연 행간에 스며든 작가의 의도까지 파악할 수 있었는지도 의문이다. 게다가 가톨릭 사제들이 루키아노스의 풍자로부터 '우상척결'을 위한 도덕률을 끄집어냈듯, 시대를 초월한 문화적 차용에는 인과적으로 설명할 수 없는 다양한 우연과 착란이 존재했다.

다만 2세기 루키아노스의 작품들이 15세기 지식인들에게 하나의 지적 해방감을 제공했던 것만큼은 분명하다.[1] 지배적 문화에 대한 그의 냉소적 해학은 논리적 일관성에 매몰된 스콜라 철학자들의 형이상학적 과시에 대한 비판이 되고, 그가 보여 준 '진솔한 대화(parrhèsia)'의 설득력은 종교적 권위에 숨죽였던 지식인들의 숨통을 열어 주었던 것이다. 에라스뮈스가 『우신예찬』에서 그의 이름을 지속적으로 언급하듯, 특히 학문과 신앙의 조화를 꿈꾸었던 가톨릭 인문주의자들에게 그의 글은 큰 위안이 되었다.

토머스 모어도 예외일 수 없었다. 1506년에 그는 루키아노스의 『참주 살해(Tyrannoktonos)』를 라틴어로 번역하고, 키케로의 『의무론(De Officiis)』에 기초한 자기 생각을 담은 『루키아노스에 대한 답변(Declamatio Lucianiae respondens)』을 출간한다.[2] 그리고 『유토피아(Utopia)』(1516)의 해박한 인용과 풍자적 수사 속에 로마의 패권 아래에서 자기만의 그리스 문화를 개척한 루키아노스의 정신을 담는다.[3] 르네상스 문화의 주변으로 치부되던 영국에서 모어는 또 다른 모습의 루키아노스를 꿈꾸었던 것이다.

토머스 모어

가톨릭 정치인

모어는 1478년 런던에서 변호사의 장남으로 태어났다. 그의 가문은 상업사회로의 변화 속에서 등장한 신흥 중산층의 전형이었다.[4] 할아버지는 제빵사였고, 아버지 존 모어(John More)는 모친의 결단으로 법조인이 되었다. 당시 법률가가 되는 것은 신분 상승의 지름길이었고, 야심만만했던 그의 아버지는 그래서인지 누구보다 열심히 일했던 것으로 알려져 있다. 아버지의 활동은 요크 왕조를 세운 에드워드 4세 시기에 두드러지는데, 성실과 근면을 바탕으로 판사도 되고 기사 작위도 받았다.

모어의 교육은 전적으로 아버지의 훈육과 계획에 따라 행해졌다. 아버지는 모어도 법조인의 길을 걷기를 원했다. 그래서 여섯 살이 되던 해부터 성안토니 학교에서 라틴어와 수사학을 비롯한 기본적 인문교양을 배우게 했고, 열두 살에는 헨리 7세의 대법관이자 켄터베리 대주교였던 존 모턴(John Morton)의 시동으로 보냈다. 시동으로서 맡은 일은 대수롭지 않았지만, 대주교의 주변에서 보고 느낀 것들은 모어가 성인이 된 이후에도 정치적 권위와 교회의 질서에 대한 기본적인 입장에 중요한 토대가 되었다.

모어의 인문주의적 소양은 1499년 에라스뮈스를 만난 시점을 전후해서 급성장한 것으로 보인다. 열다섯 살에 옥스퍼드에서 수사학과 논리학을 공부했지만, 인문학에 눈을 뜬 것은 이듬해 런던 법학원(Lincoln's Inn)에 들어간 이후부터다. 당시 법학 교과는 키케로의 '인문학 5영역(studia humanitatis)'으로 구성되었는데,[5] 1501년 변호사 자격을 딴 이후에도 그는 인문학에 열중했다. 헨리 8세의 스승이 된 존 홀트(John Holt)와 희랍어의 대가였던 윌리엄 그로신(Wiliam Grocyn)을 통해 그는 더욱 인문학에 몰입했고,[6] 곧이어 존 콜렛을 비롯한 기독교 인문주의자들 사이에서 이름이 회자되기 시작한다.

그러나 모어의 인문학적 열정도 아버지의 뜻을 거스를 수는 없었다. 카르투시오(Carthusio) 계열 수도원에 은둔했을 정도로 진정 사제가 될 생각도 있었지만, 1505년 초 에섹스 토호의 딸 제인 콜트(Jane Colt)와 결혼한 이후 그는 법조인의 직무에 전념한다. 1504년 의회에 진출했지만, 헨리 7세의 과세에 저항했다는 이유로 1510년 의회에 복귀하고 런던의 시정을 조언하는 대리 통령(Undersheriff)이 되기까지 공직을 맡지 못했다. 대신 1507년 런던 법학원의 재정비서로, 그리고 1509년 막강했던 섬유조합(Mercer's Guild)의 구성원으로 정치적 영향력을 키워 나갔다.

사실 1518년 헨리 8세의 궁정에 합류한 것은 여러 측면에서 모어에게는 기회라기보다 도전이었다.[7] 네 자녀의 아버지로서, 주목받는 법조인으로서 그가 소중히 여기던 많은 것을 희생해야 했기 때문이다. 1521년 왕을 대신해서 쓴 루터에 대한 반박문, 1523년 영국 하원 의장, 1529년 10월 대법관에 오르기까지 그는 승승장구한 정치인이었다. 그러나 1530년 헨리 8세가 왕비 캐서린(Catherine)과 결별하고 궁녀 앤 볼린(Anne Boleyn)과 결혼하는 문제로 교황 클레멘스 7세와 대립하기 시작한 시점부터 또 다른 모습을 보여 준다. 1535년 형

헌리 7세

헌리 8세

장에서 이슬로 사라지기까지 그는 기독교 인문주의자로서 양심을 지키기 위해 끊임없이 고뇌하던 한 사람의 정치인이었던 것이다.

자유의 철학자

대법관으로 재직하는 동안 모어는 여섯 명의 개신교도들을 화형에 처했다.[8] 그러나 그가 집행한 혹독한 처벌은 대법관의 의무를 벗어난 것은 아니었다. 비록 그가 대법관이 되던 해부터 이교도 재판이 급증했지만, 대부분 헌리 8세와 로마교회의 갈등에서 비롯된 것이었다. 왕을 옹호하는 입장에서는 종교적 선명성을 과시하기 위해, 교황을 지지하는 입장에서는 왕이 개신교와 관계를 개선하는 방향으로 돌아서는 것을 경계하기 위해, 즉 고발이 잦았기 때문에 초래된 결과일 뿐이라는 것이다.

물론 모어는 종교개혁에 부정적이었다. 1521년 헨리 8세를 대신해서 쓴 『일곱 성사 옹호(Assertio septem sacramentorum)』에서 보듯, 가톨릭 강령과 교회의 질서에 대한 그의 믿음은 확고했다. 그러나 『옹호』의 '선동적 수사(de propaganda fide)'가 보여 준 폭력적 언어와 달리[9] 그는 이교도 재판을 이성적으로 처리하려고 노력했다.[10] 오히려 비이성적인 재판의 전형은 모어가 처형된 이후에 자행되었다. 교황을 지지한다는 이유로 헨리 8세의 수족이던 크롬웰(Thomas Cromwell)이 예순다섯 명의 정적들을 무참히 처형한 것이다. 즉 모어의 재판이 크롬웰의 경우보다 더 잔인했다고 말하기는 어렵다.

모어는 '전제(專制)'에 매우 비판적이었다. 헨리 8세의 궁정에 참여하기 전에 그는 한 치의 주저함도 없이 키케로가 꿈꾸던 공화정을 바람직한 정치체제로 상정한다. 이때 그는 '신민(subjectus)'이 아니라 자유롭고 평등한 '인민(populus)'을 정치적 주체로 규정하고,[11] 인민의 '동의'를 정당한 권력 행사의 필수 요소로 간주하며,[12] 군주의 독단보다 선출된 대표의 '심의(consilium)'를 선호한다.[13] 마찬가지로 1523년 하원의 의장을 맡기 전에 그는 헨리 8세에게 무엇보다 '표현의 자유'를 보장해 줄 것을 청원한다.[14]

또한 모어는 '참주'에 대한 강한 반감을 갖고 있었다. 비록 바람직한 통치의 내용을 가부장적 권위의 행사로 이해하는 경향을 보이지만, 그는 '자유(libertas)'와 '예속(servitium)'이라는 명확한 잣대를 가지고 '참주'의 문제점을 파고든다.

'좋은 군주는 아버지이지 주인이 아니다(Bonum Principem Esse Patrem Non Dominum)': 헌신적인 왕(Princeps pius)은 자녀(liberis)가 결코 부족하지 않다. 왜냐하면 그는 전체 왕국의 아버지(pater)이기 때문이다. 그래서 자유로운 인민들을 보유한 만큼 자녀를 갖는 것에서(Tot liberis, quot ciuibus), 왕은 풍성하게 축복을 받는다.[15]

이렇듯 그는 자유의 보장을 '좋은 군주'의 기준으로 제시하고, 인민으로부터 자유를 앗아 간 군주를 '참주'로 규정하는 데에 주저함이 없다.[16] 그리고 '참주 살해'까지도 '자유'라는 이름으로 정당화한다. 이때 그는 '자유'를 신이 부여한 '가장 소중한(charissimae)' 삶의 조건으로 규정하고, 동일한 이유에서 전체 인민의 삶을 고통에 빠뜨리는 참주의 살해가 합법적일 수밖에 없다고 항변한다.[17]

전체적으로 볼 때, 모어의 '자유'와 '참주 살해'에 대한 정치철학적 토대는 다름 아닌 키케로의 공화주의이다. 키케로가 원로원의 '심의(sermo)'를 중시했듯이,[18] 그도 선출된 대표의 신중한 심의를 '공화'의 내용으로 상정한다. 또한 키케로가 '신뢰(fides)'를 중시했듯이,[19] 그도 어느 누구에게 종속되지 않는 자유로운 상태에서 인민의 '동의'를 통치의 필수적인 조건으로 규정했다. 그리고 키케로가 '참주 살해(tyrannicida)'를 옹호했듯이,[20] 그는 법치의 회복이라는 이유에서 자의적인 참주의 폭력적 제거를 정당화한다. 시대는 달랐지만, 모어는 키케로가 꿈꾸던 공화의 이상을 실현해 보려던 한 명의 기독교 인문주의자였던 것이다.

좌절된 이상

모어는 『유토피아(De optimo reipublicae statu, deque nova insula Utopia)』(1516)에서 키케로의 공화주의를 가상 논증(prosopopoeia)의 중요한 틀로 사용한다. 비록 어원학적으로 '존재하지 않는 곳(ou topos)'이라는 뜻을 가진 '유토피아'라는 이름이 널리 통용되지만, '공화정 최적의 상태'라는 원래 제목이 의미하듯 이 저술에서 모어는 상상 속에서만 가능한 사회를 그리지 않는다. 그가 바라본 당시 상업사회의 문제점들, 그리고 그가 실현해보고 싶었던 공화주의 정치체제를 고스란히 노정시키는 것이다.

특히 I권은 모어가 꿈꾸던 '공화(共和)'가 헨리 8세 사절단의 일원으로 브뤼헤를 방문했던 1515년 전후의 유럽과 극명한 대조를 이룬다. 첫째, 정치참여에 소극적인 인문주의자들에 대한 비판이다.[21] '신의 치유'라는 이름과 '농담의 명수'라는 뜻의 성을 가진 가상의 라파엘 히슬로다에우스(Raphael Hythlodaeus)라는 인물과의 논쟁에서, 그는 키케로가 언급한 "공무(negotium)냐 여가(otium)냐?"의 딜레마를 거론한다.[22] 여기에서 그는 진정한 철학은 "자기의 재능과 열심

토머스 모어의 『유토피아』를 묘사한 그림(1730)

1518년에 출간된 『유토피아』 섬 일러스트

을 공적인 일(publicis rebus)에 헌신하는 것"이라고 주장하고,[23] 스토아의 '무(無)정념(apatheia)'과 에피쿠로스의 '평정(ataraxia)'에 심취했던 당시 인문주의 지식인들에게 정치에 적극적으로 참여할 것을 권유한다.

둘째, 당시 지배층의 낡은 사고를 비난한다. 이때 모어는 '신중함(prudentia)'이라는 원칙을 통해 '정직(honestas)'과 '효용(utilitas)'을 조화시키려 했던 키케로의 사상을 전면에 내세운다.[24] 그는 당시 지배층의 부조리를 부인하지 않는다. 그도 중세적 명예욕에 사로잡혀 불필요한 전쟁에 몰입하는 군주들, 남의 노동으로 무위도식하는 귀족들, 목초지를 확장하기 위해 농부들을 도탄에 빠뜨린 지주들을 비판하는 데 동조한다. 그러나 정치가에게는 "또 다른 철학(alia philosophia)"이 있다는 점을 부각시키면서[25] 히슬로다에우스와 상이한 입장을 견지한다. 즉 정치의 배제가 아니라 정치를 통한 사회적 개혁을 역설하는 것이다.

셋째, 당시 기독교 사회의 개혁이다. 모어는 당시 유럽에 만연한 계급적 차별과 경제적 불평등의 근원을 정치사회적 구조가 아니라 개개인의 도덕적 타락에서 찾는다. 그렇기에 그는 책의 말미에서 강조하듯 '공동체적 삶'과 '재산의 공유'를 해결책으로 보지 않는다.[26] 오히려 이러한 해결책은 공동체의 존속에 필요한 재화의 공급을 불가능하게 만들고 노동의 동기를 상실시켜 결국 무질서로 귀결된다고 본다.[27] 대신 그는 '품위(decorum)'와 '근면함(industria)'을 귀족적 허세와 사치의 대안으로 제시한다. 즉 개개인의 도덕적 개심(改心)이 제도적 개혁에 우선해야 한다는 입장을 가졌던 것이다.

불행하게도 모어의 영국은 이러한 온건한 개혁조차 용납하지 않았다. 1534년 4월 13일 그는 앤 볼린의 자녀들을 권력의 정당한 계승자로 인정하는 '왕위 계승법(Act of Succession)'에 대한 서약을 거부했다. 그로부터 4일 후 투옥되었고, 1535년 7월 6일에 처형되었다. 그는 기독교 사회의 개혁에 뜻을 같이했던 에라스뮈스와 달리 정치적 현실에 민감했다. 그러나 그가 구상했던 개혁은 1513년에 탈고되었지만 1532년에 비로소 출간된 마키아벨리의 『군주』만큼 도발적이지 않았다. 결국 그는 철학과 신앙을 삶의 중요한 잣대로 삼았던 기독교 인문주의자였던 것이다.

ㅁㅁ
귀치아르디니 Francesco Guicciardini, 1483-1540
인민은 다스릴 수 있는가?

귀치아르디니의 정치철학은 한편에서는 귀족적 공화주의로, 다른 한편에서는 정치적 현실주의로 무장되어 있었다. 비록 키케로가 꿈꾼 현자가 통치하는 세상을 그렸지만, 그의 정치적 현실주의에서는 도덕적 정치에 대한 확신은 찾아볼 수 없다.

1527년 4월 스페인의 카를 5세의 침공으로부터 피렌체를 지키기 위해 동분서주하던 마키아벨리가 친구 베토리에게 편지를 쓴다. 이 편지 하나로 프란체스코 귀치아르디니는 지금까지 모든 사람들의 뇌리에 깊이 각인되어 있다.

> 나는 귀치아르디니를 사랑하네. 그리고 나의 조국(patria)을 내 영혼(anima)보다 사랑하네. 내 육십 평생의 경험으로 자네에게 말하네만, 지금보다 더 어려운 상황들은 없었네. 평화는 필요하지만 전쟁을 포기할 수 없고, 평화든 전쟁이든 어느 것도 잘할 수 없는 군주를 우리가 모시고 있지 않은가.[1]

당시 마키아벨리는 메디치 가문의 교황 클레멘스 7세의 우유부단한 태도에 몹시 실망한 상태였다. 사실 교황은 카를 5세의 의지를 간파하고도 돈으로 사태를 수습하려 했을 정도로 어리석었다. 그렇기에 '로마 대함락'이 예견된 상태에서 마키아벨리는 교황군 총사령관으로 피렌체에 온 귀치아르디니에게 마지막 희망을 걸었던 것이다. 이렇듯 마키아벨리와 귀치아르디니는 각별한 우정을 나눈 사이였지만, 두 사람의 생각은 출신 배경이나 열네 살의 나이 차이만큼 달랐다. 권력의 속성에 대한 냉철한 통찰은 서로 공유했지만, 정치권력을 제도화하는 목적과 방식에서는 견해를 달리했던 것이다.

> 그러나 어떤 도시의 통치(uno governo)를 귀족에게든 인민에게든 맡겨야 할 필요가 있다면 나는 귀족을 선택하는 것이 낫다고 믿습니다. 그들이 더 신중하고 좋은 자질을 갖고 있어 적절하게 통치할 것이라는 희망을 더 갖게 되기 때문입니다. 반면 인민은 무지하고 혼란스러우며, 나쁜 자질들을 많이 가졌기에 모든 것을 나쁘게 만들거나 파괴할 뿐입니다. 나는 이 차이를 더 이상 논의하지 않겠습니다. 당신이 공화정을 팽창 지향적으로 만들든지 유지하는 쪽으로 만들든지 말입니다. 사실 인민의 정부는 팽창과도 유지와도 무관합니다. 그리고 로마의 정체는 혼합정부이지 인민정부가 아니었습니다.[2]

마키아벨리의 『강의(Discorsi)』를 읽고, 귀치아르디니는 '인민'과 '다수'의 판단을 지나치게 옹호한다는 인상을 받았다. 비록 마키아벨리도 선동이나 무지 때문에 인민이 종종 잘못 경도될 수 있다고 경고했지만,[3] 귀치아르디니에게는 그가 계층 간의 공존이 아니라 '인민(il popolo)'의 자유에 더 많은 비중을 두는 것이 못내 불편했다. 즉 마키아벨리가 구상했던 혼합정체가 인민의 자의적 지배로부터 해방되려는 기질(umore)을 앞세움으로써 '인민의 정부(governo popolari)'에 가까웠다면, 귀치아르디니가 생각한 혼합정체는 원로원의 귀족적 '심의(consiglio)'에 토대를 둔 고전적인 형태였던 것이다.

그럼에도 불구하고 마키아벨리와 귀치아르디니가 자신들의 제도적 구상에서 우선적으로 실현하려는 목표는 동일했다. 바로 '조국을 외적의 침입으로부터 지키는 것'이었다. 그렇기에 키케로의 귀족적 공화주의를 선망했던 귀치아르디니도 마키아벨리처럼 '공동체의 존속'을 위해 정치가가 준수해야 할 원칙들은 도덕적 잣대로 평가할 수 없다는 생각을 갖고 있었다. 이것이 귀치아르디니가 '국가이성(la ragione degli stati)'이라는 말을 최초로 사용한 정치철학자라는 사실을 염두에 두어야 할 이유다.

플라톤적 야심가

귀치아르디니는 1483년 3월 6일 열한 명의 자녀들 중 셋째로 태어났다. 그의 가문은 리옹과 런던을 비롯해 유럽 전역에 거점을 둔 거대한 상인 집안이었고, 열여섯 번이나 행정부의 수반(Gonfaloniere)을 배출했을 정도로 강력한 정치적 영향력을 가졌던 피렌체의 대표적인 귀족들 중 하나였다. 게다가 메디치 가문과 긴밀한 유대를 갖고 있었기에 그가 태어났을 무렵 그의 가문은 자연스럽게 피렌체 정치의 한가운데 서 있었다. 정치적 야심이 없었던 것으로 소문난 아버지 피에로(Piero di Jacopo Guicciardini)조차 피사 총독과 밀라노 대사를 맡았을 정도였다.

사실 귀치아르디니의 아버지는 정치적 이력보다 인문주의적 소양이 더 풍부한 인물이었다. 당대 대표적인 플라톤주의 철학자였던 마르실리오 피치노(Marsilio Ficio)와 학문적 교감을 나눌 정도로 뛰어난 문필가이자 웅변가였던 것이다. 따라서 귀치아르디니의 어린 시절은 당시 유력 가문의 자제들이라면 당연히 접했던 인문학 기초교육과 상인 집안에서 중시했던 실용산술, 그리고 아버지의 훈육과 대부였던 피치노의 그늘에서 빚어진 플라톤적 사고와 행동으로 채워져 있었다. 어릴 적부터 절제하는 생활은 그의 정치적 야망만큼이나 그의 주변의 영향을 받았던 것이다.

코르토나의 주교였던 삼촌이 죽었을 때 귀치아르디니는 잠시 성직에 마음을 두기도 했다. 그렇지만 "부나 출세를 목적으로(per cupidità di roba o di grandezza) 성직을 취해서는 안 된다."는 아버지의 충고를 받아들여 법조인의 길을 걷게 된다.[4] 1498년 열다섯 살의 나이에 피렌체에 위치한 피사 대학에서 법학을 시작했고, 1501년 3월 정치적 소용돌이에 대비해 그의 아버지는 그를 페라라 대학으로 보냈으며, 페라라의 교과과정이 마음에 들지 않아 1년 후 파도바 대학으로 옮겨 학위를 마쳤다. 1505년 법학 박사학위를 갖고 피렌체로 돌아왔을 때 그는 이미 자신의 야망을 성취할 수 있는 능력과 인맥을 모

레오 10세

두 갖추고 있었다.

피렌체 관습상 공직에 진출할 수 있는 서른 살이 되기 전, 귀치아르디니는 이미 권문세가뿐만 아니라 대중의 주목까지 한 몸에 받고 있었다.[5] 법률가로서의 활발한 활동 이외에도 그는 정치적 영향력을 확대할 수 있는 조건들을 하나씩 마련해 나갔다. 우선 1506년 피에로 소데리니(Piero Soderini)의 최대 정적이자 귀족파의 우두머리였던 알라만노 살비아티(Alamanno Salviati)의 네 번째 딸과 결혼을 한다. 야심만만한 청년답게 돈보다 정치력을 선택한 것이다.[6] 그리고 피렌체의 역사와 가족 연대기를 함께 엮은 책들을 썼다. 물론 그의 목적은 도시를 찬양하면서 자기 가문을 드러내는 것이었다.

1508년 서른 살이 되기도 전에 귀치아르디니는 스페인의 페르난도 5세에게 파견될 대사로 발탁된다. 탁월한 능력과 탄탄한 배경이 작용한 것이기도 했지만, 이 파격적인 인사는 행정부 '종신수반(Gonfaloniere a vita)'이 된 소데리니와 이를 견제하려는 귀족파의 타협

점이기도 했다.[7] 1512년 메디치 가문의 복귀 이후 그는 메디치 가문의 교황들 주변에서 정치적으로 크게 성공한다. 레오 10세와 클레멘스 7세하에서 그는 모데나와 볼로냐를 비롯해 여러 교황령을 다스렸고, 스페인 카를 5세에 맞선 클레멘스 7세의 손발이 되었으며, 1537년까지 메디치 가문과 함께 피렌체 정치의 중심에 서 있었다. 1540년 아르체르티의 빌라에서 죽음을 맞이하기까지 그는 정치를 통해 자신의 꿈을 달성하려 했던 플라톤적 정치가였던 것이다.

귀족적 공화주의

귀치아르디니는 스페인의 대사로 파견된 시기 동안 스페인 북부의 로그로뇨 궁정에서 글을 쓰는 것으로 소일을 한다. 피렌체와 멀리 떨어져 있기도 했지만, 민중파인 소데리니 정부와 관계가 소원했기 때문에 특별히 할 일도 없었다. 이때 쓴 책이 그의 최초의 정치적 논술인 『로그로뇨 강론(Discorso di Logrogno)』(1512)이다. 일면 피렌체 정부에 대한 비판을 담은 내부 문건과 같은 특징을 갖고 있다. 그러나 『피렌체사(Storie fiorentine)』(1509)에 투영된 정치적 입장에서 보듯, 『강론』은 피렌체의 젊은 정치가가 자신이 구상하는 공화주의의 사상적 배경은 무엇이며, 어떻게 그러한 공화주의를 제도적으로 실현할 수 있는지를 역설한 책이다.[8] 한마디로 그가 가졌던 '귀족적 공화주의'의 결정체인 것이다.

『강론』에서 첫 번째로 주목해야 할 부분은 귀치아르디니가 대표하는 정치적 집단이다. 전체적으로 그는 피에로 소데리니와 대립하던 귀족들(ottimati)의 견해를 대변했고, 능력과 재능이 있는 소수의 사람들이 국정을 이끌어가야 한다는 귀족주의적 입장을 고수한다. 구체적으로 그는 당시 가장 안정적인 혼합정체로 평가받던 베네치아 모델을 실현 가능한 최선의 정체로 상정한다. 비록 피렌체 지식인들이 거의 대부분 베네치아 모델을 선호했지만,[9] 그는 베네치아 모델에서 특별히 귀족정의 특징을 부각시킨다.

> 법 제정은 [대평의회에서 선호하는 사람을 선출하듯] 해서는 안 된다. 법은 현명한 사람들의 사려가 필요하기 때문이다(richieggono considerazione di uomini savi). 법이 다수(la multidudine)의 욕망에 이끌린다면 그 법은 항상 해롭거나 무익하다.[10]

이런 전제에서, 베네치아 모델을 토대로 인민의 정치참여에 개방적인 정체를 구상했던 사보나롤라와 달리 귀치아르디니는 "협소한 정부(governo stretto)"를 구상한다.[11] 특히 대평의회에서 여든 명, 각 위원회에서 서른 명, 그리고 나머지는 주요 관직에 봉직했던 이른바 '최고의 인사들(fiore della città)'로 꾸리는, 200명 정도의 '원로원(collegi)'을 구성해야 한다고 주장한다.[12] 즉 종신 행정부 수반(Gonfaloniere)의 전횡과 대평의회의 전제를 막는 귀족적 심의체계가 필요하다고 생각했던 것이다.

귀치아르디니의 제도적 구상은 다분히 로마공화정의 키케로부터 피렌체의 레오나르도 브루니로 계승된 귀족적 공화주의의 특징을 보여 준다. 로마공화정의 몰락기에 원로원의 '권위(auctoritas)'를 옹호했던 키케로와 같이,[13] 그도 개인적 야망을 인정하면서도 원로원의 심의를 통한 비선동적이고 신중한 정치를 열망했던 것이다.[14] 그리고 피렌체의 혼란 속에서 대중의 집단행동에 대해 늘 경계했던 브루니와 같이,[15] 그도 인민의 정치적 판단에 부정적인 태도를 견지했을 뿐만 아니라 안정을 위해서라도 행정부에 '종신수반'이 필요하다는 생각을 갖고 있었다.[16] 어쩌면 그는 가장 솔직한 '귀족적 공화주의'자였는지도 모른다.

마키아벨리와 귀치아르디니

귀족적인 생각을 가진 귀치아르디니와 인민의 비지배적 열정을 믿은 마키아벨리가 어떻게 남다른 존경을 서로 나눌 수 있었을까? 특히 1530년 이후, 즉 1527년 일시 복원되었던 공화정이 무너진 이후 귀치아르디니가 보여 준 태도를 본다면 둘의 관계는 더욱 묘연해진다. 주지하다시피 1527년에 복원된 공화정은 사보나롤라의 지지자들과 반메디치 귀족들의 연합이었고, '인민정부(governo popolari)'의 부활과 함께 메디치 지지자들에 대한 가혹한 처벌이 뒤따랐다. 귀치아르디니는 이 혹독한 시기를 집필로 이겨 내면서 더욱 보수화된다. 그 이전에는 위대한 로렌초(Lorenzo il Magnifico)의 영광을 재현하거나 고전적 공화정의 부활을 꿈꾸었지만,[17] 이 시기에 그는 메디치 가문의 전제까지 허용하는 태도를 보인 것이다.

그러나 귀치아르디니는 1530년 이후의 보수적 회귀 속에서도 자신이 가졌던 제도적 구상을 포기하지 않았다. 그렇기에 설사 이 시기 인민에 대한 그의 적대감을 1527년 세상을 떠난 마키아벨리가 경험했다고 하더라도 두 사람이 반목했으리라 단정할 수는 없다. 왜냐하면 두 사람은 1527년 카를 5세로부터 피렌체를 방어하기 위해 머리를 맞대었고, 이들에게는 허심탄회하게 생각을 나눌 수 있는 가교가 있었기 때문이다. 바로 권력에 대한 냉철한 통찰력과 전쟁의 소용돌이 속에서 피렌체를 지켜내려는 열정이 있었다. 이 연결고리가 없었다면 1519년 피렌체의 통치자였던 로렌초(Lorenzo di Peiro de' Medici)의 죽음, 그리고 1521년 레오 10세의 죽음이 혁명적 분위기를 고조시켰을 때 마키아벨리와 귀치아르디니는 서로 피렌체의 정치개혁에 대한 고민을 나누지 않았을 것이다.

이런 맥락에서 마키아벨리의 『강의』에 대한 자신의 의견을 담은 귀치아르디니의 『숙고(Considerazioni)』(1530)는 정치철학적으로 매우 중요하다. 비록 1531년 안토니오 블라도에 의해 『강의』가 출간되었기에 귀치아르디니가 전체 원고를 온전히 숙독했는지는 미지수이지만, 혼합정체의 제도적 구상뿐만 아니라 로마공화정과 이탈리아 통일에 대한 상반된 견해까지 고스란히 보여 주기 때문이다. 소란스럽더라도 인민의 자유를 통해 제국으로 팽창했던 로마의 영광을 재현하려던 마키아벨리와 달리,[18] 갈등보다 조화에 초점을 맞춘 귀치아르디니는 피렌체의 인민이 로마 시민의 군사적 덕성을 갖추기란 어렵다고 단언한다.[19] 아울러 로마교회가 이탈리아 분열의 근원이라며 통일에 대한 열망을 보인 마키아벨리와 달리,[20] 귀치아르디니는 자율적 도시국가로 남는 것이 더 낫다는 중세 이후 피렌체 지식인들의 견해를 반복한다.[21]

결국 마키아벨리의 제국으로의 팽창을 전제한 '인민의 정부'와 귀치아르디니의 자율적 도시국가를 염두에 둔 '협소한 정부'는 수렴되지 않았다. 그러나 귀치아르디니와 마키아벨리는 두 가지 점에서 고전적 공화주의의 가르침과 결별한다. 첫째, 귀치아르디니는 마키아벨리와 마찬가지로 '통치'에 가장 필수적인 내용으로 '물리적 강제'를 상정한다. 마키아벨리와 거의 같은 맥락에서 귀치아르디니가 "통치(stato)와 명령(imperio)은 단지 신민에 대한 폭력(violenza)일 뿐"이라고 말하듯,[22] 두 사람은 모두 '참주'와 '군주'의 구분을 가지고 도덕적 통치를 구상했던 고전적 공화주의의 잣대로부터 벗어나 있었다. 둘째, 귀치아르디니도 개개인의 이기적 욕망을 부정하거나 이러한 욕망을 도덕적으로 교화하려는 생각이 없었다.[23] 비록 키케로가 꿈꾼 '현인(vir sapiens)'이 통치하는 세상을 그렸지만, 그의 정치적 현실주의에서는 도덕적 정치에 대한 확신을 찾아볼 수 없다.

이렇듯 귀치아르디니의 정치철학은 한편으로는 귀족적 공화주의로, 다른 한편으로는 정치적 현실주의로 무장되어 있었다. 그렇기에 『피렌체 정부에 대한 논의(Dialogo del Riggimento di Firenze)』(1524)에서 자신을 대신해 대화를 이끌어 나가는 베르나르도 델 네로(Bernardo del Nero)를 통해 말하듯, 그 역시 사보나롤라가 집권했던 시기에 처형 당한 베르나르도처럼 희생될 수 있다는 강박에 시달렸다. 또한 『회상록(Ricordi)』(1530)에서 교황을 보필하지 않았다면 "루터를 나만큼이나 사랑했을 것(amerei più Martino Luther che me medesimo)"이라고 고백하듯,[24] 그도 마키아벨리처럼 로마교회의 부패와 전횡을 목도하고 괴로워했던 르네상스의 지식인이었던 것이다. 어쩌면 그는 마키아벨리처럼 자유로운 생각을 펼치기에는 포기할 수 없는 것들이 너무나 많았을지도 모른다.

34

루터 Martin Luther, 1483-1546

인간은 신을 선택할 수 있는가?

루터는 로마 가톨릭교회의 전횡만큼이나 주관적 신비주의 신앙에 대해서도 비판적이었다. 세속적인 것과의 철저한 단절도, 천년왕국의 혁명적 건설도 그에게는 피해야 할 극단이었고, 그만큼 루터의 사상은 혁명적이면서도 동시에 보수적이었다.

제도사상사를 돌이켜 볼 때, 종교개혁은 시대적 변화를 초래한 파괴력에 비해 정연한 사상적 체계를 갖지 못한 운동과 논쟁의 연속이었다.[1] 종교개혁이 로마 가톨릭교회의 권위를 붕괴시켰다고는 하지만, 교회 권위의 추락은 13세기 말 십자군 원정에서 이미 시작되었다. 또한 종교개혁의 결과로 세속적인 정치권력이 부상했다고는 하지만, 교권과 왕권의 구분은 5세기 말 교황 겔라시우스 I세에 의해 이미 공식화된 바 있었다. 이런 맥락에서 본다면, 마르틴 루터로부터 시작된 종교개혁은 새로운 정치적 흐름이라기보다 존재하던 여러 균열들이 우연적 계기로 응축되어 동시다발적으로 폭발한 사건들의 연속이라고 할 수 있다.[2]

　그러나 '어떻게 루터의 「95개조 반박문(Disputatio)」(1517)이 로마 교회의 전횡에 대한 기존의 반발들을 한꺼번에 폭발시키는 계기를 마련했는가?'라는 질문은 여전히 남는다. 즉 균열들이 이미 존재했더

마르틴 루터

라도 루터가 그것들을 어떻게 인식했고, 특정 국면에서 자신의 생각을 어떤 의도로 조직했으며, 누구를 설득하려 했는지가 동시에 검토되어야 한다는 것이다. 아울러 루터의 사상을 살펴보기 전에 종교개혁이라는 거대한 물결을 가능하게 만든 현안들은 무엇이었으며, 이러한 현안들을 정치사회적 갈등의 중심으로 옮겨 놓은 힘은 어디에서 추동되었는지를 먼저 짚고 넘어가야 할 필요가 있다.

개혁의 토대

세 가지 측면이 특히 부각된다. 첫째, 루터로부터 시작된 종교개혁은 15세기 중엽부터 유럽 전역으로 확산된 인쇄술 덕을 톡톡히 보았다. 사보나롤라의 사례에서 보듯, 이탈리아에서는 이미 로마 가톨릭교회에 대항하는 하나의 방법으로 인쇄물이 널리 활용되고 있었다.[3] 따라서 유통되는 인쇄물의 규모가 수백만으로 확대된 16세기 초, 그것도 구텐베르크(Johannes Gutenberg) 이래 인쇄혁명을 주도한 독일에서 루터의 「95개조 반박문」이 독일어로 번역 출판되어 보름 만에 독일 전역에서 읽힌 것은 우연이 아니었다.[4] 즉 1517년부터 1520년까지 루터가 쓴 서른 종의 저술들이 30만 권 이상 팔려 나간 사실에서 알 수 있듯이,[5] 루터의 종교개혁은 시작부터 그 이전의 위클리프(John Wycliffe)나 후쓰(John Huss)와는 다른 토대를 가지고 있었다.

둘째, 로마 교황에 대한 가톨릭 공동체 내부의 인식이 '조정자'에서 '참주'로 전환된 것도 루터의 종교개혁이 성공하는 데에 큰 기여를 했다. 로마 교황은 성경에서 언급된 '베드로의 권위'를 계승했다는 상징적 의미만큼이나 가톨릭 공동체 내부의 통일을 가져오는 실질적 역할을 담당했다.[6] 교황은 성경을 둘러싼 논쟁에서 누가 옳은지를 판단하는 기준이었고, 기적이나 예언의 진위를 가리는 재판관이었으며, 가톨릭 공동체 내부의 분열과 갈등을 종식시키는 일종의 합의된 제도였던 것이다.[7] 그러나 합의된 제도로서 교황의 권위는 르네상스를 거치면서 서서히 무너지기 시작했다. 교황의 명령에 순응하는 오랜 전통을 거부하며 모두가 성경을 해석할 수 있다는 새로운 생각이 걷잡을 수 없이 퍼졌고, 동일한 이유에서 상징적 권위에 의존해서 파문교지를 남발하는 교황을 '참주'로 인식하는 계기를 강화시켰다.

셋째, 종교개혁이 진행되기 훨씬 이전부터 가톨릭 공동체의 분열이 있었다는 점을 염두에 둘 필요가 있다.[8] 종종 루터로부터 시작된 종교개혁을 마치 기독교 세계의 첫 종파적 분열처럼 이야기하는 경우를 보게 된다. 그러나 엄밀하게 말하자면 가톨릭 공동체의 분열은 훨씬 이전부터 존재했다. 1054년 그리스정교회와 로마교회의 대립은 1439년 페라라·피렌체 공의회에서 다시금 불거졌고, 1378년부터 1418년까지 지속된 서방 교회 내부의 대립은 로마교회의 권위가 단지 물리적 우위에 불과했다는 사실을 많은 사람들에게 각인시켜 주었다.[9] 사실 1519년 명예욕에 사로잡힌 에크(Johann Eck)가 로마교회의 정통성을 앞세워 루터를 비난했을 때, 독일의 젊은 신학자들이 루터의 편을 든 것은 충분히 예측 가능한 일이었다. 즉 종교개혁이 교회의 분열을 가져온 것이 아니라 후자가 전자를 가속화시켰던 것이다.

　이렇듯 루터의 「95개조 반박문」은 그 이전 종교개혁의 맹아들과 다른 토대에 서 있었고, 이러한 토대는 루터가 제기한 현안들이 순식간에 거대한 운동을 촉발시킬 수 있는 동력을 제공했다. 게다가 독일은 종교개혁의 추동력이 극대화될 수 있는 최적의 조건을 갖고 있었다. 상대적으로 약한 로마교회의 영향력, 빈약했던 성직자들과 평신도들의 유대도 한몫을 한 것이다. 이런 상황에서 교황이 아니라 성서가 판단 기준으로 전제되고, 교회의 위계가 아니라 신앙적 헌신이 정당성의 근거로 제시되자 독일인들은 루터의 저술에 열광했다. 그리고 이탈리아에서 꽃피운 르네상스 가톨릭 인문주의와 달리, 독일에서 시작된 종교개혁은 오래지 않아 로마 가톨릭교회를 정조준하기 시작했다.

금욕적 세계관

　인간에 대한 루터의 비관적 견해는 종종 심리학적 정신분석의 대상이 되기도 한다. 과도하리만큼 엄격한 성욕에 대한 결벽증, 지나칠 정도로 철저한 이성(理性)에 대한 불신, 안타까우리만큼 처절한 자기(自己)에 대한 실망,[10] 이 모든 주제들이 아우구스티누스가 인간의 '지배욕'에 대한 비판으로부터 종교적 헌신의 필요성을 도출하는 수준을 넘어섰기 때문이다.[11] 아울러 당시 가톨릭 전통의 '자기부정'적 신앙을 넘어 '믿음(fide)'의 이성에 대한 절대적인 우위로 귀결된 루터의 종교관이 어떻게 세속적 정치권력과 시의적절한 협력으로 수렴되었는지도 큰 흥미를 자아낸다.

루터에 대한 심리학적 궁금증과 대조적으로 루터의 어린 시절은 평범했다.[12] 그는 1483년 11월 10일 독일 작센의 아이슬레벤에서 둘째 아들로 태어났다. 가족은 마침 튀링겐에서 이주해 왔는데, 그가 태어난 다음 해에 제련업에 손을 댄 아버지를 따라 만스펠트로 다시 거처를 옮겼다. 아버지 한스 루터(Hans Luder)는 농사를 짓다가 광부가 되어 사업가로도 성공하고, 시민 대표로서 주민들의 신망도 한 몸에 받던 인물이었다. 가끔 루터의 음욕에 대한 병적 기피가 부모의 지나치게 엄격했던 체벌의 결과라는 주장이 제기되지만, 부모의 훈육이 가혹했다기보다 루터가 회고하는 어린 시절이 수도승의 자책으로 채색되었기 때문인 것으로 보인다.[13]

루터는 만스펠트에서 라틴어 기초교육을 마친 뒤, 1497년 마그데부르크의 '공동생활 형제단(Fratres Vitae Communis)'에서 기독교 교리와 인문학적 교양을 쌓는다. 이때 안할트 공국의 왕자였다가 프란체스코회 수도승이 된 빌헬름(Wilhelm)의 금욕적 삶에 큰 감명을 받는데, 이 시기 경험들은 1498년부터 1501년까지 아이제나흐에서 받은 교육과 함께 그의 신앙에 주요한 토대를 제공했다. 그러나 에르푸르트 대학에서 석사학위를 마치고 법학 과목을 본격적으로 이수하기 시작한 1505년까지 그는 아버지의 소망대로 법률가의 길을 걷고 있었다. 당시 에르푸르트는 경제적 풍요를 발판으로 '작은 로마'라는 별명을 얻을 정도였기에, 그의 성공에 대한 가족의 기대도 그만큼 컸다.

따라서 1505년 7월 17일 루터가 에르푸르트의 아우구스투스 수도회에 들어가기로 결심했을 때, 야심만만했던 아버지는 그의 결정을 받아들일 수 없었다. 사실 1505년 7월 2일 본가에 다녀오는 길에 벼락을 맞아 죽을 뻔했을 때 죽음의 공포에 사로잡혀 수도사가 되기로 서언(誓言)했다는 말은 누구도 납득하기 쉽지 않았을 것이다.[14] 그러나 의지는 확고했고, 아버지도 그의 결정을 존중할 수밖에 없었다. 서언의 진정성을 증명하듯, 종교개혁의 깃발을 든 이후 정적들의 무고(誣告)에도 흠을 찾을 수 없었을 만큼 그의 수도원 생활은 금욕적이고 모범적이었다. 게다가 다른 수도사들과 비교할 수 없는 출중한 지식은 당시 주변 대학의 주목을 받기에 전혀 부족함이 없었다.

1507년 루터는 신부로 서품을 받았고, 1509년 3월 9일 '성서학사(Baccalaureus biblicus)'를 받기까지 성서 연구에 몰입했다. 그해 가을 신학을 강의할 수 있는 '신학사(Sententiarius)' 자격을 취득한 후, 1510년부터 1511년 사이 로마에서 개최된 수도원 총회를 다녀온 기간을 제외하고는 에르푸르트 대학에서 페트루스 롬바르두스(Petrus Lombardus)의 『전거론(Libri Quattuor Sententiarum)』을 가르쳤다. 로마에서 돌아온 그는 바로 비텐베르크 대학의 강사로 자리를 옮긴다. 그리고 1512년 10월 신학 박사학위를 취득한 후, 그의 상관이자 스승이었던 요한 슈타우피츠(Johann von Staupitz)의 뒤를 이어 신학교수가 되었다. 이처럼 루터는 1523년 손수 출판한 사보나롤라의 『명상록(Meditatio)』에 나오는 옥중 고백처럼,[15] "허탄한 것을 버리고 하나님

사보나롤라

을 의지하는" 삶을 살
고자 했다.

개혁의 시작

1517년 10월 31일 비텐베르크 대학 궁정 교회(Schlosskirche) 정문에 라틴어로 쓴 루터의 「95개조 반박문」이 나붙었다. '면죄부 능력 천명에 대한 반박 (Disputatio pro declaratione virtutis indulgentiarum)'

이라는 원래 제목에서 보듯, 「95개조 반박문」은 교황 레오 10세의 성 베드로 성당 건축비 충당과 마그데부르크 대주교 알브레히트의 사욕이 빚은 '완전 면죄부' 남발에 대한 토론을 요구하는 글이었다. 여기에서 루터는 7세기부터 통용되어 오던 세속적 처벌의 '사면 (indulgentia)'이 교회와 성직자의 축재를 위해 남용됨으로써 '면죄부'로 변질되었다고 지적하고,[16] '고해성사(penitentia sacramentali)'와 같은 교회의 권위를 통한 참회가 아니라 진정한 영적 회개를 촉구했다.[17]

이때까지만 해도 루터는 로마 가톨릭교회의 권위에 정면으로 도전하지 않았던 것이다.

그러나 「95개조 반박문」은 그동안 잠재되었던 갈등을 고스란히 노출시켰고, 이후 큰 반향을 불러일으키기에 충분한 뇌관을 갖고 있었다. 첫째, "교황은 어떤 죄도 사(赦)할 수 없다.(Papa non potest remittere ullam culpam.)"는 논제에서 보듯,[18] 루터는 교황의 권위가 절대적일 수 없다는 점을 분명히 했다. 사실 당시 교황은 가톨릭 공동체에서 무소불위의 권력을 행사했지만 신앙의 문제에 있어 리더십을 발휘하지는 못했다. 탁발 수도사들의 거리설교와 신비주의의 만연으로 평신도들의 신앙적 요구가 폭증했음에도, 교황은 무차별적이고 자의적인 파문과 이단선고를 제외하고는 지도력을 인정받지 못하고 있었던 것이다. 따라서 비록 교황의 권위를 전적으로 부정하진 않았지만, 루터의 논제는 교황이 무조건 복종해야 할 대상이 아니라는 점을 부각시키기에는 충분했던 것이다.

둘째, 신앙과 불신앙을 판단하는 기준은 '교회의 진정한 보물(verus thesaurus ecclesie)'인 성서뿐이며,[19] '진정한 기독교인(verus christianus)'이면 누구든지 교회의 모든 영적 활동에 참여할 수 있다는 점을 명백히 했다.[20] 이러한 논제들은 중세 시대부터 종교적 권위를 지탱하던 성직자와 평신도의 위계를 파괴하는 중대한 도전이었다. 당시 로마 가톨릭교회는 라틴어를 읽고 쓸 능력을 가진 사람들이 늘어나면서 종교적 권위를 조금씩 잃어가고 있었다. 정치권력들이 앞을 다투어 학교와 대학을 설립하고 인쇄술의 발달과 종이 가격의 인하로 출판이 활성화되면서, 많은 수의 평신도가 성직자의 특권처럼 여겨졌던 '성서를 읽고 쓰는' 활동에 참여할 능력을 갖게 되었기 때문이다. 한마디로 루터의 논제들은 가톨릭 공동체 내부의 위계에 짓눌린 평신도들의 숨통을 활짝 열어 준 것이다.

독일어로 번역된 「95개조 반박문」은 한 달 만에 독일을 넘어 유럽 전역으로 파급되었다. 그 일차적 효과는 면죄부 판매실적의 급감으로 이어졌고, 성직을 얻기 위해 지불한 막대한 돈을 면죄부 판매를 통해 회수하려던 알브레히트 대주교가 특히 큰 타격을 입었다. 알브레히트가 교황에게 불만을 토로하고 로마 가톨릭교회가 여러 경로를 통해 루터에 대한 압력을 행사하면서 서서히 종교개혁의 깃발이 올라가게 되었다. 마그데부르크 교구의 면죄부 판매를 맡고 있던 테트젤(Johann Tetzel)의 루터에 대한 비판을 비롯해 양측의 치열한 유인물 공방은 오히려 종교개혁의 불씨가 되었다. 1518년 하이델베르크 사제단 모임, 1519년 라이프치히에서 열렸던 에크와의 토론, 1520년 교황의 소환에 대한 불응, 1521년 교황의 파문교서와 카를 5세에 의한 자격 박탈, 이 모든 것들은 종교개혁의 서막에 불과했던 것이다.

새로운 신학

처음부터 체계적이지는 않았지만, 시간이 흐르면서 루터의 신학은 기존의 가톨릭 전통과 다른 특성들을 속속 드러냈다. 특히 1520년

10월 10일 「주여 일어나소서!(Exsurge, Domine)」라는 제목의 교지가 교황으로부터 전달되기 직전 자신의 신앙고백을 담은 「그리스도인의 자유(Von der Freiheit eines Christenmenschen)」(1520), 그리고 에라스뮈스의 공개적 비판에 대한 답변의 일환으로 집필된 「구속된 의지(De Servo Arbitrio)」(1525)는 루터 신학의 독자적 성격을 잘 보여 준다. 소위 '오직 믿음(sola fide)'과 '오직 은혜(sola gratia)'로 대표되는 루터의 입장이 토마스 아퀴나스의 신학이나 가톨릭 인문주의 사상과 융화될 수 없었던 이유들이 고스란히 노출된 것이다.

「그리스도인의 자유」는 교황 레오 10세에게 보내는 공개서한으로 시작한다. 이 서한에서 루터는 교황에 대한 충성심을 강조하고, 자신은 교황이 아니라 교황청(Curia Romana)의 부패한 성직자들을 비판했을 뿐이라고 항변한다.[21] 그러나 이어지는 글에서는 교황의 압력에 결코 굴복할 수 없다는 확고한 신념이 피력된다. 크게 두 가지 주장이 전개된다. 첫째, 신과 인간의 "친애(amicitia)에서 비롯되는 믿음을 바탕으로 선행(onitas)을 통해 구원에 이른다."는 토마스 아퀴나스의 교리를 거부한다.[22] 루터의 주장에 따르면, 구원은 신과 인간의 관계나 인간의 노력이 아니라 신의 일방적 은혜에 기인하고, 인간은 오직 이 은혜에 대한 신의 약속을 "붙잡는 믿음(fides apprehensiva)"으로만 구원받을 수 있다.[23] 그는 스콜라 철학의 '사랑으로 형성된 믿음(fides caritate formata)'을 '그리스도에 의해 형성된 믿음(fides Christo formata)'으로 대체한 것이다.

둘째, 믿음으로 그리스도와 합일된 기독교인은 누구에게도 복속되지 않으며,[24] 동일한 근거에서 '모두가 왕이자 제사장'이라는 '만인 제사장주의'를 역설한다.[25] 먼저 루터는 구약성서에서 제시되는 율법과 신약성서에서 구원의 약속을 대비하고, 전자를 온전히 이행할 수 없는 인간의 연약함은 후자에 대한 믿음을 통해서만 극복될 수 있다고 전제한다.[26] 이러한 전제에서 그는 '오직 믿음'을 통해서만 약속의 말씀이 실현되고, '오직 믿음'을 통해서만 그리스도와 하나가 될 수 있다고 주장한다. 그리고 믿음으로 그리스도와 합일된 기독교인이라면 누구든지 "다른 사람들을 위해 기도할 수 있고, 영적인 권면을 할 수 있다."고 부언한다.[27] 동시에 "기독교인은 모든 사람의 종복(dienstbarer Knecht)이어야 한다."는 성서의 가르침은 "이웃을 사랑하라."는 그리스도의 말씀을 실천하는 것이기에 '만인 제사장주의'와 충돌하지 않는다고 덧붙인다.[28]

이러한 주장들은 「구속된 의지」에서 에라스뮈스를 비롯한 인문주의자들의 이성주의에 대한 비판으로 발전한다. 1524년 에라스뮈스는 루터가 믿음을 앞세워 교회질서를 부정한다고 판단되자 '자유의지(libero arbitrio)'를 전면에 내세우며 자제를 촉구했다.[29] 그리고 그는 루터와 같이 '믿음'을 지나치게 내세우면 결국에는 인간의 이성적 판단을 완전히 배제하는 비이성적 신앙으로 귀결될 수 있다고 우려했다.[30] 사실 1521년 작센의 츠비카우(Zwickau)에서 벌어졌던 일처럼 루터의 저술에 자극을 받아 신으로부터 직접 계시를 받았다고 주장하는 사람들이 나타났고, 이들 중에는 신의 은총으로 받은 지식이 있기에 성경을 공부하는 것조차 불필요하다고 선전하는 경우도 있었다. 에라

스뮈스는 개혁의 필요
는 공감했지만 루터의
'믿음' 지상주의에 내
재하는 반지성주의가
불편했던 것이다.

사실 루터는 가톨
릭 인문주의에 대해 적
지 않은 반감을 갖고
있었다. 「구속된 의지」
에서 보듯, 그는 인간
이 이성적 선택을 통
해 신의 구원에 '동참
(cooperatio)'할 수 있다

에라스뮈스

는 가톨릭 인문주의자들의 전제를 못마땅해 했다. 모든 인간은 에덴
동산에서 쫓겨난 이후 신의 은총이 없이는 죄와 사망에서 헤어날 수
없는 상태에 있고, 그렇기에 사탄에게 완전히 종속된 인간이 신의 사
역(使役)에 참여한다는 것은 불가능하다는 것이다.[31] 또한 신의 명령
은 옳다고 판단되어 따르는 것이 아니라 신의 명령이기에 복종해야
하며, 신의 섭리는 인간의 능력으로는 결코 이해할 수 없다는 것이
다.[32] 이렇듯 루터가 '믿음'을 앞세운 신비주의 운동을 경계했던 것은
사실이지만, 그의 반지성주의가 무분별한 성서 해석과 비이성적 집
단행동을 자극할 여지가 있었음도 부인하기는 힘들다.

정치와 종교

'오직 믿음'을 앞세운 루터의 신학은 로마 가톨릭교회의 종교적 권위에 심각한 타격을 입혔다. 그렇기에 1519년 6월 28일 독실한 가톨릭 신자인 카를 5세가 신성로마제국의 황제로 선출되고, 같은 날 라이프치히에서 개최된 에크와의 논쟁에서 로마 가톨릭교회의 입장을 공개적으로 공박한 이후, 루터의 앞날에는 암울한 그림자가 드리워졌다. 그러나 누구도 루터를 잠재울 수 없었다. 그는 두려움 속에서 오히려 강해졌고, 이후 로마 가톨릭교회에 대해 더욱 통렬한 비판을 가하기 시작한다. 이 시기에 작성된 「독일의 기독교 귀족들에게(An den christlichen Adel deutscher Nation)」(1520)라는 연설문에서 보듯, 루터는 로마 가톨릭교회와 같은 가시적이고 제도적인 형태가 아니라 '신앙공동체(congregatio fidelium)' 또는 초기 기독교인들의 '모임(Gemeinde)'의 회복을 꿈꾸었다.[33] 이제 그는 "교회란 두세 사람이 그리스도의 이름으로 모이는 곳"이라는 성서적 의미를 실현하기로 마음먹은 것이다.[34]

실제로 루터는 세례를 통해 기독교인이 된 사람들 사이에는 어떤 차별이나 위계도 있을 수 없으며, '신의 사람들(Gottes Volks)'에 소속된 모든 기독교인들은 하나의 '영적 공동체'의 구성원이라고 역설한다.[35] 그리고 기독교 사회에서는 세속적 권력과 영적 권위를 구별할 이유가 없다고까지 부언한다. 세속적 정치권력이 기독교인의 손에 들어가 있는 사회에서는 "우리가 그러하듯 세례를 받은 세속적 권위도 동일한 믿음과 복음을 가졌기에 그들이 사제와 주교가 되는 것을 허용해야 한다."는 것이다.[36] 아울러 로마 가톨릭교회가 교회법을 앞세워 세속적인 권위의 정당한 행사까지 개입하는 것은 명백한 잘못일 뿐만 아니라, 교황도 주교도 잘못이 있다면 세속적 권위의 처벌을 피할 수 없다고까지 천명했다.[37]

로마 가톨릭교회에 도전하면서 루터에게는 또 하나의 숙제가 생겼다. 바로 '세속적 권력과 기독교 교회의 관계를 어떻게 설정하느냐?'는 문제였다. 이는 한편으로 5세기 말 겔라시우스 I세의 세속적 권위와 영적 권위의 구분을 연상시킨다. 이때 루터의 견해는 로마 가톨릭교회가 세속적인 영역에서까지 재판권을 행사하는 것을 막고, 교회와 관련된 일이라도 갈등이 있다면 세속적 정치권력의 판단에 맡겨야 한다는 정도의 주장으로 국한된다. 그러나 다른 한편에서는 세속적 권위가 종교적 권위보다 우월하다고 결론지어질 요소를 갖고 있다. 루터는 기독교 사회에서도 인간의 사악한 본성으로부터 공공선을 지키기 위해 정치권력이 필요하다고 보았고, 결과적으로는 종교적 권위도 정치권력의 올바른 행사의 대상이 될 수밖에 없다고 보았다.[38] 따라서 정치적 권위와 종교적 권위가 모두 신으로부터 부여된다는 전제에서 본다면, 루터는 최소한 세속적인 정치권력의 교회에 대한 우위를 인정했다고 볼 수도 있는 것이다.

1525년 루터는 토마스 뮌처(Thomas Müntzer)에 의해 촉발된 독일 농민전쟁에 대해 깊은 우려를 표명한다. 이렇듯 그는 교황의 전횡만큼이나 주관적으로 경험된 신비주의 신앙에 비판적이었고, 정치사회

1521년 4월 18일 목숨의 위협을 무릅쓰고 보름스 국회에 출두하여 신성로마제국 샤를 5세 앞에 선 마르틴 루터

적 차별을 찬성한 것은 아니었지만 급진적 신앙운동이 가져올 병폐에 대해서도 민감했다. 다시 말하자면, 세속적인 것과의 철저한 단절도, 천년왕국의 혁명적 건설도 그에게는 피해야 할 극단이었고, 그만큼 루터의 사상은 혁명적인 동시에 보수적이었던 것이다. 그렇기에 멜란히톤(Philipp Melanchton)이나 칼뱅(Jean Calvin)과 같이 루터의 혁신에 공감한 신학자들은 혁명적 파괴력을 순화할 새로운 제도를 고민했고, 키르케고르(Søren Aabye Kierkegaard)와 같이 보수적인 측면에 불만을 가졌던 사상가들은 루터가 지나치게 세속적이었다는 비판을 멈출 수 없었다.

6부

근대 정치사상

35

보댕 Jean Bodin, 1529/1530-1596

주권이란 무엇인가?

보댕의 '주권론'은 16세기 후반에 다시금 드러난 프랑스 절대왕정의 내재적 한계를 극복하려는 의도를 갖고 있다. 한편으로는 종교전쟁으로 소원해진 국왕과 도시 시민계급과의 관계를 회복하고, 다른 한편으로는 추락한 국왕의 권위를 복원시켜야 한다는 정치적 판단이 내재되어 있는 것이다.

십자군 원정으로 시작된 1차 상업혁명이 절정에 이른 13세기 말, 영원히 지속될 것 같던 유럽의 봉건제도도 흔들리기 시작했다. 10세기부터 계속되던 상업 계층과 토지귀족의 첨예한 긴장이 기존 정치 사회 제도를 통해 해소될 수 있는 한계를 훌쩍 넘어선 것이다. 하나의 도시가 거대한 제국에 맞먹는 부를 축적했던 이탈리아는 독자적 정치제도를 가진 거대 도시국가들로 재편되었고, 신성로마제국 황제가 봉건제후와 결합해 도시의 자율적 활동을 억압하고 나섰던 독일에서는 상인들의 단체인 '한자(Hansa)'가 주축이 되어 구(舊)세력에 대항하는 도시동맹이 구축되었다. 왕도 도시도 귀족과 교회에 대항할 수 있을 만큼 큰 힘을 갖지 못했던 프랑스에서는 독특한 형태의 정치제도가 수립되었다. 근대 이후 정치제도의 근간을 바꾸어 버린 '주권국가(sovereign state)'가 모습을 드러낸 것이다.

　사실 '주권국가'의 등장에 대해서는 다양한 해석이 존재한다. 전쟁의 양상이 변해 봉건제후의 역량을 넘어선 징병이 불가피했다는 주장도 있고,[1] 급증한 전쟁 비용을 충당하기 위해 보다 체계적인 징세가 필요했던 정치사회적 조건을 강조하는 입장도 있다.[2] 반면 전쟁 기술의 발전이나 징세 제도의 변화에 더해, 정치공동체 내부의 여러 집단들이 합종연횡하며 다양한 형태의 정치제도를 채택하는 과정에 주목해야 한다는 견해도 있다.[3] 이탈리아와 독일도 그렇지만 특히 프랑스의 경우에는 세 가지 접근 방법이 모두 동원되어야 한다. 10세기 후반 파리의 센 강 주변, 그것도 '파리의 섬(Ile-de-France)' 지역만 겨우 관할했던 카페(capet) 왕조가 거대한 영토를 가진 주권국가로 전환된 역사적 계기를 자본주의의 발달이나 전쟁 양상의 변화만으로는 설명할 수 없는 것이다.

따라서 15세기 말 '주권국가'로서 프랑스 절대왕정의 등장을 제대로 이해하기 위해서는 여러 세력들 사이의 정치적 타협에 주목해야 한다. 주지하다시피 프랑스의 도시들은 상업혁명으로부터 상대적으로 소외되어 있었다. 이탈리아와 독일과는 달리 프랑스 도시의 상인 계층들은 봉건제후들에게 대항할 독자적 힘을 갖지 못했고, 봉건 영주들의 자의적 징세에 노출되어 있었다. 반면 14세기 이전 프랑스 왕은 봉건귀족과 교회 세력을 완전히 제압할 힘을 갖지 못했고, 봉건적 관례에 따라 영주들에게 전쟁 비용을 강요하는 것조차 힘들었다.[4] 다시 말하자면 왕은 봉건제후와 교회 세력을 견제하기 위해 제3의 세력과 연대할 필요가 있었던 것이다. 왕은 전쟁 비용을 충당하기 위해, 그리고 상인들은 무분별한 징세로부터 벗어나기 위해 중앙집권적인 정치권력의 확립이 절실했다.

　장 보댕의 '주권론'은 16세기 후반에 다시금 드러난 프랑스 절대왕정의 내재적 한계를 극복하려는 의도를 갖고 있다. 한편으로는 종교전쟁으로 소원해진 국왕과 도시 시민계급과의 관계를 회복하고, 다른 한편으로는 추락한 국왕의 권위를 복원시켜야 한다는 정치적 판단이 내재되어 있는 것이다. 그렇기에 "도시를 만드는 것은 성벽이나 사람이 아니라, 동일한 주권 아래 단합된 인민이다."라고 천명한 것에서 보듯, 그의 정치사상은 주권의 담지자로서 '인민'을 완전히 배제하지 않는다.[5] 아울러 '최고 권력(suprema podestas)', 즉 주권의 실질적 주체인 국왕에게 인민이 충성해야 하는 이유로부터 봉건적 잔재와 종교적 간섭을 제외한다.[6] 즉 '절대왕정의 옹호자'라는 일반적 편견과는 달리, 보댕의 '주권론'에는 권력의 자의적 사용에 대한 제도적 견제도 함께 구상되어 있었다.

종교전쟁의 그늘

　보댕은 프랑스 서쪽에 있는 앙제라는 도시에서 일곱 남매 중 넷째로 태어났다. 앙제는 9세기부터 13세기까지 존속했던 앙주 공국의 수도였고, 동서를 연결하는 지점에 있었기에 로마제정기부터 전략적으로나 상업적으로나 매우 중요한 역할을 했던 도시였다. 이 도시에서 그의 가정은 전형적인 중산층으로 자리를 잡았다. 그의 할아버지는 변호사였고, 아버지 기욤 보댕(Guillaume Bodin)은 재단사였으며, 삼촌인 롤랑 보댕(Rolland Bodin)은 상업에 종사했다. 넉넉하고 안정적인 가정에서 어린 시절을 보냈던 것이다.

아쉽게도 보댕의 어린 시절 교육에 대해서는 전해진 바가 거의 없다. 1545년 그의 외삼촌이 부원장으로 있는 앙제의 가르멜회 수도원에 들어갔다는 것, 이곳에서 앙제의 주교인 부브리(Gabriel Bouvery)의 총애를 받았다는 것, 그리고 얼마 후 파리에 있는 수도원으로 보내져 콜레즈 드 프랑스(Collège de France)의 전신인 왕립학교에서 인문학 교양을 쌓았다는 것 정도만 알려져 있다. 반면 왕립학교에서 보댕이 아리스토텔레스 수사학의 탁월한 해석자이자 당대 변증논리의 대가였던 페트루스 라무스(Petrus Ramus)에게 큰 영향을 받았다는 것, 그리고 이 때문에 그가 신학보다 법학과 논리학에 경도되기 시작했다는 사실은 비교적 잘 알려져 있다.[7]

보댕은 1548년 수도사가 되기에는 너무 어린 나이에 헌신을 했다는 이유로 서약에서 벗어났다. 그리고 그해에 그는 법학 공부를 하기 위해 프랑스 남부의 툴루즈 대학교로 향했다. 당시 그가 이단으로 낙인찍혔다는 추측도 있지만, 칼뱅을 비롯해 개신교에 공감하고 있었다는 것 외에 확인된 것은 없다. 다만 1553년 10월 27일 제네바의 칼뱅주의자들이 스페인 신학자 미구엘 세르베토(Miguel Serveto)를 화형에 처한 일을 계기로, 그가 개신교와 거리를 두게 된 것에는 큰 이견이 없다. 급속히 증폭되기 시작한 가톨릭과 개신교 사이의 긴장 속에서 보댕은 전자를 선택한 것이다.

툴루즈에서 교수직을 얻으려던 여러 계획들이 무산된 후, 보댕은 1561년 파리로 돌아와 법조인의 길을 걷는다. 당시 파리 고등법원 소속 법조인들은 가톨릭 신앙을 지키겠다는 선서를 해야만 했는데, 그의 이름도 1562년 6월 10일 선서인 명부에 올라가 있었다. 그러나 1562년 시작된 위그노와 가톨릭의 종교전쟁이 치열해지면서, 보댕의 개신교에 대한 관용적인 태도조차 시험대에 오르게 된다. 1568년 평화적 공존을 골자로 하는 롱쥐모(Longjumeau) 칙령이 고등법원에서 반대에 부딪히고, 기즈(Guise) 가문의 로렌(Charles de Lorraine) 추기경의 주도로 콩데(Condé)를 비롯한 위그노 지도자들에 대한 체포가 시작되자 3차 프랑스 종교전쟁이 일어난다.[8] 이 전쟁의 소용돌이 속에서 보댕은 개신교 신앙을 가졌다는 이유로 1569년 3월 5일에 투옥된다.

보댕은 1570년 8월 체결된 생제르망 조약으로 풀려났다. 그러나 그가 겪은 1년간의 고초는 그에게 정치와 종교에 대한 새로운 신념을 심어 주었다. 1571년 그가 당시 '정치파(Les Politiques)'의 지도자였던 알랑송 공작의 고문이 된 것도 같은 맥락이었다. 이때 '정치파'는 종교적 관용과 군주제 옹호를 기치로 내걸고, 통치의 핵심은 '질서의 유지'이지 '종교적 헌신'이 아니라고 주장했다. 1572년 8월 샤를 9세를 섭정하던 카테리나 메디치(Caterina de' Medici)의 묵인하에 자행된 위그노에 대한 '성(聖) 바르텔레미 축일의 대학살' 이후, 보댕이 프랑스 궁정에서 보여 준 정치적 행보에서도 이러한 합리적 태도는 거듭 확인된다.

성 바르텔레미 축일의 대학살

『국가론 6서』

1568년 3차 프랑스 종교전쟁이 가톨릭과 개신교의 갈등을 유럽
전역으로 확대시켰다면, 1572년 '대학살'은 프랑스 내부에서 개신
교의 추락을 가져왔다. 카테리나 메디치가 대학살 음모를 묵인한 것
도 위세를 떨치던 위그노의 지도자인 콜리니(Garspard II de Coligny) 제
독을 견제하려는 데에 있었듯이, 대학살을 전후로 온건한 가톨릭 세
력들조차 '반(反)위그노' 전선에 참여하기 시작했다.[9] 그리고 대학살
이후 개신교의 입장이 절대왕정의 정당성을 부인하는 '반(反)왕정파
(Monarchomaque)'로 선회하고, 가톨릭 신앙을 고수하던 대부분의 프랑

카테리나 메디치

스인들이 지식인과 중산층을 중심으로 파급된 개신교에 대해 반감을 가지면서 프랑스에서 위그노 세력은 급격히 위축되기 시작했다.

한편 이 시기 보댕은 복잡한 정치사회적 소용돌이를 잘 이겨내고 있었다. 1574년 자신을 후견하던 알랑송 공작이 폴란드 왕이던 앙리 3세를 제치고 프랑스 왕이 되려다 실패했음에도 살아남았고, 이후에는 앙리 3세의 총애를 발판으로 자신의 정치사회적 구상을 궁정에서 거침없이 내뱉을 수 있을 정도였다. 그러나 1576년 블루아에서 개최된 삼부회에서 베르망두아(Vermandois)의 제3신분 대표 자격으로 앙리 3세의 증세 계획을 반대하면서 그는 정치권력과 멀어지게 된다. 삼부회가 가톨릭 신앙을 중심으로 단합할 것을 의결한 사실까지 고려한다면, 이때 온건파 지도자로서 그는 종교적 관용도 정치적 성공도 모두 상실했다고 볼 수 있다.

흥미롭게도 바로 이 시점에 보댕의 『국가론 6서(Six Livres de la république)』(1576)가 출판되었다. 이 저술은 1566년에 출간된 「역사를 쉽게 이해하는 방법(Methodus ad facilem historiarum cognitidem)」과 같은 초기 저작과는 달리 공화주의 사상으로부터 후퇴해서 절대왕정을 일관되게 옹호했다는 평가를 받기도 하지만,[10] 한편으로는 「방법 (Methodus)」에서 내보였던 '인민의 동의'와 관련된 제도적 구상들이 『국가론 6서』에서도 고스란히 투영되고 있다는 주장도 적지 않은 지지를 받고 있다.[11] 이런 논란은 『국가론 6서』 첫 번째 문장에 등장하는 '공화정(république)'이라는 단어를 통해 증폭된다.

공화정(République)은 여러 가족들과 그들이 공유하는 바로 구성된, 주권(pussance souveraine)에 의한 올바른 통치(droit gouvernement)다.[12]

대부분의 학자들은 'République'를 '국가'로 번역한다. 주된 이유는 이 단어가 '국가(état)'라는 용어가 보편화되기 이전에 그러한 의미를 전달했기 때문이다. 즉 'République'가 통치자 또는 권력의 담지자로부터 구별된 '국가'의 지위를 지칭하는 용어로 사용되었다는 점에 주목한 것이다. 그러나 보댕이 거듭 밝히듯, 'République'는 라틴어의 '공화정(res publica)'과 그리스어의 '정체(政體, politeia)'와 동일한 의미로 사용되기도 한다. 다시 말하자면 이 단어가 '권력의 주체' 또는 '정체의 속성'을 지칭하기도 하므로,[13] 키케로가 말하는 '공중의 것(res populi)'으로서 공화정,[14] 또는 아리스토텔레스의 정체 분류에서 등장하는 '민주정체(demokratia)'를 연상시키기도 하는 것이다.[15]

따라서 『국가론 6서』에 제시된 보댕의 '주권(souraineté)'에 대한 정의에도 공화정적 색채와 절대왕정의 특성이 혼재한다. 그가 말하는 주권은 한시적으로 통치하는 '권력자(majestas)' 또는 위임된 권한과 구별되는 "영구적이고 절대적인 권력"을 지칭하기도 하고,[16] 다른 한편으로는 실제로 절대권력을 행사하는 '최고 명령권자(tomech shévet)'를 의미하기도 한다.[17] 따라서 우리는 보댕이 직접 번역한 라틴어본인 『De republica libri sex』(1586)를 눈여겨볼 필요가 있다.

> 주권은 시민과 신민을 대상으로 하는 최상의 절대적인 법적 권력이다.(Maiestas est summa in cives ac subditos legibusque soluta potestas.)[18]

위에서 보듯, 보댕은 『국가론 6서』의 프랑스어본의 문장을 다듬어서 주권에 대해 조금 더 정예한 정의를 내린다. 이 정의에 따르면, "영구적이고 절대적인 권력"으로서 주권은 정치공동체로서 공화정이라는 테두리 안에서 행사되는 권한이고, 이 권한은 법적 정당성을 바탕으로 시민과 신민에게 절대적이고 항구적인 권력을 행사한다. 그렇기에 그는 "법을 정하고, 전쟁을 수행하며, 관리를 임명하고, 세금 징수를 포함한 일체의 주권 행사"에 인민의 '동의'를 전제했던 것이다.[19] 즉 그가 주권을 분할할 수 없는 절대적인 것으로 상정하고 '군주정'을 가장 적합한 정치체제로 상정했음을 부인할 수는 없지만, 그의 주권론에는 법적 정당성과 인민의 동의라는 공화정의 특성이 주권의 내용을 구성하는 내적 논거로 유지되고 있다.

보댕의 주권론

보댕의 '주권'은 법적이면서 동시에 정치적인 개념이다. 주권의 법적 테두리가 그의 정치사상에 내재된 공화주의를 보여 준다면, 절대적 권력의 행사는 그가 옹호한 절대왕정의 특성을 드러낸다. 사실 두 가지 측면은 상호 배타적이지 않다. 우선 그의 주권론은 '정당한 권력'과 '자의적 권력'이라는 전통적 구분,[20] 즉 자유롭고 평등한 개인들에게 적법한 절차를 통해 공공의 이익을 위해 행사되는 권력을 전제한다. 그렇기에 그는 "신민을 노예로 만들어 자유를 짓밟는 통치"는 '참주(僭主)적 군주정(Monarchie Tyrannique)'일 뿐이라고 부르기를 주저하지 않는다.[21] 그런 연후에 그는 가족 구성원의 생사여탈권을 쥐고 있었던 로마법의 '가부장의 권리(patria potestas)'를 신민들을 다스리는 절대왕정의 권력에 부여한다. 이때 그는 신민을 노예 다루듯 하던 봉건제와는 달리, 절대왕정은 개개인의 안전을 보장하고 지긋지긋한 전쟁상태를 종식시킬 것이라고 주장한다.[22]

종합하면 보댕의 주권론은 크게 세 가지 핵심 내용으로 구성된다. 첫째, 주권은 정치공동체를 구성하는 실질적인 힘이다.[23] 주권이 없는 정치체제는 성립될 수 없고, 제도를 운영하는 권한과 명령 모두 주권으로부터 비롯되며, 가족을 비롯한 모든 집단과 개인은 주권을 중심으로 하나의 통합된 정치공동체를 구성한다. 둘째, 주권은 분할 불가능하고 무제한적이며 절대적인 권력이고, 시간의 제약이나 기능의 제한도 없다.[24] 주종관계에 기초한 '지배(dominium)'나 군사적 우위에 의지한 '통치(imperium)'와는 달리, 주권은 정당성의 토대를 '신법'이나 '자연법'과 같은 보편적 규범에서 찾는다.[25] 그렇기에 주권은 '법률(loi)'을 제정할 권한뿐만 아니라, "법률 위에 존재하는 최종 명령권(legibus solutus)"을 갖는다.[26] 셋째, 주권은 또 다른 인격(persona)을 갖는다. 주권은 한시적으로 권력을 행사하는 행위자와 구별되지만,[27] '목적,' '권한', 그리고 '능력'에 의해 다른 정치권력과 구별되는 것이 아니다.[28] 대신 주권은 개인의 소유가 아닌, 하나의 객관적이고 공적인 실체로 재정립된다.

1606년 『국가론 6서』가 영어로 번역된다. 최초의 영어 번역은 프랑스어본과 라틴어본을 동시에 고려한 것이었고, 제임스 I세 시기의 국내적 혼란을 극복하려는 시대적 요청이 면밀한 텍스트 해석을 압도한 것이었다. 이와 마찬가지로 당시 유럽인들은 대부분 보댕의 주권론에 내재된 공화주의의 이상보다 '강력하고 절대적인 왕정의 확립'이라는 현실적인 제안에 더 열광했다. 비록 '권력의 위임' 또는 '권력의 양도'와 같은 부분도 함께 논의되었지만, 무질서와 혼란을 극복하기 위해 무제한적이고 절대적인 권력을 확립해야 한다는 주장에 더 많은 관심을 보였던 것이다.[29] 이후 그의 주권론은 '왕권신수설'과 같이 절대왕정에 초인간적인 정당성을 부여하려는 입장에서 더욱 유용하게 활용되었다.

36

그로티우스 Hugo Grotius, 1583-1645

자연법으로 전쟁을 규제할 수 있는가?

그로티우스는 중세 자연법적 전통으로부터 근대 자연권 사상으로의 전환에 한 획을 긋는다. 그러나 그가 자연권이 갈등과 혼란이 아니라 규범적으로 이상적인 질서를 만들어 낼 수 있다고 본 것도 간과할 수 없다. 이처럼 그에게는 종교적 관용과 전쟁의 종식을 동시에 달성할 보편타당한 규범적 원칙들이 시급했던 것이다.

휴고 그로티우스는 1583년 4월 네덜란드 델프트에서 태어났다. 네덜란드가 스페인의 펠리페 2세에 대항해서 독립을 선언한지 2년이 채 안 된 시점이었고, 독립전쟁의 선봉에 섰던 빌렘 I세가 암살당하기 15개월 이전이었다. 그로티우스 가문은 상업을 통해 축적한 부를 바탕으로 13세기부터 델프트 지역정치에서 중요한 역할을 담당했고, 델프트 시장의 사위였던 그의 증조부를 비롯해 가문의 대부분이 혼인을 통해 네덜란드 유력 집안들과 인맥을 맺고 있었다. 한마디로 그로티우스는 출생 때부터 시대적 변화의 한가운데 있었던 것이다.

그로티우스의 부친 얀 데 후로트(Jan de Groot)는 법학박사 학위를 갖고 있었고, 델프트 시의 시장을 역임했으며, 1575년에 설립된 레이던 대학의 감독관을 지냈다. 그는 이후 네덜란드 공화국으로 발전된 '7개 주(州) 연합(Verenigde Provinciën)'의 지도자였던 올덴바르네벨트(Jan van Oldenbarnevelt)와 절친한 친구 사이였다.[1] 물론 이런 환경

펠리페 2세

은 세 명의 자녀 중 장남이던 그로티우스의 성장에 큰 영향을 미쳤다. 그는 열한 살의 어린 나이에 레이던 대학에 들어갔고, 그곳에서 당대 최고의 문헌학자인 스칼리제르(Joseph Justus Scaliger)에게 인문학을 배웠다. 아울러 그는 일찍부터 개신교 신앙을 받아들였고, 열두 살에 어머니를 개종시킬 만큼 종교개혁에 열정적이었다.

1598년은 그로티우스에게 여러 계기를 제공한다. 첫째, 그가 대학 공부를 그만두고 프랑스 궁정에 파견된 네덜란드공화국의 외교사절에 합류한 것이 눈에 띈다. 비록 16세기 귀족들에게는 자주 있는 일이었지만, 네덜란드를 돕던 앙리 4세가 스페인과 평화조약을 체결하려는 긴박한 상황의 국제정세를 한눈에 볼 수 있는 드문 경우였기 때문이다. 둘째, 그가 오를레앙 대학에서 법학 박사학위를 취득한 사실에서 알 수 있듯이, 그의 프랑스 여행은 단순히 외교사절을 따라 유유자적하는 놀이가 아니었다. 프랑스 왕을 설득하는 데에는 실패했지만, 그는 귀족사회의 주요 인물들과 교분을 넓히고 이후 이들과 지속적인 교류를 할 수 있는 기회를 포착했던 것이다.

네덜란드 독립전쟁을 승리로 이끈 마우리츠 장군

    1599년 그로티우스는 헤이그에 변호사 사무실을 개설하고 본격적으로 공적 활동을 시작한다. 뛰어난 문장력을 바탕으로『자유로운 바다(Mare liberum)』(1609)를 비롯해 여러 책을 출판하는가 하면, 네덜란드 공화국과 여러 지인들의 요청을 받아들여 주요 공문을 작성하기도 했다. 정치권에서도 1613년 로테르담의 서기장을 맡는 등 1618년 칼뱅주의 급진파의 쿠데타로 올덴바르네벨트와 그를 따르던 아르미니우스(Arminius) 파가 몰락하기 전까지는 승승장구했다. 이때 루버스테인 요새에 갇혀 쓴 저작이 바로『전쟁과 평화에 대한 법(De Jure Belli ac Pacis)』(1625)이다. 비록 1621년 가까스로 요새를 빠져나와 독일의 30년 전쟁이 한창이던 1634년 파리 주재 스웨덴 대사로 재기했지만, 이 저술만큼 지금까지 그를 기억하게 만드는 업적은 없다.

그로티우스와 자연법

전술한 대로 그로티우스는 격동의 시기를 살았다. 네덜란드의 독립전쟁과 해상의 패권을 차지하기 위한 경쟁, 자기 스스로의 삶도 파괴했던 종교적 분쟁, 잔인하고 혹독했던 독일의 30년 전쟁과 같은 혼란을 몸소 경험했던 것이다. 그러나 그로티우스만 이러한 고통스러운 사건들을 겪은 것은 아니었다. 로마 가톨릭교회와 신성로마제국의 보편적 권위가 붕괴된 이후부터 1648년 베스트팔렌 조약이 체결되기까지, 유럽인들은 누구나 할 것 없이 지긋지긋한 전쟁의 소용돌이 속에 신음했다. 따라서 '전쟁상태'를 종결시키기 위한 다양한 의견들이 쏟아져 나왔고, 그로티우스의 '자연법'을 통한 평화의 기획도 그 중 하나였다.

17세기 전쟁을 종식시키기 위한 학문적 노력은 크게 두 가지 방향을 갖고 있었다. 하나는 마키아벨리 이후 급진전된 소위 '국가이성 (la ragione degli stati)'의 흐름이다. 비록 마키아벨리는 이런 표현을 사용하지 않았지만, 그의 정치사상으로부터 많은 사람들이 "공동체의 안위를 위해서는 비(非)도덕적이지는 않더라도 몰(沒)도덕적일 필요가 있다."는 영감을 얻게 되었다.[2] 인문주의자들조차 키케로가 말하는 '신뢰(fides)'의 원칙, 즉 "일방적인 이익을 위해 동맹을 파기하거나 전쟁 중에도 야만적 행위는 용납되지 않는다."는 충고를 받아들이지 않았다.[3] 한편으로는 장 보댕의 절대주의가 환영을 받았고, 다른 한편으로는 전쟁에서 승리하기 위해서는 어떤 규범도 고려할 필요가 없다는 견해가 자리를 잡게 되었다.

또 다른 방향은 '자연법'이었다. 국가적 경계를 넘어 전쟁의 잔혹성을 규제할 수 있는 원칙을 찾으려 했던 것이다. 토마스 아퀴나스의 궁극적인 목적이자 행위의 준칙으로서 '자연법'이 다시 논의되고,[4] 키케로의 '신과 자연의 법(lex divina et humana)'이나 '만민법(jus gentium)'과 같은 구분이 다시 등장했다.[5] 스페인의 수아레스(Francisco Suàrez)는 '만민법'을 국가들 사이에서 준수해야 할 법으로 상정했고,[6] 젠틸리(Alberici Gentili)는 '만민법'이 공평하게 적용될 보편적인 '인류사회(societas gentium)'를 제창했다.[7] 비록 스콜라철학의 전통과는 거리를 두었지만, 그로티우스는 이들과 많은 것을 공유했다.

난 그가 왕들에 대해 우호적으로 말한 것은 좋은데, 그가 자신의 의견을 구축한 토대에 대해서는 인정할 수 없어. 그는 모든 사람이 자연적으로 상호 전쟁상태에 있다고 생각하는데다가, 나와는 다른 원칙들을 갖고 있어. 예를 들면 그는 개개인이 자기 국가의 공식적인 종교를 따라야 할 의무가 있다고 생각해. 내면적 동의가 없다면, 최소한 겉으로라도 복종해야 한다고 생각하는 거지.[8]

그러나 1643년 동생에게 보낸 편지에서 보듯, 그로티우스는 토머스

휴고 그로티우스

홉스가 『시민에 대하여(De Cive)』(1642)에서 제시한 '자연법' 해석에는
동의할 수 없었다. '자연법'의 존재와 기능에 대해 확신을 갖고 있다
는 점은 같았지만, 그는 홉스가 설정한 '자연상태'와 '인간본성'을 받

아들일 수는 없었다. 왜냐하면 그는 자연상태가 '혼돈'이 아니라 하나의 정연한 '질서'이고, 인간은 '자기보존'의 과제로부터 자유롭지는 못하지만 '이기적'이거나 '상호 배제적'이기보다 '사회적'이고 '상호 의존적'이라고 믿고 있었기 때문이다. 이런 측면에서 보면, 그로티우스는 홉스보다는 키케로의 '자연법'에 더 경도되어 있었다고 볼 수 있다.

보다 구체적으로 그로티우스의 '자연법(jus naturae)'은 두 가지 특징을 가진다. 첫째, '자연'과 '은총'의 결합으로서 '자연법'을 이해하던 스콜라철학으로부터 결별한다. 비록 신법을 자연법의 상위에 두는 중세적 분류를 따르지만, 그가 말하는 '자연법'은 신의 의지에 기초를 둔 '영원(永遠)법(lex aeterna)'이 인간의 도덕률에 적용된 것은 아니었다. 그는 다양한 의견과 일상적 삶으로부터 '규범'을 도출하는 아리스토텔레스의 귀납적 방법을 통해 자연법의 내용을 찾고,[9] 인간의 경험과 인간적 의지를 강조했던 근대인의 정신을 대변한다.[10] 그렇기에 그는 "신이 존재하지 않는다거나, 신은 인간사에 관심이 없다.(non esse Deum, aut non curari ab eo negotia humana.)"고 하더라도,[11] 인간의 이성만으로 '자연법'은 충분히 파악할 수 있을 뿐만 아니라 규범적 정당성까지 확보할 수 있다고 주장한다.

둘째, 그로티우스의 '자연법'은 인간의 자기보존에 대한 열망과 인간의 사회성에 대한 확신을 전제로 구축된다. 『전리(戰利)법(De Jure Praedae)』(1604)에서 보듯, 그는 인간의 본성을 크게 '자기보존'과 '사회성'으로 이해한다. 우선 스스로의 생명을 보존하기 위해 위험을 피하고, 삶을 영위하기 위해 획득하고 유지하는 것을 지극히 자연스러운 행위로 규정한다.[12] 그런 연후에 그는 '자기보존'을 하나의 '자기애'로, 동일한 이유에서 사회의 일원으로서 타인에 대한 '애정(appetitus societatis)'을 자연법으로 제시한다.[13] '자기보존'을 자연법의 중요한 전제로 상정한 것은 홉스와 유사하지만,[14] '자연상태(status naturalis)'를 호혜적 질서로 규정함으로써 이러한 상태를 벗어나기 위해서가 아니라 잘 유지하기 위해 법적 강제를 요구했다는 점에서 차이가 있다.

『전쟁과 평화의 법』

그로티우스가 프랑스 망명 시기에 출간한 『전쟁과 평화의 법』은 국제법의 효시처럼 알려져 있지만, 실제는 전쟁의 법칙에 대한 주장을 담은 저술이라고 보는 것이 적절하다.[15] 그럼에도 불구하고 이 저술이 국제법의 시원적 저작으로 평가받을 이유는 적지 않다. 국가들이 '국제사회(societas gentium)' 또는 '인류사회(communitas humani generis)'의 일원이기에 '올바른 이성(recta ratio)'에 바탕을 둔 보편적인 법에 종속된다는 점을 보다 체계적으로 설명했고, 국가들 사이의 호혜적 질서를 유지하기 위해 고대나 중세 시대에서 거론된 것과는 구별되는 '국가 사이의 법(ius inter gentes)'으로서 '우선적 만민법(jus gentium primarium)'을 제시했기 때문이다. 비록 그의 이론이 기존 사상들의 종합에 불과하다는 견해를 받아들이더라도,[16] 이 저술이 국제법 전통에 새로운 활력을 불어넣은 사실을 부인할 수는 없다.

『전쟁과 평화의 법』은 세 권으로 구성되어 있다. I권은 전쟁을 정당화하는 문제를, 2권은 정의로운 전쟁의 기원을 3권은 전쟁의 수행에 있어 자연법에 기초한 법적 규제를 차례로 다룬다. 그러나 이 세 개의 주제는 '자연법'과 '국제사회'라는 틀을 축으로 결합되고, 궁극적으로는 '왜 국가 또는 국가를 통치하는 사람들의 행위가 규범적 잣대에 규제되는가?'라는 질문에 대한 대답으로 수렴된다. 이때 그로티우스가 제시하는 '규범적 잣대'가 바로 '우선적 만민법'인데, 이 '만민법'은 한편으로는 '올바른 이성(recta ratio)'을 가진 국제사회 구성원들의 '관행'을,[17] 다른 한편으로는 '국가 사이의 법'으로서, 국가 또는 통치자들 사이의 '합의'를 주된 내용으로 한다.[18] '관행이 자연법적 성격을 가지기에 그로티우스 이전 '만민법'의 전통을 반영한다면, '합의'는 실정법적 측면을 부각시키면서 그만의 특색을 구성한다.

2권에서 밝히는 "정의로운 전쟁의 기원(causa justifica)"도 '관행'과 '합의'의 결합이다. 그로티우스는 '방어(defensio)', '회복(Recuperatio reum)', '처벌(punitio)'을 일반적인 경우에서 정의로운 전쟁의 원인으로 제시한다.[19] 이때 방어나 회복의 대상은 원래 자기에게 속한 것이거나 법(lex)이나 조약(pacto)에 의해 취득된 것을 뜻하기에, 정의로운 전쟁의 원인도 '자연법'과 '실정법'의 혼합으로 귀결된다.

정의롭지 못한 전쟁의 원인도 동일한 방식으로 기술된다. 우선 모두가 납득할 수 있는 필연성이 강조된다. 이웃나라의 힘이 커지는 것만으로는 전쟁의 정당한 원인이 성립되지 않으며,[20] 원래 다른 사람 또는 다른 국가가 소유한 영토를 여러 구실을 통해 자기의 것으로 주장할 수 없음을 분명히 하는 것이다.[21] 그런 연후에 그는 조심스럽게 이미 복속된 사람들의 자유를 위한 저항에 대해 부정적인 태도를 보인다. '노예상태'는 분명 자연법에 어긋나지만, 오랜 시간이 지났거나 적절한 사유로 복속된 경우까지 회복시켜야 할 이유는 없다.[22] 로마 가톨릭교회와 신성로마제국, 그리고 스페인의 패권에 대한 날카로운 비판과는 달리, 네덜란드의 식민지 경쟁과 유럽의 봉건적 질서에 침묵하는 이유도 그의 정치사상에 내재된 자연법과 실정법의 혼합에서 비롯된 것이다.[23]

　결과적으로 『전쟁과 평화의 법』은 중세 자연법적 전통으로부터 근대 자연권 사상으로의 전환에 한 획을 긋는다. 그로티우스가 말하는 개개인 또는 개별 국가의 권리는 더 이상 자연법에 의해 규정된 객관적 조건에 얽매이지 않는다. 대신 각각 획득하거나 소유하는 행위에 의해 규정되는 '권리'로 재정립된다. 이런 측면에서 보자면, 그로티우스는 키케로나 아퀴나스의 전통을 벗어나 이후 홉스에 의해 더욱 급진전된 '자연권' 사상에 경도된 것으로 볼 수 있다. 그러나 그가 '자연권'이 갈등과 혼란이 아니라 규범적으로 이상적인 질서를 만들어 낼 수 있다고 본 것도 간과할 수 없다. 그에게는 종교적 관용과 전쟁의 종식을 동시에 달성할 수 있는 보편타당한 규범적 원칙들이 더 절실했던 것이다.

32

홉스 Thomas Hobbes, 1588-1679

사회계약의 목적은 무엇인가?

모두가 동일한 열정과 비슷한 힘을 갖고 있기에 누구도 절대적인 우위를 확보할 수 없다는 점을 홉스는 설득하려고 노력했다. 이 과정을 통해 한편으로는 사회 구성원들 사이의 갈등으로부터 독립된 국가를 확립하고, 다른 한편으로는 자기보존이라는 개개인의 열망을 보장하려는, 이른바 근대 사회계약론의 물꼬가 트였다.

플라톤의 『국가(Politeia)』에는 근대 사회계약설을 연상시키는 주장이 있다. 바로 '올바름(dikaiosynē)이 무엇이며, 그 기원은 무엇이냐?'는 질문에 대한 글라우콘의 답변이다.

> 사람들이 서로 올바르지 못한 짓을 저지르기도 하고 또 당하기도 하며, 그 양쪽 다를 겪어 보게 되었을 때, 한쪽은 피하되 다른 한쪽을 취하기가 불가능한 사람들로서는 서로 간에 올바르지 못한 짓을 저지르거나 당하지 않도록 약정을 하는 것이 이익이 되겠다는 생각을 하게 된다는 말씀입니다.[1]

모두가 부정의 또는 악행의 피해자가 될 수밖에 없다는 것을 깨달을 때, 사람들은 악행을 저지르지도 악행으로부터 고통을 당하지도 않도록 '계약(synthēkē)'을 체결한다는 것이다. 여기서 이른바 사회계약

설의 고전적 형태를 발견하게 된다. 보다 흥미로운 점은 이러한 '계약'의 필요를 느끼지 못하는 사람들에 대한 언급이다. 글라우콘은 사람들이 계약을 준수하는 이유가 정의 그 자체에 대한 복종에서 기인한다고 보지 않는다. 대신 그는 계약에 참여한 사람들이 처벌을 피할 수 있을 만큼 강하지 못하다는 상황적 제약에서 그 이유를 찾는다.

> 부정의를 저지를 수 있는 사람, 그리고 진정한 사나이라면 누구와도 부정의를 저지르지도 부정의로 인해 고통당하지도 않도록 하자는 계약을 체결하지는 않을 것입니다. 그건 미친 짓이기 때문이죠.[2]

소위 '약자들 사이의 계약'으로부터 완전히 자유로운 '강자(hōs alēthō andrea)'가 있다면, 그리고 그러한 강자가 부정의를 저지르거나 약자들에게 고통을 가져다줌으로써 큰 이익을 향유할 수 있다면 사회계약 자체가 불가능하다는 것이다. 즉 '강자의 문제'를 해결하지 못한다면, 정치질서의 창출을 의도한 계약은 가능하지 않다는 것이다.

영국의 정치철학자 토머스 홉스는 '강자의 문제'를 파고들었다. 홉스는 특정 개인 또는 집단이 지배적인 위치를 차지해야 한다는 귀족적 편견을 깨고, 모두가 동일한 열정과 비슷한 힘을 갖고 있기에 누구도 절대적인 우위를 확보할 수 없다는 점을 설득하려고 노력했다. 이 과정을 통해 한편으로는 사회 구성원들 사이의 갈등으로부터 독립된 국가를 확립하고, 다른 한편으로는 자기보존이라는 이기적 열망에 사로잡힌 개개인의 자유를 보장하려는, 이른바 근대 자유주의 사회계약론의 물꼬가 트였다.

평화에 대한 열망

소문이 일어 온 땅에 퍼졌기에
심판의 날이 목전에 있다는 소식이
나의 어머니의 귓전을 무시무시하게 때렸네.
그래서 어머니는 나와 공포(meque metumque)라는 쌍둥이를 동시에
낳았다네.[3]

스페인의 무적함대가 쳐들어온다는 소문이 영국을 휩싸고 있던 1588
년 4월 15일, 홉스는 윌트셔 주의 말메스베리라는 조그마한 마을의
북서쪽에 위치한 웨스트포트에서 태어났다. 그의 아버지는 당시 영
국의 시골에서 흔히 볼 수 있는, 교양이라고는 찾아볼 수 없는 목사
였고, 잦은 술주정에 급한 성미로 싸움을 일삼다가 목사 직분까지 박
탈당한 인물이었다.[4] 홉스는 그의 출생 시점부터 한편으로는 전쟁과
내란이, 다른 한편으로는 가난과 폭력의 그림자가 드리워져 있었다.

절망적인 환경으로부터 홉스를 구제해 준 사람은 직조를 통해
많은 돈을 번 삼촌 프란시스 홉스(Francis Hobbes)였다. 자식이 없던 프
란시스는 홉스가 옥스퍼드 대학에서 수학했던 라티머(Robert Latimer)
에게 라틴어와 그리스어를 배울 수 있는 기회를 제공했고, 가출한 아

버지를 대신해서 홉스가 열세 살의 나이에 옥스퍼드의 마그달렌 인문학부(Magdalen Hall)에 진학할 수 있도록 아낌없이 후원했다.[5] 홉스의 탁월한 언어적 재능과 풍부한 인문학적 지식은 삼촌 덕분이라 해도 과언이 아니었다.

당시 대학 사회는 다시금 아리스토텔레스의 수사학에 사로잡혀 있었다. 그러나 홉스는 인문학적 교양만큼이나 새 문물과 과학적 사고에 심취해 있었다. 신대륙 탐험에 대한 이야기를 즐겼고, 자연과학의 매력에 흠뻑 빠져 있었던 것이다.[6] 당시 대학의 청교도적 정신이나 신학적 편견도 그의 지적 상상력을 가둘 수 없었다. 사물의 본질에 대한 호기심은 정밀한 관찰과 일관된 논리에 대한 열정을 부추겼고, 새로운 사조와 과학의 발전은 인문학적 소양을 승화시켜 인간과 자연에 대한 새로운 추론을 가능하게 만들었다.

홉스의 또 다른 행운은 캐번디시 가문이었다. 1608년 학부를 마치자마자, 그는 옥스퍼드 대학 학장의 추천으로 이후 데본셔 백작(Earl of Devonshire)이 된 윌리엄 캐번디시(William Cavendishi) 경의 집에서 가정교사로 일하게 되었다. 이를 계기로 홉스는 캐번디시 가문으로부터 평생 보호와 후원을 받게 되었고, 이 가문을 통해 국내외 정치에 대한 식견과 귀족사회의 인맥을 동시에 갖게 되었다. 아울러 프랑스의 가상디(Pierre Gassendi)를 비롯한 유럽 학자들과도 친분을 갖게 되었다.

1642년 내란에서 왕당파에 속했던 캐번디시 가문의 뉴캐슬 백작(Earl of Newcastle)을 수행하면서, 홉스의 정치철학은 자신의 출생과 함께했던 공포에 대한 기억과 더불어 더욱 치밀하고 정교해졌다. 1640년 4월 단기의회(Short Parliament)가 소집되었을 때 정계에 입문하려 했으나 좌절되었고, 11월 장기의회(Long Parliament)가 소집되자 왕당파의 입장을 옹호하던 홉스는 위험을 느끼게 되었다.[7] 연이은 프랑스 망명과 영국 내란, 그리고 다시 찾아온 가난은 그에게 평화롭고 조화로운 사회에 대한 열망을 다시금 각인시켜 주었다. 『시민에 대하여(De Cive)』(1642)와 『리바이어던(Leviathan)』(1651)에서 공포를 통한 규제와 평화에 대한 열망이 동시에 발견되는 것은 우연이 아니었던 것이다.

특히 『리바이어던』은 당시 왕당파도 반대파도 이해할 수 없는 제도적 구상을 담고 있었다. 오랜 친구였던 로버트 페인(Robert Payne)의 우려에서 보듯, 그는 어떤 입장에서도 쉽게 받아들일 수 없는 주장을 전개했던 것이다.[8] 1653년부터 다시 캐번디시 가문의 후원을 받게 되었지만, 홉스의 정치철학은 이제 왕당파와 공화파의 정쟁을 넘어 '평화'에 대한 열망으로 새롭게 빚어졌다. 1679년 그가 죽음을 맞이하기까지 지속된 이단 논쟁도 그의 삶을 지배했던 '평화'에 대한 열망과 무관하지 않았다.

마키아벨리와 홉스

홉스의 정치철학은 마키아벨리와 유사한 점이 많다. 특히 인간의 이기적 욕구를 인정하고, 죽음의 공포로부터 정치제도의 필연성을 도출했다는 것이 그렇다. 또한 소크라테스로부터 내려온 도덕적인 정치철학으로부터 이탈했다는 점, 아리스토텔레스나 키케로에게서 발견되는 인간의 이타적 본성에 기초한 제도적 구상에 대해 깊은 회의를 갖고 있었다는 점에서도 흡사하다.[9] 고대 정치철학으로부터의 단절에서 중세를 지배했던 종교적 신념에 대한 거부에 이르기까지, 두 정치철학자는 많은 부분을 공유하고 있다.

그러나 마키아벨리와 홉스는 결코 동일시될 수 없는 차이점을 갖고 있다. 첫째는 '갈등'에 대한 태도이다. 마키아벨리는 갈등을 불가피할 뿐만 아니라 잘 관리한다면 정치공동체의 안전과 번영에 크게 기여할 수 있는 사회적 기제로 간주한다.[10] 반면 홉스는 갈등이 불가피하다는 점은 인정하지만, 갈등을 규제하거나 정화되어야 할 사회악으로 규정한다.[11] 그렇기에 마키아벨리에게는 귀족과 시민의 첨예한 갈등을 통해 시민적 자유는 물론이고 거대한 제국까지 확보한 로마공화정이 가능한 최선의 정치체제로 부각되지만, 30년 전쟁과 영국 내란의 상흔이 뇌리에 깊이 박혀 있던 홉스에게 로마공화정은 안팎으로 매우 불안정한 체제였을 뿐이다.[12] 한마디로 홉스에게 갈등은 반드시 극복되어야 할 숙제일 뿐이었고, 방어가 아니라 공격이 목적인 전쟁은 결코 용납될 수 없는 수단이었다.

둘째는 '지배하려는 열망'을 가진 사람들에 대한 견해이다. 마키아벨리에게 지배하려는 열망을 가진 '귀족' 또는 '소수'는 지배받지 않으려는 열망을 가진 '인민'이나 '다수'만큼이나 중요하다.[13] 비록 '인민'의 정치적 역할을 강조했지만, 그는 귀족 또는 소수의 권력의지와 정치적 리더십 또한 중시했던 것이다. 따라서 지배하려는 열망을 가진 개인 또는 집단이 공공선을 위해 헌신하도록 유도하는 '영광'이나 '명예'와 같은 덕성들은 그에게 여전히 큰 의미를 갖고 있었다. 반면 홉스에게 이러한 덕성들은 한갓 허영에 불과하다.[14]

신중함(prudence)은 많은 경험과 그러한 일들의 결과, 그리고 그것들의 결과에 의존한다. 여기에서 사람들 사이의 차이는 상상이나 판단에서처럼 크지 않다. 왜냐하면 같은 연령에서 인간들의 경험은 그 양에 있어 그리 다르지 않기 때문이다. 경우가 다를 뿐, 사적인 의도를 갖고 있다는 점에서는 동일하다. 가정을 잘 꾸리는 것과 왕국을 잘 다스리는 것은 신중함의 정도가 다른 것이 아니라 일의 종류가 다른 것이다.[15]

위에서 보듯 홉스에게는 고대 정치철학에서조차 용인되었던 '분노(thumos)'나 '명예(honor)'뿐만 아니라, 마키아벨리가 지배욕에 사로잡힌 사람들을 설득할 때 사용했던 '신중함(prudenzia)'이나 '영광(gloria)'과 같은 덕성조차 무의미하다. 홉스는 한편으로는 이러한 덕성들을 앞세워 세습적 특권이나 우월적 지위를 보장받으려는 귀족적 편견을 받아들일 수 없었고, 다른 한편으로는 강자의 문제가 사회계약 자체를 불가능하게 만드는 상황을 방관할 수 없었다. 그렇기에 정치적 덕성들은 '자기보존'을 위한 보다 면밀한 관찰의 결과로 단순화되고, 누구도 예외가 될 수 없는 평등한 조건을 통해 사회계약적 기획이 완성되었던 것이다.

셋째는 홉스의 '주권자(sovereign)' 개념이다. 마키아벨리에게는 귀족과 인민의 첨예한 대립으로부터 독립되거나 파당적 갈등에 중립적인 중재자가 없다. 또한 그의 정치사상에는 안전을 위해 각자의 권리를 주권자에게 양도하는 계약적 사고도 없다. 생존을 위해서라도 귀족이 아니라 인민과 연대를 모색해야 한다는 조언은 있지만, 군주가 공동체 구성원 모두를 대표하거나 그들로부터 권리를 양도받는 주권자가 아니다.[16] 반면 홉스의 '다중(multitude)'은 자유와 안전을 보장받기 위해 단일한 주권자에게 권리를 양도하고, 이 과정을 통해 하나의 전체로 통합된다. 즉 『리바이어던』에서 언급되듯, 사회계약의 당사자로서 '다중'은 주권을 만드는 주체(maker)이면서 동시에 주권을 구성하는 재료(matter)인 것이다.[17]

종합하면, 홉스는 마키아벨리보다 훨씬 더 고대 정치철학으로부터 이탈했다. 마키아벨리에게는 르네상스 시기까지 지속되었던 공화주의의 이상이 여전히 자리 잡고 있다. 비록 이기적 열망을 앞세워 도덕적 전통을 거부하고 자치도시보다 거대 제국을 선호했지만, 마키아벨리에게는 시민적 자유와 공화주의의 이상을 실현하기 위해서라도 탁월함과 신중함이라는 덕성이 중요했다. 반면 홉스는 개인의 자유를 공화주의의 이상과 맞바꿀 의사가 없다.[18] 그리고 인위적 동의에 의한 정치체제를 꿈꾸었다. 만약 마키아벨리를 고대와 근대의 갈림길에 서 있었던 사상가라고 한다면, 홉스는 이미 근대의 문턱을 넘은 사상가라고 할 것이다.

자연법과 자연권

초기 저작에서 보여 주었던 공화주의에 대한 관심과는 달리, 홉스는 '지배와 비지배'라는 공화주의의 틀보다 '질서와 무질서'라는 대립을 중시한다. 그의 정치철학에서 질서는 인위적으로 만들어진 주권 또는 국가와 대응하고, 무질서는 비사회적인 자연상태(the state of nature)와 짝을 이룬다. 그리고 전자는 사회계약을 통해 구축된 평화로운 상태를 지칭하고, 후자는 죽음의 공포로부터 누구도 자유로울 수 없는 전쟁상태(the state of war)를 의미한다. 이때 홉스는 질서와 무질서를 하나의 원칙을 통해 설명하는데, 그것이 바로 자연법이다.

그로티우스의 비판에서 보듯,[19] 홉스는 키케로로부터 토마스 아퀴나스를 거쳐 17세기 잔혹한 전쟁 속에서 다시 꽃피운 자연법 전통을 받아들이지 않았다. 특히 세 가지 측면에서 홉스는 전통적 견해와 결별한다. 첫째, 홉스는 자연법을 통해 어떤 행위가 그 자체로 바람직한지를 설명하려 하지 않는다. 우선 그는 자연이 부여한 초인간적인 원칙이나 그 자체로 선하고 악한 것을 분별할 수 있는 '올바른 이성(recta ratio)'을 거부하고, 주어진 목적과의 관련성 속에서 보다 적합한 행위를 선택하는 '수단적 이성(instrumental reason)'을 판단의 근거로 제시한다.[20] 이 과정을 통해 홉스는 자연법의 초점을 '무엇이 바람직한가?'에서 '목적이 무엇인가?'로 옮긴다.

둘째, 홉스의 자연법은 초월적이고 보편적인 도덕이 아니라 '자기보존(self-preservation)'이라는 지극히 인간적인 욕구를 행위의 목적으로 상정한다. 이러한 목적은 홉스만의 독특한 자연상태에 대한 추론에서 기인한다. 그는 인간들이 이기적 욕망을 갖고, 치명적인 공격으로 상대를 죽일 수 있는 최소한의 능력이 있다는 점에서 평등하다고 본다.[21] 그리고 이러한 인간들 사이의 평등은 자원의 희소성과 맞물려 자연상태에서 죽음의 공포를 유발한다고 생각한다.[22] 만족을 모르는 인간의 욕구를 충족시키기에는 자원이 턱없이 부족하므로 인간들이 동일한 물자를 두고 서로 대립하는 경우가 허다하고, 결과적으로 자연상태는 자연법 전통에서 말하는 조화롭고 호혜적인 상태가 아니라 각자가 스스로를 방어하기 위해 끝없이 힘을 추구하는 전쟁상태라는 것이다.

셋째, 홉스는 '자연권'을 토대로 정치질서를 구축함으로써 자연법을 실정법으로 대체하려고 시도한다. 우선 그는 '권리(jus)'를 '법(lex)'으로부터 분리한다. 이때 '권리'는 자기보존을 위해 무엇이든 할 수 있는 '자유(liberty)'와 등치되고, '법'은 스스로의 생명을 보존하기 위해 준수해야 할 '의무(obligation)'와 동일시된다.[23] 다음으로 그는 자기보존이라는 첫 번째 자연법으로부터 개개인이 무엇이든 할 수 있는 자연적인 권리, 즉 개개인의 자유를 포기하고 공통의 정부를 구성하는 데에 동의해야 한다는 두 번째 자연법을 도출한다.[24] 그런 연후에 그는 개개인이 양도한 자연권으로부터 주권자 또는 국가가 반드시 완수해야 할 최상위 목적을 이끌어 낸다.[25] 개개인의 자기보존이 주권자 또는 국가의 우선 과제로 전환된 것이다.

홉스의 자연권과 관련된 논쟁은 아직도 끝나지 않았다. 자연법으로부터 자연권을 도출했다는 점에 대해서는 이견이 없지만, 그가 자연법을 자연권에 종속시켰는지에 대해서는 논쟁이 지속적으로 전개되고 있는 것이다.[26] 그러나 그가 자연권을 자연법보다 상위에 두었는지는 불확실하다고 하더라도, 보편적인 판단 근거로 간주되던 자연법을 자기보존이라는 목적에 국한된 실정법으로 대체하려고 했다는 점은 부인하기 어렵다.[27] 그가 말하는 자연상태가 실정법이 부재한 상태라는 점을 고려한다면, 자연법에 기초한 자연권의 양도는 자연법이 아니라 실정법을 통한 자기보존을 의도했다고 볼 여지가 더 많다.

홉스의 정치철학

홉스의 정치철학은 네 가지 측면에서 여전히 큰 관심을 끌고 있다. 첫째는 홉스의 정치기획에 내재된 근대성이다. 그가 옹호하는 군주정은 한 사람의 탁월한 능력과 도덕적 품성에 의존하는 이른바 철인왕의 이상적인 통치가 아니라, 자기보존이라는 목적을 달성하기 위해 인위적으로 창출되는 정치체제들 중 최선일 뿐이다. 그리고 변경 불가능하고, 절대적이며, 불가분한 주권은 권력자와 그로부터 혜택을 받는 사람들의 봉건적 서약에 기초한 것이 아니다.[28] '다중'을 하나의 통합된 '인민(people)'으로 전환시키는 개인들 사이의 계약에서 비롯된 것이고, 그들이 한 사람의 주권자에게 자신의 권리를 양도하고 복종하기로 약속함으로써 창출된 것이다. 즉 논의의 초점이 통치자의 '탁월성(arēte)'에서 인민의 '동의(consent)'로 바뀐 것이다. 이런 맥락에서 초법적 절대왕정(legibus solutus)을 옹호했다는 비난과 함께, 홉스의 정치철학으로부터 민주주의 이론을 도출하려는 노력도 병행되고 있다.

둘째는 홉스의 철학에 내재된 근대성이다. 그의 정치철학은 공화주의 전통과 여러 측면에서 대립된다. 특히 그는 아리스토텔레스의 '정치적 동물(zōion politikon)'로 대표되는 인간관, 그리고 정치적 개연성에 바탕을 둔 실천적 지혜((phronēsis)를 강조하는 도덕적 전통에 대해 부정적이다.²⁹ 주지하다시피 그는 자연상태에서 인간을 상호의존적이거나 이타적이기보다 독립적이고 비사회적이며 이기적이라고 본다. 그리고 인간들을 서로 협력하게 만드는 것은 바로 '안전(security)'에 대한 위협, 즉 공포에서 비롯된다고 본다. 따라서 그에게는 정치적 개연성이라는 미명하에 비밀스럽고 감추어진 정치적 혜안을 강조하기보다 자기보존이라는 잣대를 통해 명확하고 분명한 정치적 계산에 의지하는 것이 더 바람직했다. 물론 말년에 쓴 『베헤모스(Behemoth)』(1681)에서 보듯, 홉스는 정치적 위선과 미래의 불확실성에 대한 풍부한 인문학적 식견을 갖고 있었다.³⁰ 그러나 그는 정치적 수사보다 기하학적 논리를 좋아했고, 고귀한 덕성의 위계보다 행위의 명백한 규칙을 원했다.³¹ 그에게는 이른바 고대와 중세의 철학적 유산으로부터 독립하는 것이 무엇보다 절실했던 것이다.

셋째는 홉스로부터 시작된 근대 자유주의 전통이다. 그가 자연법으로부터 도출한 자연권은 이후 한편으로는 '자유'로, 다른 한편으로는 '동의'로 자리를 잡았다. 전자의 경우는 법과 권리의 구분이나 절대왕정의 옹호는 받아들이지 않았지만, 천부적인 권리의 하나로 자유를 범주화하는 데에 그의 정치철학을 원용했다.[32] 후자의 경우는 자기보존이라는 개개인의 절대적인 요구를 통해 체계화된 '동의'의 정치사회적 의미에 초점을 둔다. 구체적으로 "그 어떤 법도 자기보존의 권리를 포기하게 할 수 없다."는 원칙으로부터,[33] 근대 자유주의 사상가들은 최종 판단자로서 개인의 동의가 정치적 복종의 유일한 근원이라는 신념을 발전시켰다. 최근 홉스의 자연권에서 저항권의 단초를 찾으려는 노력도 후자의 연장이라고 볼 수 있다.[34] 아울러 홉스의 자유에 대한 기술로부터 '간섭의 부재'라는 소극적(negative) 자유 이상의 내용을 찾으려는 연구도 전자와 후자의 현재적 의의를 방증한다고 할 수 있다.[35]

넷째는 홉스의 국가론이다. 국제정치이론에서 홉스의 무정부적인 자연상태에 대한 기술은 국제관계의 본질을 극명하게 보여 주는 예로 사용되고 있으며, 특히 현실주의 국제정치이론에서 홉스는 한편으로는 "끝없는 힘에 대한 열망"을 다른 한편으로는 "힘을 통한 균형"을 가르쳐 준 선각자로 통한다.[36] 그러나 이러한 관심은 냉혹한 국제정치질서에서 홉스의 국가 또는 주권에 대한 논의가 갖는 의미에 국한된다. 한편 카를 슈미트(Carl Schmitt)같이 홉스의 국가론이 국내정치에서 갖는 의미에 초점을 맞추는 경우도 있다. 홉스로부터 '보호와 복종'이라는 책임정치의 원형을 발견하거나,[37] 예외적이고 초법적인

토머스 홉스

권력 행사의 정당성을 찾으려는 움직임이 있는 것이다.[38] 이런 경우 홉스의 국가론은 '개인의 자유'와 '사회적 안정'의 파국적 균형을 제공하는 정치철학으로 이해된다.

『리바이어던』에 대한 최초의 반응은 싸늘했다. 왕당파는 홉스가 기존의 입장을 철회한 것인지 아닌지 모호했기에 침묵했고, 반대파는 사회계약의 내용이 갖는 진의를 찾기에 부심했다. 종교계의 날선 비판이 있었지만, 왕정이 복고된 후 경험한 모욕에 비한다면 대수롭지 않았다. 이후 존 로크가 그의 자연권에, 헤겔이 그의 국가론에 관심을 보였지만, 홉스의 진가는 19세기 말에서야 본격적으로 드러나기 시작했다. 전쟁과 내란의 소용돌이 속에서 평화를 열망했던 정치철학자를 선입견과 편견으로부터 구제하는 데에 200년이 걸린 것이다. 역설적이지만 "이탈리아의 자치공화국 루카(Lucca)의 시민이 향유하는 자유와 술탄이 다스리는 콘스탄티노플의 신민이 누리는 자유가 다르지 않다."는 홉스의 주장을 찬성하든 반

토머스 홉스가 저술한 『리바이어던』

대하든,[39] 오늘날 정치철학자로서 홉스의 업적을 의심할 사람은 없을
것이다.

38

로크 John Locke, 1632-1704

소유는 불가침의 권리인가?

로크의 정치사상이 근대 자유주의 전통에 미친 영향은 지대하다. 로크의 자연권은 천부인권으로 발전했고, 제도적 구상은 삼권분립으로 진화되었으며, 저항권은 자유주의의 정신이 되었다. 그렇기에 최근 로크로부터 개인의 이익과 공공의 선을 조화시킬 혜안을 찾으려는 노력이 다시금 활발해진 것이 결코 이상하지 않다.

I685년 네덜란드에 은둔해 있던 로크는 신학자인 림보치(Philipp van Limborch)에게 『관용에 대한 서한(Epistola de Tolerantia)』(이하 『서한』)을 보냈다. 개신교도들을 탄압하는 프랑스의 루이 I4세가 네덜란드를 위협한 것이 직접적인 계기였다. 그러나 『서한』에는 I683년에 세상을 등진 셰프츠베리 백작과의 오랜 교분을 통해 정립된 국가의 목적과 통치자의 의무에 대한 생각이 담겨 있었다.

  국가공동체(commonwealth)란 시민적 재화를 보존하고 증진시키는 목적만을 위해 구축된 결사다. 이때 '시민적 재화(civil goods)'란 토지, 돈, 생필품 등 외적 소유만이 아니라 생명, 자유, 육체적 온전함, 그리고 고통으로부터 자유로운 상태를 말한다. 따라서 시민 통치자의 의무는 만인에게 평등한 법을 통해 전체로서의 인민과 개개인을 위해 이러한 것들의 정당한 소유를 보장하고 유지하는 것이다.[1]

이렇듯 『서한』은 당시 의회파의 입장을 대변했다. 영국의 복잡했던 정치 상황, 즉 1642년 영국내전과 1660년 왕정복고 이후 왕과 의회의 권력배분을 둘러싼 대립에 이르기까지, 종교정책을 둘러싼 논쟁이 모든 권력 투쟁의 정점이었다는 사실을 돌이켜 본다면, 관용에 대한 『서한』에 정치적 견해가 들어있는 것은 지극히 정상적이었는지도 모른다. 달리 말하자면, 그의 「서한」은 절대왕정에 대한 또 다른 저항이었던 것이다.

로크의 『서한』은 명예혁명이 성공한 다음 해인 1689년 4월에 출판되었다. 그해 11월에 출판된 『통치에 관한 두 논문』(이후 『통치론 (Two Treatises of Government)』)과 마찬가지로, 『서한』도 보다 자유로운 환경 속에서 빛을 본 것이다. 『서한』은 곧 격렬한 논쟁을 불러일으켰다. "그 어떤 통치자(magistratus)도 개개인의 종교적 신념을 좌우할 수 있는 권력을 신으로부터 부여받지 않았다."는 주장에는 1679년에 출판된 『관용에 대한 에세이(Essay on Toleration)』에서 보지 못했던, 보다 급진적인 생각이 담겨 있었기 때문이었다. 이 논쟁을 통해 『서한』은 『통치론』과 함께 자유를 갈망했던 많은 사람들의 염원을 대변했다.

경험주의 철학자

1632년 8월 27일, 로크는 영국 남부에 위치한 서머셋에서 태어났다. 그의 집안은 청교도적 신앙과 혁명가적 기풍을 강하게 풍기는 젠트리(gentry) 계층에 속했다. 비록 브리스톨 근교 펜스포드에 여러 채의 집과 땅을 가지고 있었다고 전해지지만, 집안 살림은 그리 넉넉했던 것 같지 않다.[2] 그의 아버지는 변호사로, 다른 한편으로는 치안 판사의 잡무를 돕기까지 했지만 소득은 장남인 로크의 공부를 지원하기에도 빠듯했다.

로크의 아버지는 내전이 발발하자 의회파인 알렉산더 포프햄(Alexander Popham)이 지휘한 기병대에 참여했다. 그리고 1643년 디바이지스 전투(Battle of Devizes)에서 참패를 당할 때까지, 이후 중앙 정계의 주요 인물이 된 포프햄과 남다른 친분을 쌓았던 것으로 보인다. 그러나 아버지가 기대했던 것과는 달리, 포프햄은 로크의 출세에 큰 도움이 되지는 못했다. 다만 1647년 로크를 웨스트민스터(Westminster School)에 진학할 수 있도록 도와주었고, 이후 1652년에 로크가 옥스퍼드의 크라이스트처치(Christ Church)에서 국왕 장학생으로 수학할 수 있도록 후원해 준 것이 전부였다.

로크는 옥스퍼드의 교과과정에 큰 흥미를 느끼지 못했다. 1658년에 석사학위를 받았지만, 그는 신학적 논쟁이나 형이상학보다 가벼운 독서를 즐겼다. 그레이즈 인 법학원(Gray's Inn)에 입학을 허락받기도 했고, 성직자의 길을 염두에 두기도 했지만 진정 그를 사로잡은 것은 과학과 자연철학이었다. 그는 당시 젊은이들과 마찬가지로 로버트 보일(Robert Boyle)의 실험에 바탕을 둔 자연과학에 심취했고, 데카르트와 가상디의 노작을 섭렵했다. 아울러 현실정치에 대한 라틴어 원고들을 내어 놓았는데, 왕정복고 전후의 혼란한 정치 상황에서 정치적으로나

개신교도를 탄압한 프랑스의 루이 14세

종교적으로나 보수적인 입장에 서 있었다.[3]

1661년부터 옥스퍼드에서 강사로 일하면서, 로크는 의학에 본격적으로 몰입했다. 한편으로는 옥스퍼드의 관례를 따라 논쟁과 강의를 했고, 다른 한편으로는 자연과학에 더욱 열의를 갖고 공부하기 시작했다. 토머스 윌리스(Thomas Willis)의 의학 강의를 수강하기도 했고, 로버트 훅(Robert Hooke)의 역학 실험에 참여했던 사람들과 기체와 호흡에 대해 열띤 토론을 벌이기도 했다. 그러던 중 화학 실험의 파트너였던 데이비드 토머스(David Thomas)를 통해 자신의 인생에서 가장 중요한 기회를 갖게 된다. 이후 셰프츠베리 백작이 된 애슐리 쿠퍼(Anthony Ashley Cooper)를 만난 것이다.

1667년 봄부터 로크는 셰프츠베리 백작의 후원을 받게 되었다. 그는 옥스퍼드를 떠나 런던으로 거처를 옮기고, 이후 14년 동안 후원자와 동고동락을 같이한다. 한편으로 그는 의학도의 삶을 지속했다. 감염의학의 선구자였던 토머스 시드넘(Thomas Sydenham)과 일하기도 했고, 1668년 후원자의 종양 제거 수술을 감독하기도 했다. 다른 한

영국의 찰스 2세

편으로는 왕정복고 이후 궁정에서 중요한 역할을 담당했던 후원자와 함께 정치적 격변에 깊숙이 관여하게 된다. 이때 그의 정치적 견해는 후원자가 세운 휘그당의 개혁적인 방향과 일치했고, 『관용에 대한 에세이』에서 보듯 옥스퍼드 시절의 보수적인 태도는 더 이상 찾아볼 수 없었다.

1679년 찰스 2세에 대항한 셰프츠베리 백작의 거사가 실패하면서, 로크도 망명과 치욕을 감당해야 했다. 1684년 왕명에 의해 옥스퍼드에서의 직분을 박탈당했고, 후원자의 죽음 이후에 찾아온 궁핍한 삶을 이겨내야 했다. 1679년 셰프츠베리의 권유로 집필했던 『통치론』을 다듬거나 『서한』을 통해 네덜란드 신학자들과 의견을 교환하기도 했지만, 네덜란드 망명 시기는 은둔이나 다를 바 없었다. 그럼에도 불구하고 이 시기는 소중한 시간이기도 했다. 바로 이 시기에 로크는 그를 위대한 철학자의 반열에 오르게 한 『인간 지성에 대한 시론(An Essay Concerning Human Understanding)』(1689)을 완성했기 때문이다.

『시론』의 「독자에게 드리는 서한」에서 보듯, 로크의 경험주의 철학은 한 사람의 천재적 영감으로 만들어지지 않았다.[4] 그것은 1671년부터 셰프츠베리 백작의 집에서 있었던 무수한 실험과 토론, 그리고 당대 대표적인 학자들과의 친교를 통해 빚어진 것이었다. 즉 그의 경험주의 철학은 인간 지성의 오류를 인내하려는 태도와 불확정성을 인정하려는 의지 없이는 불가능한 것이었다.[5] 또한 자연과학자들과의 협업이 없었다면 '신이 인간에게 사물의 본질에 대한 지식을 알 수 있도록 본유관념(innate ideas)을 부여했다.'는 당시 지배적 사고에 도전할 엄두를 내지 못했을 것이다. 데이비드 흄(David Hume)으로 이어지는 경험주의, 그리고 칸트를 예견한 비판의식은 변화를 갈망하던 철학자의 경험적 소산이었던 것이다.

1688년 명예혁명과 함께 로크의 인생에도 다시 빛이 찾아왔다. 1689년 메리 공주(메리 2세)를 수행하여 영국으로 귀국했고, 뒤바뀐 정치적 지형은 그에게 더없이 행복한 말년을 가져다주었다. 1689년 『통치론』과 『시론』이 출판되고, 그는 많은 사람들이 부러워할 만한 제도사상가로서의 존경과 철학자로서의 명성을 누리기 시작했다. 그리고 프랑스혁명과 미국 독립전쟁에서 보듯, 그는 죽은 이후에 정치철학자로서 더욱 유명해졌다. 로크의 자유에 대한 열망은 혁명가들에게는 도덕적 자부심을 주었고, 토리당과 휘그당의 날선 투쟁에서 얻은 그의 경험주의적 통찰은 자유민주주의의 제도적 초석이 되었다.

홉스와 로크

　『통치론』에 드러난 로크의 정치철학은 여러 면에서 토머스 홉스의 것과 대조된다. 비록 홉스로부터 자연권에 대한 영감을 얻은 것은 부인할 수 없지만, 자연상태에 대한 이해에서부터 절대왕정에 대한 견해에 이르기까지 로크는 홉스와 다른 입장을 견지했기 때문이다. 그렇기에 예전에는 『통치론』의 서문에 언급된 1688년 명예혁명을 집필 동기로 이해했다. 그러나 지금은 로크가 『통치론』을 셰프츠베리 백작이 가톨릭 교도였던 요크 공(James Duke of York)을 왕위 계승에서 배제하기 위해 만든 '배척법안(Exclusion Bill)'을 추진했던 1679년에 시작해서 1683년 망명을 떠날 시점에 거의 완성했다는 해석이 지배적이다.[6]

　설사 『통치론』에서 로크가 비판한 대상이 홉스가 아니라 필머(Robert Filmer)라고 하더라도, 정치사상사에서 홉스와 로크의 차이를 살펴보는 것은 중요하다. 크게 세 가지 측면에서 그렇다. 첫째, 로크의 자연법이 갖는 차별성이다. 홉스의 자연법이 초인간적인 도덕적 성격이 탈색된 실정법적 내용을 갖는다면,[7] 로크의 자연법은 초월적인 존재가 만들어 놓은 인간의 조건에서 지켜야 할 도덕과 의무의 총체다.[8] 따라서 로크는 자연법을 '자기보존'이라는 지극히 인간적인 목적과 동일시하려는 홉스식의 단순화를 거부한다. 대신 이기적 욕망을 넘어서서 적용될 도덕적 준칙을 상정하고, 이러한 기준들을 이성에 의해 파악할 수 있다고 역설한다.[9] 신이 부여한 '본유관념'은 부정했지만,[10] 로크는 홉스 이전의 자연법 전통에서 말하는 선과 악을 분별하는 '올바른 이성(recta ratio)'에 비교적 근접한 견해를 고수했던 것이다.

둘째, 자연상태에 대한 상이한 이해다. 주지하다시피 홉스에게 자연상태는 각자가 스스로를 방어하기 위해 끝없이 힘을 추구할 수밖에 없는 '전쟁상태(the state of war)'다.[11] 인간의 이기적이고 충족되지 않는 욕망, 그리고 누구도 예외일 수 없는 힘의 평등이 자연상태를 결국 공포의 지배로 이끈다는 것이다. 반면 로크의 자연상태는 무질서한 상태가 아니다. 자연상태에서 인간들은 모든 것을 할 수 있는 자유를 갖고 있지만, 자연법의 인도를 따른다면 평화롭게 공존할 수 있다.[12] 단지 각자에게 자연법을 위반한 사람을 처벌할 수 있는 권리가 주어져 있기에, 공정한 심판관이 부재한 자연상태에서 인간들은 '불편함(inconvenience)'을 느낄 수밖에 없다.[13] 이렇듯 로크의 자연상태는 홉스와는 다른 사회계약의 내용을 체계화할 수 있는 추론적 기반을 가졌던 것이다.

셋째, 절대왕정에 대한 로크의 입장이다. 홉스도 사회계약을 '동의(consent)'라는 방식을 통해 설명한다. '다중(multitude)'을 하나의 통합된 '인민(people)'으로 전환시키는 개인들 사이의 계약, 그리고 한 사람의 주권자에게 자신의 권리를 양도하고 복종하기로 하는 약속을 정치체제 형성에 중요한 근거로 제시한다.[14] 문제는 권리를 양도받은 주권자의 변경 불가능하고, 절대적이며, 불가분한 권력이다. 로크는 한편으로는 '명시적인 동의'를 사회계약의 전면에 부각시키고,[15] 다른 한편으로는 어떤 권력도 인민이 동의한 목적에 상응하지 않을 때에는 유지될 수 없다는 점을 상기시킨다.[16] 이때 주권자가 향유하는 권력은 정치사회(political society) 구성원들에 의해 신탁된 것일 뿐이며,[17] 홉스가 옹호했던 절대왕정은 거부된다.

로크는 종종 홉스의 추종자라는 비난을 받았다. 비록 『통치론』에서 홉스의 『리바이어던』을 언급하며 비판한 적도 있고,[18] 주된 비판의 표적인 필머가 홉스와 절대주의를 지향하는 점에서 거의 차이가 없었지만, 로크가 홉스에게 경도된 사상을 가졌다는 의심은 끊이지 않았다.[19] 그것은 바로 로크의 종교관 때문이었다. 그러나 홉스와는 달리 로크는 교회를 국가에 종속시킴으로써 종교적 분쟁을 해결하려 들지 않았다. 대신 철학적으로는 신앙과 이성을 구별해서 계시를 앞세운 종교적 분쟁을 경계하고,[20] 정치적으로는 이성의 오류를 강조함으로써 정치적 관용의 필요성을 역설했다.[21] 경험주의 철학자의 정치적 혜안이 자유주의 전통에서 실행되는 정치와 종교의 분리를 일찌감치 예견한 것이다.

자연권과 소유권

로크의 자연권은 몇 가지 난제를 갖고 있다. 첫째, 로크의 자연권에 내재된 개인주의다. 『통치론』2권에서 로크는 애초에 자연법에 기초한 도덕적이고 규범적인 서술들과 모순되는 자연권에 대한 설명들을 쏟아놓는다. 그렇기에 몇몇 학자들은 로크가 기존의 자연법과 관련된 기술들을 사회계약과 관련해서 의도적으로 수정했으며, 결국 그도 홉스와 마찬가지로 초인간적인 자연법의 도덕적 규범이 아니라 자기보존이라는 인간적 욕망으로부터 '자연권'을 도출했다고 주장한다.[22] 이러한 맥락에서 볼 때, 로크는 홉스와 마찬가지로 개개인의 이기적 욕망을 앞세워 근대적 정치기획을 완성한 사상가들 중 한 사람이다.[23]

물론 로크에게도 인간의 이기적 본성에 대한 쾌락주의적 접근이 존재하고,[24] 자기보존이 근본적이고 불변의 신성한 법으로 기능한다.[25] 그러나 로크의 자연권과 관련된 기술에는 생존만큼이나 중요한 관계의 규칙이 있다. 이 규칙은 자연상태에서는 가족적 연대를 바탕으로 한 가부장적 의무의 근거가 되고,[26] 정치사회로부터 신탁을 받은 권위의 행사에 제한을 가하며,[27] 자기보존보다 고귀한 목적을 제공한다.[28] 아리스토텔레스의 '정치적 인간(zōion politikon)'과 같은 상호의존적 본성은 없지만, 로크의 개인주의를 개인의 이익이라는 잣대만 적용되는 '원자적 개인주의(atomic individualism)'로 단순화하기는 어렵다는 것이다.

둘째, 로크의 소유권이 갖는 불가침성이다. 로크는 자연권의 내용을 '소유(property)'로 정의한다. 처음에 그는 자연권을 "생명, 자유, 그리고 재산"으로 규정하지만, 이후 이 모든 자연권을 소유라는 큰 틀에서 설명한다.[29] 문제는 신으로부터 부여받은 권리로서 생명과 자유가 갖는 소유의 불가침성이 '재산'에도 적용되느냐는 것이다. 즉

'개인이 노동을 통해 취득한 재산의 절대적 불가침성을 옹호함으로써 재산의 사용과 축적에 있어 그 어떤 외부적 간섭도 허용하지 않았느냐?'는 질문이 제기되는 것이다. 만약 그렇다면 로크의 자연권은 그가 제시했던 자연법적 의무와 정면으로 배치되는 결과를 가져올 수도 있다.

원칙적으로 로크는 공유물로 주어진 자연의 일부에 개개인이 노동을 투여함으로써 배타적 소유권이 발생한다고 본다.[30] 이때 그는 공유물이 사유화되는 과정에서 발생하는 부작용은 세 가지 원칙을 통해 해결될 수 있다고 본다. 타인도 향유할 수 있도록 남겨두어야 하고, 부패하기 전에 모두 사용해야 하고, 자기의 노동이 투여된 것만 가져야 한다는 것이다.[31] 그러나 상할 염려도 없고 무한정 축적도 가능한 '화폐(money)'의 도입은 첫째와 둘째 규칙들을 무용지물로 만든다.[32] 그리고 임금 노동은 셋째 규칙의 적용도 힘들게 한다.

이러한 문제를 해결하기 위해 로크의 언술로부터 기독교의 '우애(caritas)'와 같은 이타적 배려의 원칙을 찾으려는 학자도 있다.[33] 그러나 부의 무한정한 축적이 가져올 문제는 여전히 해소되지 않는다. 왜냐하면 로크는 약자에 대한 배려를 개개인의 자유로운 선택에 맡겼고, 타인에 대한 고려가 없는 축적도 궁극적으로는 공동선에 이바지할 수 있다고까지 이야기했기 때문이다.[34] 그렇기에 이기적 동기와 이타적 의무라는 극단에 치우치기보다 "타인을 해치지 말라."는 원칙으로부터 해결의 실마리를 찾는 것이 나을지도 모른다.[35] 로크는 타인을 해치는 행위의 동인을 이기심에서 찾고 있고, 홉스와는 달리 이러한 행위가 자연법에 저촉된다는 점을 강조하고 있기 때문이다.

로크의 자유주의

로크의 정치사상은 근대 자유주의 전통에서부터 현대 자유지상주의자의 주장에 이르기까지 폭넓게 원용되고 있다. 특히 근대 자유주의 전통에서 그의 영향력은 실로 지대했다. 그의 자연권 사상은 천부인권으로 발전했고, 그가 말했던 행정부에 대한 입법부의 우위는 삼권분립으로 진화되었다. 아울러 로크가 언급한 '저항권'은 자유주의의 정신이 되었다. 초법적이고 예외적인 힘을 행사하는 '대권(prerogative power)'에 대한 저항,[36] 즉 권력 남용에 대한 시민적 저항을 담은 자연권 논의가 '전제의 방지'와 '권력에 대한 감시'를 실천적 강령으로 하는 근대 자유주의의 좌표로 자리 잡은 것이다.

로크의 정치사상은 두 가지 측면에서 여전히 주목받고 있다. 첫째는 로크의 가족(family)에 토대를 둔 시민적 덕성의 계발과 관련된다. 로크는 가족을 단위로 한 시민적 덕성 계발과 시민적 자유의 진작을 강조함으로써, 한편으로는 개인의 자율성을 보장하고 다른 한편으로는 공공의 선을 확보할 수 있다고 보았다.[37] 이러한 주장은 원자화되어 가는 개인주의의 폐해를 극복하면서도 공동체의 지나친 규제로부터 개인의 자유를 보호하려는 학자들에게 큰 환영을 받고 있다.[38] 아울러 로크의 교육과 관련된 논의는 개개인의 자유가 갖는 절대성만 강조하는 '자유지상주의자'들에 대한 자유주의적 반박의 자료로도 제시되고 있다.

둘째는 로크의 자유주의에 내재한 제국주의적 편견이다. 미국 식민지 통치에 로크가 실제로 관여했다는 사실은 끊임없는 논쟁을 일으켰다. 따라서 미국 원주민과 흑인 노예에 대한 로크의 제국주의적 편견에 대한 지적들은 새로울 것이 없다. 오히려 그에게서 인종적 차별을 정당화하는 규범적 논의를 찾을 수 없다는 정도에서 정리하는 것이 적절해 보인다. 왜냐하면 인종적 편견이 없었다 하더라도, 그의 저술로부터 기독교적 세계관에서 비롯된 다른 문화에 대한 차별을 발견하는 것은 그리 어려운 일이 아니기 때문이다. 다만 이기적 열망에 관대했던 자유주의와 제국주의 식민지 경쟁이 갖는 연관성에 대한 탈식민주의 연구자들의 지적은 눈여겨볼 필요가 있다. 정치사상의 역사를 돌이켜 보면, 시민적 자유와 제국적 팽창의 결합 가능성은 로크에 국한된 문제만은 아니기 때문이다.

39

루소 Jean Jacques Rousseau, 1712-1778

자기사랑은 호혜적인가?

루소가 시도한 개인의 자율성과 정치적 권위의 균형은 여전히 큰 의미를 갖고 있다. 개개인의 자기사랑이 순기능을 할 수 있는 사회적 조건이 확보되었을 때, 일반의지를 찾는 과정은 비민주적 심의로 귀결되기보다 개인과 공동체의 조화를 창출할 수 있기 때문이다.

루소는 1712년 6월 28일 칼뱅의 개혁 신앙이 지배하던 스위스 제네바에서 태어났다. 그의 아버지는 열다섯 명의 자녀들을 먹여 살려야 하는 가난한 가정에서 태어나 일찍부터 시계 제조업자가 되었고, 목사의 딸이자 재능이 많았던 어머니는 당시로서는 쉽지 않은 선택을 했기에 많은 것을 포기해야만 했다. 이렇듯 어울리지 않는 부부를 엮어 준 것은 지극한 사랑이었다. 하지만 루소가 태어난 뒤 열흘 만에 출산 후유증으로 그의 어머니가 사망하면서, 그의 가정은 불운에 휩싸이기 시작했다. 루소가 『고백록(Les Confessions)』(1781)에서 밝히듯, 출생 자체가 그에게 닥친 첫 번째 불행이었던 것이다.[1]

루소의 아버지는 자식 교육에 무관심했다. 루소가 태어나기 전에도 그의 아버지는 콘스탄티노플에 일자리가 있었기에 집안을 돌보지 않았고, 어머니가 세상을 등진 이후에는 자기 처지를 비관하며 시간을 보냈다. 그래서인지 일곱 살 위의 형은 문제아가 되어 사고만 치다가 가출해 버렸고, 어릴 때부터 영민했던 루소도 죽은 아내를 떠올리게 만든다는 아버지의 한탄 속에 제대로 된 훈육을 받지 못했다. 가끔 어머니가 남긴 책을 함께 읽기도 했지만, 그의 아버지가 베풀어 준 교육은 일곱 살 때 이미 플루타르코스에게 흠뻑 빠져 있던 루소에게는 어처구니가 없을 정도로 형편없었다.

이후에도 루소는 이렇다 할 교육을 받지 못했다. 열 살이 되던 해 그의 아버지는 프랑스 군인과의 다툼 때문에 제네바를 떠났고, 그는 외삼촌인 베르나르(Gabriel Bernard)의 보살핌을 받았다.[2] 처음에는 보세이에 살던 목사에게 맡겨져 제대로 된 교육을 받으리라는 기대가 있었지만, 기초적인 라틴어와 허접한 독서만 반복하다 제네바로 돌아왔다. 이후 그는 공증인이나 조각가가 되려는 생각에 여러 견습생 과정을 전전했다. 그러나 리옹에 정착했던 아버지가 재혼을 했다는 소식을 듣고 난 뒤부터 시작된 방황으로 이것조차 쉽지 않았다. 결국 그는 1728년 뜻밖의 계기로 방랑을 결심한다. 나들이를 나왔다가 통금에 걸려 제네바로 들어가지 못하자, 고향을 떠나기로 작심한 것이다.

이렇듯 루소의 어린 시절은 방치와 슬픔 속에서 흘러갔다. 그렇기에 근대 교육의 지평을 연 루소의 『에밀(Emile)』(1762)이 담고 있는 주장들은 너무나도 역설적이다. "가르치려 하지 말고 자연적으로 성장할 수 있도록 해야 한다."는 언명으로부터, 홀로 어린 시절의 고통스러운 순간들을 이겨 낸 철학자의 담대함을 읽을 수 있기 때문이다.[3] 그리고 "자연으로 돌아가라!"는 충고로부터, 그토록 방치된 환경 속에서 어떻게 그가 '자기편애(amour-propre)'와 구별된 '자기사랑

(amour de soi)'의 방식을 깨달았는지 더욱 궁금해지기 때문이다.⁴

반계몽주의 철학자

제네바를 떠난 후, 루소에게도 행운이 찾아왔다. 바랑(Françoise-Louise de Warens) 부인을 만나게 된 것이다. 방황 초기 루소는 가톨릭 사제가 되려고 이탈리아 토리노에 머물기도 했고, 여러 귀족들을 섬기면서 평소 동경해 왔던 귀족적 삶을 경험하기도 했다. 그러나 그가 목도한 상류층의 실체는 가식적 교양과 귀족적 허영에 대한 경멸만을 안겨 주었다. 이때 바랑 부인의 보살핌은 루소에게 적지 않은 안식을 가져다주었다.⁵ 이후 연인으로까지 발전된 그녀의 아낌없는 후원으로, 루소는 경제적 안정뿐만 아니라 못다 한 공부에도 전념할 수 있게 된 것이다.

1742년 바랑 부인의 거처를 떠나 파리에 정착했을 때, 루소는 이전과는 사뭇 다른 인물이었다. 1740년부터 가정교사로 일하면서 젊은 철학자들과 교분을 갖게 되었고, 동시에 음악 이론가이자 악보 필경사(筆耕士)로서의 재능도 인정받았다. 이후에는 결국 그에게 관료제에 대한 불신만 안겨 주었지만, 1743년부터 1744년까지 베네치아에 파견된 프랑스 대사의 비서로 일하기도 했다. 그리고 1744년 파리로 돌아온 루소는 이른바 인문주의자의 전형적인 모습을 갖춘 지식인으로 탈바꿈해 있었던 것이다.

인문주의자로서 루소의 행보에 무엇보다 중요한 것은 드니 디드로(Denis Diderot)와 달랑베르(Jean Le Rond d'Alembert)와 갖게 된 친분이다. 특히 디드로는 1758년 절교를 선언할 때까지, 루소에게 출세의 기회와 집필의 영감을 동시에 제공했던 계몽주의 철학자였다. 디드로는 루소에게 『백과전서(Encyclopédie)』(1751-1772)의 집필에 참여할 수 있는 기회를 주었을 뿐만 아니라, 루소가 프랑스를 대표하는 사상가의 반열에 오를 운명적 계기도 제공해 주었다.

운명적 계기란 1749년 불신앙으로 수감된 디드로를 면회하러 가던 중, 우연히 접하게 된 디종 아카데미(Académie de Dijon)의 현상공모를 말한다. 루소는 '학예(學藝)의 부흥은 도덕의 순화에 기여했는가?'라는 현상공모 논제를 계몽주의가 지배하던 당시 지식사회의 오만을 깨기 위한 도구로 사용했다. 그는 '학문과 예술의 발전은 일반적 기대와는 달리 오히려 인간의 도덕성을 타락시켰다.'는 취지의 글로 최고상을 움켜쥐었고, 이후 『제2논문』 또는 『인간불평등기원론(Discours sur l'origine de l'inégalité parmi les hommes』(1755)으로 불리는 책과 『백과사전』에 등재된 「정치경제론(Discours sur l'économie politique」(1753)으로 유럽 지성인들의 주목을 받기 시작했다.

사실 현상공모에 제출된 논문에서 루소가 다룬 내용은 단순한 문명비판을 넘어선 것이었다. 이후 『제1논문』 또는 『학문예술론(Discours sur les sciences et les arts』(1450)으로 불리는, 이 저술은 고대 공화주의 전통에 대한 관심도 함께 담고 있다. 전체적으로 르네상스 이후 학문과 예술은 시민의 도덕성을 타락시켰고, 예절을 통해 본성과

드니 디드로

는 다른 나쁜 습관을 가르쳤으며, 궁극적으로는 시민의 자유를 빼앗음으로써 인민을 탄압하는 도구로 전락했다는 이야기다. 이 과정에서 루소는 스파르타와 로마 시민들의 전사적 기개를 찬양하고, 그들이 향유했던 시민적 연대를 부각시킨다.[6] 한마디로 그의 문명비판은 시민적 덕성과 시민적 자유를 결합하려던 광대한 여정의 시작이었던 것이다.

자기사랑과 자기편애

로베스피에르(Maximilien de Robespierre)가 루소를 자기 삶의 좌표를 바꾼 인물로 거론하듯, 『사회계약론(Du contrat social(1762)』 I권 I장의 첫 구절은 프랑스혁명 이후 변혁을 원하는 모든 사람들의 심장을 뜨겁게 만들었다.

인간은 자유롭게 태어났지만, 도처에서 사슬에 얽매여 있다. 스스로 다른 사람들의 주인이라고 믿는 사람조차 그 사람들보다 더 노예다. 어떻게 이러한 변화가 발생했을까? 나는 알 도리가 없다. 무엇이 이러한 변화를 정당화하는가? 나는 이 문제는 답할 수 있다고 믿는다.[7]

그러나 같은 책에서 우리는 "일반의지에 복종하기를 거부하는 사람은 자유로워지도록 강제당할 것이다."와 같은 전체주의를 연상시키는 주장도 함께 발견하게 된다.[8] 그렇기에 비록 "자유롭게 만드는 강제(on le forcera à être libre)"가 의미하는 바를 '주권'의 행사가 아니라 '양심'의 발로로 이해하더라도, '어떻게 개개인에게 안전을 보장하면서 동시에 타인이 아닌 스스로에게만 복종하는 자율성도 보장할 수 있는지'의 문제는 여전히 남는다.[9] 루소는 이 문제의 답을 한편에서는 '자기사랑'으로 다른 한편에서는 '일반의지'에서 찾고 있다.

주지하다시피 루소는 개개인이 외부 환경의 변화에 따라 자연상태의 평화를 스스로 지킬 수 없어 협력이 필요할 경우가 도래하고, 이러한 공동의 목적을 달성하기 위해 정치사회를 구성한다고 보았다.[10] 일면 홉스를 연상시키는 설명이다. 그러나 엄밀하게 보면 협력의 필연성이나 계약의 절대성은 부각되지 않는다. 대신 정치사회의 결성을 추론함으로써 루소는 정치권력이 개개인에게 갖는 정당성을 설명하는 데에 초점을 맞춘다. 주권은 개개인의 생명과 재산을 보호해야 하고, 개인들을 '인민(peuple)'으로 통합했던 공동의 목적에 충실해야 한다는 점을 강조하는 것이다.[11]

여기에서 우리가 주목해야 할 것은 루소의 사회계약에 자연주의가 녹아들어 있다는 점이다. 그의 '자연상태'는 홉스의 것과는 달리 평화롭고 목가적이다. 그는 국가와 국가의 관계를 제외하고는 자연상태든 사회상태든 전쟁이란 있을 수 없다고 믿었고,[12] 어떤 경우에도 개인의 자유를 완전히 폐기하거나 전적으로 양도하는 것은 바람직하지도 가능하지도 않다고 생각했다.[13] 그 이유는 인간의 본성으로서 '자기사랑'에 대한 루소의 신뢰가 강했기 때문이었다.

> 자기편애(amour propre)와 자기사랑(amour de soi-même)은 그것들의 본질과 효과에 있어서 매우 다른 두 가지 열정이다. 자기사랑은 자연적 감정으로서 모든 동물이 자기보존에 주의를 기울이게 하며, 이성(raison)으로 인도되고 동정(pitié)을 통해 변경되면 인간미(humanité)와 덕성(vertu)을 만들어 낸다.[14]

위에서 보듯, 자기사랑은 자연상태에서 인간이 자연적으로 갖게 되는 감정이다. 사회상태에서 생겨나 경쟁과 배제를 불러일으키는 자기편애와는 달리, 자기사랑은 평화롭고 호혜적인 관계를 창출한다. 즉 루소가 개선하려는 것은 자연상태의 조건이 아니라 이른바 정치사회에서 직면하게 되는 부조리였던 것이다.

따라서 루소의 관심은 궁극적으로 자연상태의 마지막 단계, 즉 사적 소유가 발생하고 불평등이 초래되는 단계에서 기승을 부리기 시작하는 악덕들을 극복하는 방향으로 수렴한다.[15] 이때 자기사랑은 '자기에게 좋은 것'을 찾는 과정에서 형성되는 자연적인 감정이지만,

장자크 루소

태어나면서부터 생래적으로 갖는 감정은 아니다. 자기 사랑은 자기
편애와 다른 조건에서 형성되고, 다른 사회화 과정을 통해 동정심과
결합하며, 결과적으로 다른 행위양식을 유발하는 심리적 기제인 것

이다.[16] 그렇기에 자기사랑도 이성을 통해 계도되어야 하고, 동정으로 조율되지 않으면 호혜적 감정으로 승화되지 못한다.[17] 동일한 맥락에서 루소는 자기편애를 이성으로 계몽하고, 동정으로 교정할 수 있는 방법을 모색한다.

종합하면 사회적 부조리를 극복하기 위한 내적 기반으로서 자기사랑을 회복하기 위해, 루소는 자연상태로 돌아가려는 것이 아니라 새로운 형태의 교육을 요구한다. 다시 말하자면, 루소는 자기보존이라는 목적과 타인과의 호혜적 관계를 동시에 만족시키기 위해, 새롭게 조성된 '도덕성'을 통해 자기편애가 아니라 자기사랑이 기능하는 사회적 조건을 수립하려고 노력했던 것이다.[18] 비록 루소의 사회계약에 대한 역사적 추론으로부터 자기편애와 자기사랑을 구별하기가 쉽지 않은 것은 사실이지만, 그가 전자의 경쟁적 관계보다 후자의 공감적 연대를 통해 정치사회의 부조리를 해결하려 했던 것만은 부인할 수 없다.

일반의지와 민주주의

앞서 언급했듯, 루소는 개개인이 노예상태에 빠지지 않고서도 자연적 자유를 향유하는 정치사회의 청사진을 제시하고 싶었다. 따라서 루소가 상정한 근본적인 과제, '개개인이 자연상태에서 누리던 자유가 정치사회에서도 희생되지 않는 방법의 모색'은 그의 사회계약과 관련된 논의의 핵심이 될 수밖에 없다. 동시에 '개개인이 충분한 정치적 자율성을 보장받고, 정치사회는 공동의 목적에 충실하며, 시민들이 절대적 평등을 누리는 사회를 건설할 수 있겠느냐?'는 질문도 중요하다. 왜냐하면 이러한 의구심이 해소되지 않는다면 그의 제도적 구상도 설득력을 가질 수 없기 때문이다.

이런 맥락에서 루소는 '일반의지(volonté générale)'를 제시한다. 그가 말하는 일반의지는 두 가지 특성을 갖고 있다. 한편으로는 자연상태의 개개인에게 정치사회의 수립을 불가피하게 만든 '공동의 목적'이고, 다른 한편으로는 사회계약의 핵심적 내용으로서 정치사회에 속한 모든 사람들에게 적용되는 '일반적 원칙'이다.[19] 이 두 가지 특성은 일반의지를 개개인의 개별의지와 구별하고, 개별의지의 총합인 전체의지와도 차별하며, 공동체 구성원으로서 '인민' 모두가 지향해야 할 공동의 이익과 일치시킨다.[20] 이때 비로소 사회계약은 '일반의지를 지향하겠다는 정치사회 구성원 모두의 약속'으로 이해된다.[21]

종종 루소의 '일반의지'에 대한 기술들은 그가 '직접민주주의'를 주창했다는 해석의 근거로 인용되기도 한다. 실제로 그는 일반의지를 창출하는 데 있어 인민들의 직접적인 정치참여를 강조하고 있고, 충분한 정보와 무(無)당파적 의사를 바탕으로 한 민주적 심의를 전제조건으로 제시한다.[22] 그러나 이러한 서술이 곧바로 루소가 인민의 직접적인 통치를 옹호했다는 주장을 지지한다고 단정하기는 어렵다. 왜냐하면 루소는 주권자로서 인민에게 '시민적 덕성'을 고무시킬 입법자의 역할을 강조하고 있고, 일반의지의 제도적 표현으로서 법의 집행도 행정부를 통해 수행되어야 한다고 믿기 때문이다.[23] 즉 자기입법의 원칙으로서 일반의지가 곧 직접민주주의를 위한 제도적 구상으로 귀결되지는 않았다는 것이다.

반면 루소가 비민주적인 심의를 정당화했다는 비판도 제기된다. 첫째, 전체 구성원의 총의(總意)로서 일반의지가 소수의 목소리를 정치과정으로부터 배제하는 수단이 될 수 있다는 것이다.[24] 특히 일반의지가 '다수결'로 결정될 때,[25] 다양한 목소리를 청취할 기회는 처음부터 박탈당할 수 있다는 것이다. 둘째, 일반의지를 찾는 과정이 민주적 심의와 동떨어졌다는 것이다.[26] 원칙적으로 만장일치를 지향하기 때문에, 심의의 과정이 공동체의 의견들을 수렴함으로써 집합적 의사를 형성하는 경로라기보다 일반의지라고 믿고 있는 바를 확인하거나 주입하는 절차로 전락할 수 있다는 것이다.

이러한 비판에도 불구하고 정치사상사에서 루소가 시도한 개인의 자율성과 정치적 권위의 균형은 여전히 큰 의미를 갖고 있다. 만약 개개인의 자기사랑이 순기능을 할 수 있는 사회적 조건이 확보되었을 때, 일반의지를 찾는 과정은 다수의 폭력이나 비민주적 심의로 귀결되기보다 개인과 공동체의 조화를 창출할 수 있는 정치적·도덕적 숙의로 전환될 수 있기 때문이다. 루소의 자기사랑과 동정에 기초한 시민적 애국심을 통해 배타적 민족주의의 폐해를 극복하려는 최근 연구들도 이러한 측면을 부각시키려는 노력이라 볼 수 있다.[27]

40

버크 Edmund Burke, 1729-1797

정치는 예측 가능한가?

버크의 보수주의는 프랑스혁명의 충격을 넘어선 무언가가 내재해 있다. 어린 시절부터 경험한 종교적 교의와 추상적 이론이 빚어내는 정치적 파국, 법절차를 통해 다양한 이해가 변화로 수렴되는 과정에 대한 신뢰, 그리고 신중한 정치적 리더십을 통해 갈등을 조정하려는 의지가 담겨 있었던 것이다.

1789년 8월 9일, 바스티유 습격 사건이 발생하고 3주 정도가 지났을 무렵, 아일랜드 태생의 영국 정치가 에드먼드 버크가 고향의 세습귀족이자 당대 대표적 지성인이던 제임스 콜필드(James Caulfield)에게 편지를 썼다. 이 편지는 오늘날 보수주의의 아버지로 평가받고 있는 정치사상가 버크가 프랑스혁명에 대해 밝힌 처음이자 가장 솔직한 견해를 담고 있다.

　프랑스인들의 자유를 위한 투쟁을 놀라움을 가지고 응시하면서, 영국은 비난을 해야 할지 아니면 찬사를 보내야 할지 알지 못합니다. 비록 내가 생각하기에 수년 동안 이와 같은 일이 진행 중이었지만, 진정 이 일은 역설적이고 기이합니다. 그 정신(spirit)은 찬양하지 않을 수 없지만, 파리 사람들의 낡아빠진 폭력성(ferocity)이 충격적인 방식으로 표출되었기 때문입니다. 실로 갑작스러운 폭발과 다르지 않았습니다. 만약 그렇다면 이 사건이 보여 주는 특별한 조짐은 없습니다. 그러나 만약 이 것이 우연한 사건이 아니라 파리 사람들의 기질(character)이라면, 이 인민들은 자유에 적합하지 않습니다. 이전 지배자들이 그러했던 것처럼, 반드시 강력한 힘(a strong hand)이 그들을 강제해야 합니다.[1]

버크는 견고한 헌정체제를 확립하고 유지하기 위해서는 '정신(spirit)' 만큼이나 '지혜(wisdom)'가 필요하다고 믿었다. 그렇기에 그는 "프랑스인들이 그들 중에 지혜로운 지도자를 갖고 있는지, 만약 그들이 그러한 지도자들을 갖고 있다면, 그 지도자들이 그들의 지혜에 걸맞는 정치적 권위를 갖고 있는지 아직 알 수 없다."라고 덧붙인다.[2] 이런 맥락에서 볼 때, 그가 이후 프랑스혁명에 대해 가진 부정적인 입장은 당연한 논리적 귀결이었는지도 모른다.

그럼에도 불구하고 버크의 현실주의 정치관을 인민의 집단행동에 대한 무조건적인 거부감으로 단순화할 수는 없다. 물론 그가 프랑스혁명을 "몽매하고 잔혹한 열정이 이끄는 전제(專制)"라고 비난한 것은 사실이다. 그러나 영국의 미국 식민지 정책에 대한 비판에서 보듯, 그는 집단저항에 대해 무조건적인 거부감을 가진 정치가는 아니었다. 그는 자기만의 독특한 경험적 미학에 의거한 판단의 잣대가 있었고, 이러한 잣대는 프랑스혁명을 둘러싼 영국 사회의 치열한 논쟁을 넘어 새로운 정치적 전망을 제시하려던 노력의 결실이었다.

주목받지 못한 정치인

아버지 리처드 버크

버크는 1729년 1월 12일, 아일랜드 더블린에서 태어났다.[3] 그는 12세기 말 헨리 2세의 아일랜드 정복 때에 아일랜드 서쪽 골웨이에 진출했던 노르만 버그(de Burgh)의 후손이었고, 그의 집안은 이후 리머릭에 정착해서 1646년 시장을 배출하는 등 적지 않은 영향력을 행사하던 유력 가문들 중 하나였다. 그러나 영국 내란 시기에 왕당파의 일원으로 인민 폭동의 표적이 되었고, 그 과정에서 재산과 직위를 비롯해 많은 것을 상실하는 불운을 겪었다.

버크의 아버지 리처드는 변호사였다. 그는 증조부 시기부터 정착했던 코크를 떠나 더블린에 자리를 잡았고, 활발한 활동으로 명망을 얻었을 뿐만 아니라 기울었던 집안도 다시 일으켰다. 그의 아내 메리는 제임스 2세의 법무상을 역임했던 리처드 네이글(Richard Nagle) 가문의 자손이었고, 둘 사이에 열다섯 명의 자녀가 있었지만 대부분 병사하고 3남 1녀가 남았다. 개신교도였던 그는 종교에 대해서는 관대했고, 그의 자녀들은 독실한 가톨릭 신자였던 아내의 영향을 더 많이 받았다.

버크는 살아남은 자녀들 중 둘째였다. 그는 1744년부터 1748년까지 더블린에 있는 트리니티칼리지(Trinty College)에서 수학했고, 다른 형제들처럼 법조인이 되기 위해 1750년 런던 법학원(Middle Temple)에 입학했다. 그러나 문학에 대한 열정 때문에 법학 공부를 그만두고, 1755년부터 저술 활동을 시작했다. 1756년에 첫 저술인 『자연적 사회의 옹호(A Vindication of Natural Society)』를 출간했고, 1757년 『숭고함과 아름다움의 기원에 관한 철학적 탐구(A Philosophical Inquiry into the Origin of Our Ideas of the Sublime and Beautiful)』(이하 『탐구』)로 지식 사회의 주목을 받게 되었다.

버크의 정치적 이력은 1758년 이후 아일랜드 수상이 된 윌리엄 해밀턴(William Hamilton)의 개인 비서로 시작되었다. 1765년 인지세(the Stamp Act)가 영국 의회를 통과할 때 잠시 면직의 고통을 겪었지만, 얼마 지나지 않아 휘그당의 지도자로 자신의 첫 내각을 꾸리게 된 로킹엄 후작의 개인 비서로 고용되었다. 1765년 12월에는 후작의 후원에 힘입어 하원 의원으로 선출되었고, 1766년부터 정치인으로서 본격적인 활동을 시작했다.

만약 프랑스혁명이 없었다면 버크는 의회에서 이렇다 할 두각을 나타내지 못했던 인물로 기억되었을 것이다.[4] 괴팍한 성격과 돌발적 행동으로 그는 동료들로부터 외면을 당하기가 일쑤였다. 1782년 로킹엄 후작이 죽은 이후 그의 정치적 입지는 더욱 좁아졌다. 그러나 1790년 『프랑스혁명에 대한 성찰(Reflections on the Revolutions in France)』(이하 『성찰』)을 출판함으로써, 그는 영국뿐만 아니라 유럽 전역에서 주목받는 정치가로 거듭났다. 『성찰』은 당시 프랑스혁명을 둘러싼 영국인들 사이의 논쟁에 새로운 방향을 제공했고, 이후 그의 정치사상은 근대 보수주의 전통에서 급진적 이상주의의 해독제처럼 각인되었다.

『탐구』와 『성찰』

『탐구』와 『성찰』은 종종 전혀 다른 저술처럼 언급된다. 『탐구』에 드러난 도전적이고 급진적인 미학적 설명과 『성찰』이 보여 주는 보수적이고 방어적인 정치적 태도가 대조적으로 보이기 때문이다. 당시 영국 지식사회에서 두 저술에 대해 가졌던 반응도 유사하다. 『탐구』는 귀족적인 전통에 거부감을 갖고 있던 자유주의자들의 환영을 받았다. 반면 『성찰』은 그의 반왕당파적 견해에 심정적 동질감을 느끼던 인사들에게는 배신감을 가져다주었고, 프랑스혁명의 파급을 두려워했던 영국 귀족들이 그에게 가졌던 경계심을 누그러뜨릴 수 있는 계기를 제공했다. 이렇듯 두 저술은 상반된 견해를 전달하는 듯 보인다.

그러나 『탐구』의 경험주의 미학이 『성찰』을 통해 일관되게 투영되었다고 해석하는 학자들도 적지 않다. 전자가 형이상학적 진리보다 감각적 경험을 강조한 것과 마찬가지로, 후자에서는 혁명의 이상에 몰입된 폭력적 행위에 대한 반감이 존재한다는 것이다.[5] 나아가

휘그당의 당수 로킹엄 후작

『성찰』에는『탐구』에서 제시된 미학적 전제가 고스란히 유지되고 있다는 입장도 있다.[6] 아울러『성찰』의 수사적 측면을 강조함으로써 두 저술의 모순된 부분들의 의미를 축소하려는 노력도,[7]『성찰』이 집필될 시점의 정치적 환경을 부각시킴으로써 '중산층' 중심의 정치이념을 매개적 틀로 제시하는 견해도[8] 두 저술의 관련성을 인정하는 해석이라고 볼 수 있다.

경험주의 정치미학

사실『탐구』는 미학적 관점만을 담은 저술이 아니다. 첫째, '숭고함(the sublime)'과 '아름다움(the beautiful)'의 구분은 형이상학적 도덕철학에 대한 불만과 함께 귀족주의적 덕성을 부르주아의 정신으로 대체하려는 의지를 반영한다. 일차적으로 버크는 감각적 경험으로부터 분리된 '올바름(dikaiosynē)'이나 '좋은 삶(eu zēn)'을 추구하는 고대 정치철학의 형이상학적 태도를 거부한다. 구체적으로 그는 '고통(pain)'이나 '즐거움(pleasure)'과 같은 감각을 배제하면 숭고함이든 아름다움이든 발현될 수 없다고 전제하고,[9] '이성(reason)'을 수단적 분석 능력으로 격하시키면서 '열정(passion)'을 모든 행동의 근원으로 격상시킨다.[10] 이때 '자기보존'의 이기적 열망은 '공포(fear)'를 통해 숭고함으로 귀결되고, '사회' 또는 '관계'에 대한 이타적 지향은 '사랑(love)'을 통해 아름다움으로 승화된다.[11]

동시에 버크는 숭고함을 아름다움보다 앞세움으로써 보다 실제적이고 현실적인 판단의 근거를 제공하기 위해 노력한다. 이를 위해 그는 흄과 같이 '취미(taste)' 또는 '개인적 경험'의 일반화를 거부하는 회의주의와 결별하고,[12] 다른 한편으로는 계몽주의적 합리성에 지나치게 천착한 이성주의도 배격한다.[13] 대신 감각적 경험에 기초한 일관된 원칙을 도출하려고 노력하고, 이 과정에서 '탁월함'과 같은 귀족적 덕성을 일상적이고 보편적인 열망의 소산으로 전환시킨다.[14] 이때 그는 선험적 진리를 강조하는 형이상학적 도덕을 대신해서, 실질적인 삶을 통해 투영된 경험주의 미학을 새로운 판단의 잣대로 제시한다.

둘째, 공포에 토대를 둔 '숭고함'을 전면에 부각시킴으로써, 버크는 정치적 권위도 미학적 내용으로 구성된다는 것을 납득시키려했다. 우선 그는 '숭고함'의 정치적 차원을 공포를 통해 구체화한다. 예를 들면 숭고함의 가장 강력한 감정으로 '경악(astonishment)'을 들고 있는데,[15] 그 내용은 마치 마키아벨리가 "잔인함의 효과적 사용"에 대해 설명하는 것과 매우 흡사하다.[16] 즉 '두려움'과 '경외심'의 미묘한 결합을 정치권력의 효과적 행사를 위한 미학적 원칙으로 제시하는 것이다.[17]

이후 버크는 정치적·군사적 덕성을 윤리적·도덕적 덕목보다 중시함으로써 정치적 현실주의의 윤리적 이상주의에 대한 우위를 강조한다. 이를 위해 그는 고전을 십분 활용한다. 호메로스(Hōmēros)의 표현을 통해 착하고 나약했던 트로이인들을 정복한 그리스인들의 정치적이고 군사적인 덕성을 칭찬하고,[18] 카토(Cato)의 관대함보다 카이사르(Caesar)의 엄격함이 보다 숭고한 이유를 후자가 유발한 공포를 통해 정당화한다.[19] 이때 '용기(fortitude)', '정의(justice)', '지혜(wisdom)'는 "공상적이고 부차적인(visionary and unsubstantial)" 윤리적 미덕을 대체할 정치적 덕성으로 제시된다.[20] 한 마디로 정치도 그의 경험주의 미학의 주요한 내용을 구성하는 요소들 중 하나였던 것이다.

정치적 보수주의

『탐구』에 드러난 귀족적 덕성과 부르주아 정신의 결합으로서 경험주의 정치미학은 『성찰』에서 '합법성(legality)'과 '섭리(providence)'에 바탕을 둔 정치적 보수주의로 발전된다. 예를 들면 『탐구』에서 버크는 "군중들의 고함(the shouting of multitudes)"이 한편으로는 숭고함으로 다른 한편으로는 무분별한 군중심리로 귀결된다고 조심스럽게 결론을 내린다.[21] 그리고 이러한 판단은 선험적 진리를 거부하는 경험주의와 맞물려, 『성찰』에서는 '인간의 권리'에 대한 사변적 선동이 폭력적 파국을 가져올 것이라는 경고로 귀결된다.[22] 자유를 지키기 위해서라도 프랑스혁명의 지도자들이 '이론적 탐색(theoretic science)'이 아니라 '실천적 지혜(practical wisdom)'에 주안점을 두었어야 했다는 것이다.

그렇다면 버크가 『성찰』에서 말하는 실천적 지혜를 통한 신중한 접근은 무엇이었을까? 첫째, '합법성'이다. 이때 '합법성'은 변화에 대한 거부를 의미하는 것이 아니다. 그것은 이전에 있었던 모든 제도들을 부정하는 혁명적 전복에 대한 경계이고, 추상적 권리에 기초해 일방의 완전한 승리를 담보하려는 운동에 대한 반발이다. 이런 맥락에서 버크는 프랑스인들이 이전에 어떤 제도도 없었던 것처럼 모든 것을 바꾸려 한다고 걱정한다.[23] 사실 이것은 그의 소신이기도 했다. 그는 "감지되지 않을 정도(insensible degrees)"로 법을 수정하면서 점진적으로 개혁해야 한다고 믿었고, 이를 위해 정치 세력들은 조금씩 양보하며 공존하는 법을 배워야 한다고 주장했었다.[24] 이런 맥락에서 볼 때, 그의 합법성은 귀족과 인민의 세력균형을 통해 정치적 안정성을 도모했던 르네상스 시대 귀족적 공화주의의 혼합정체 논의와 상당 부분 닮았다.

둘째, 경험의 축적으로서 '섭리'다. 『탐구』에서 버크는 특정 대상이 인간에게 감정을 불러일으키는 인과적 법칙을 '섭리'라고 정의한다.[25] 표면적으로는 인간 본성에서 기초한 초월적인 법칙으로 표현

브리스톨에 있는 에드먼드 버크의 동상

되지만, 실제로 그에게 자연법적 섭리는 "정치적 신중함"을 통해 구축된 실천적 원칙들을 의미한다. 따라서 한편에서는 그로부터 토마스 아퀴나스의 신의 법을 구현하려는 올바른 이성과 유사한 단서를 발견하기도 하고,[26] 다른 한편에서는 초월적 원리보다 특정 정치공동체의 역사적 맥락에서 구성된 관습과 제도에 초점을 둔 '역사주의(historicism)'의 단초를 찾아내기도 한다.[27] 어떤 각도에서 보든, 그가 섭리를 특정 사회에서 축적된 경험의 소산으로서 관습과 제도로 구체화했다는 점은 부인하기 어렵다.

특히 버크는 『성찰』에서 '섭리'를 법절차를 통해 실현된 자연법

적 '처분(prescription)'으로 설명한다. 이때 '처분'은 실제 소유 또는 점유 상태와 무관하게 증서(證書)를 통해 재산권을 인정하는 로마법 체계에서 따온 것으로,[28] 최초의 사회계약이나 근원적 권리로 회귀하지 않고서도 형평성 (equity)의 원칙에 기초해 쌍방의 권리를 인정하는 법절차를 의미한다. 동일한 맥락에서 버크는 절대적인 기준이나 완전무결한 권리를 실현하는 것

에드먼드 버크가 자신의 책『성찰』을 낸 출판사에서 돈키호테처럼 나오는 모습을 풍자한 그림

은 바람직하지 않고, "정부를 구성하고 쇄신하는 학문은 선험적으로 교육되어서는 안 된다."고 역설한다.[29] 그리고 그는 다양한 견해들이 노정될 수 있는 절차를 요구하고,[30] 집단적 행동이 가져오는 혁명적 변화보다 신중한 조율에 기초한 법제도적 개혁을 주문한다.[31]

토머스 페인(Thomas Paine)은 버크의『성찰』을 혹독하게 비판했다. 사상적 전향을 의심하기도 하고, 시대적 흐름을 거스른다고 지적하는가 하면, 프랑스혁명에 대해 너무 무지하다고 비난하기도 했다.[32] 그러나 버크의 보수주의는 프랑스혁명이 가져다준 충격을 넘어선 무언가가 내재해 있다. 아일랜드 태생으로 어린 시절부터 경험한 종교

적 교의와 추상적 이론이 빚어내는 정치적 파국, 다양한 이해가 공평한 법절차를 통해 변화로 수렴되는 과정에 대한 신뢰, 그리고 신중함의 원칙을 통해 갈등을 조정하려는 의지가 담겨 있었던 것이다. 즉 그의 보수주의는 심정적이라기보다 이념적이며, 철학적이라기보다 정치적이었다. 그렇기에 그의 정치적 보수주의는 다양성과 법절차를 강조하는 자유주의 전통에서, 그리고 점진적 변화를 강조하는 제도주의의 틀 속에서 여전히 각광을 받고 있는 것이다.

41

칸트 Immanuel Kant, 1824-1804

특수에서 보편을 찾아낼 수 있을까?

칸트는 도덕의 기초를 초인간적인 존재에 의지하는 전통적인 자연법과 결별하고, 법적 정당성의 근거를 인간적 선호에서 찾으려 했던 경험주의와도 거리를 두었다. 대신 개개인의 자유로운 선택이 초래하는 사회적 관계를 조정하는 원칙으로서 법이 갖는 보편성을 부각시키고자 했다.

노년에 접어든 임마누엘 칸트는 정치와 도덕의 문제에 다시금 주목했다. 몇몇 학자들은 이 시기에 칸트가 정치에 대해 고민하게 된 특별한 계기가 있었다고 지적하기도 한다. 한편으로는 프리드리히 대왕의 죽음 이후 당면한 종교적 불관용,[1] 다른 한편으로는 미국 독립전쟁과 프랑스혁명이 던진 충격이 평생을 도덕철학에 몸바쳐 온 학자에게 새로운 전기를 가져다주었다는 것이다.[2]

　　자연이 인간들의 모든 성향들을 계발시키기 위해 사용하는 수단은 사회 속에서 그들이 갖는 반감(Antagonism)이다. 반감이 궁극적으로 합법적 질서의 원인이 되는 한에서 그렇다는 말이다. 여기에서 나는 반감을 인간의 반사회적 사회성(ungesellige Geselligkeit)으로 이해한다. 즉 지속적으로 사회를 파괴하려고 위협하는 전면적인 저항과 결합되어 있으면서도 그 사회에 속하려는 인간들의 성향을 말하는 것이다.[3]

그러나 「세계시민적 관점에서 본 보편사의 이념(Idee zu einer allgemeinen Geschichte in weltbürgerlicher Absicht)」(1784)이라는 논문에서 보듯, "도덕적이지는 못하더라도 올바른 시민이 될 수 있는 정치사회적 조건"에 대한 칸트의 성찰은 정치적 격변들 이전에도 어렵지 않게 발견된다. 즉 자율적으로 도덕적 능력을 발전시킬 수 있을 때까지 인간들을 규제할 정치권력에 대한 고민은 훨씬 이전부터 시작되었다는 것이다.

이런 맥락에서 볼 때, 최근 정치철학자로서 칸트가 재조명되는 것은 우연이 아니다. 대학 강단에서 그가 처음 가르쳤던 과목들이 수사학과 시학이었다는 사실이 어색할 것도 없고, 『판단력 비판(Kritik der Urteilskraft)』(1790)이 출간되기 이전부터 "특수한 것의 보편적 특성을 판별하는 감성적 능력"을 고민했다는 점이 새로울 것도 없으며, 비판 시기 저술에서 이미 「영구평화론(Zum ewigen Frieden)」(1795)에서 밝힌 공화정체에 대한 핵심적인 사상이 포함되어 있다는 것이 놀라울 것도 없다. 그만큼 철학자로서 누구보다 진지했던 칸트에게 정치는 반성과 성찰의 중요한 대상이었던 것이다.

법과 도덕

칸트의 정치철학에서 우선적으로 살펴볼 주제는 법과 도덕의 관계다. 그는 첫 번째 비판서인 『순수이성비판(Kritik der reinen Vernunft)』(1781))에서 '실정법(Gesetz)'을 "각자의 자유가 다른 사람들의 것과 공존할 수 있도록 규제하는 것"으로 규정하고, 이러한 실정법적 규제를 따라 "최대한 인간의 자유(Freiheit)를 보장해 주는 것"을 '헌법(Verfassung)'의 근본적인 기능이자 필수적인 이념이라고 정의한다.[4] 이때 외부적 강제로서 '법칙' 또는 '실정법'은 자연적 욕망과 개인적 기준을 넘어 보편적으로 타당한 행위의 준칙을 자발적으로 부과하는 '도덕(Moral)'과 구별되고, 그 대상도 내적 동기가 아니라 사람들 사이의 관계에서 외부적으로 드러난 개개인의 행위에 초점을 맞춘다.

도덕과 구별된 법칙 또는 실정법의 특성은 이후 '법적 의무(Rechtspflicht)'에 대한 논의에서도 발견된다. 『도덕 형이상학을 위한 기초 놓기(Grundlegung zur Metaphysik der Sitten)』(1785)에서 상인의 비유를 통해 언급되듯, 칸트는 '도덕적 의무(Tugendpflicht)'를 자기보존을 위한 행위나 인간의 본능적 욕구가 유발하는 행동과 구별한다.

> 가게 주인이 처음 온 고객에게 바가지를 씌우지 않는 것, 그리고 물건이 잘 팔리더라도 신중한 상인이 웃돈을 받지 않고, 모든 사람에게 일정한 가격을 유지함으로써 어린 아이라도 다른 사람들처럼 물건을 싸게 살 수 있도록 하는 것, 바로 이러한 행동이 의무에 맞는 일이다.[5]

위에서 보듯, 칸트는 법적 의무로서 '법(recht)' 또는 '의무에 맞는(pflichtmäßig)' 행동이 갖는 의미를 '의무이기 때문에(aus pflicht)' 개개인이 준수함으로써 특정의 행위 준칙이 갖는 도덕적 가치와 구별한다.[6] 양심에 따르는 도덕적 의무와는 달리, 법적 의무는 행위의 결과가 반

IMMANUEL KANT.

임마누엘 칸트

드시 만족시켜야 할 법칙에 의해 외부적으로 강제된다는 것이다. 물론 칸트는 '법적 의무'가 '도덕적 의무'와 무관하다고 보지 않았다. 오히려 법과 도덕의 공통점에 주목함으로써, 법적 의무를 단지 경험의 소산으로 치부하거나 도덕적 의무를 자의적 선택으로 국한하려는 태도를 경계했다.[7] 옳고 그름이 도덕적 준칙에 앞서 정해지면 도덕이 한갓 경험에 바탕을 둔 선호로 전락하듯, 사회적 동의에 선재하는 규범적 요소를 갖지 못한다면 법이 개개인의 욕구를 정당하게 규제할 수 없다고 생각했던 것이다.[8] 다만 내적 동기와 구별된 외적 행위의 관계, 즉 개개인의 자유로운 선택(Willkür)이 유발한 사회적 관계를 규제하는 행위의 규칙으로서 법이 갖는 특성을 부각시키려 했을 뿐이었다.

궁극적으로 칸트가 말하는 '법'은 개개인이 보편적 자유를 향유하면서 평화롭게 공존할 수 있는 법칙으로 구체화된다.[9] 이때 칸트는 규범적 강제력을 전적으로 초인간적인 존재에 의지하는 전통적인 자연법과 결별하고, 법적 정당성의 근거를 인간적 선호에서 찾으려 했던 경험주의와도 일정한 거리를 둔다. 대신 모든 사람에게 보편적으로 어떤 행위를 지시하거나 금지하는 '정언명령(kategorischer Imperativ)', 그리고 이러한 정언명령의 준칙을 통해 인간적 욕구를 억제할 의무를 선험적으로 규정하는 '실천이성(praktische Vernunft)'을 앞세운다. 즉 칸트에게 법과 도덕의 구분은 외부적 강제에 도덕적 정당성을 부여하기 위한 하나의 기획이었던 것이다.

정치적 판단

　정치에 대한 보다 본격적인 논의는 1790년에 출판된 『판단력 비판』에서 찾아볼 수 있다. 이 저술은 '순수이성'과 '실천이성'에 대한 앞선 비판서(書)에서 충분히 설명하지 못한 "어떻게 개개인은 스스로가 경험하는 특수한 사례를 통해 선험적인 도덕 원칙을 인식할 수 있는가?"라는 문제를 다룬다.[10] 이때 '판단력'은 "특수한 사례에 보편적인 원칙을 적용하거나 특수한 사례에서 보편적인 원칙을 찾아내는 능력"이고, '선험적'이라는 말은 경험을 초월했다는 말이 아니라 시간적으로나 논리적으로 먼저 규정한다는 의미다. 즉 '판단력'은 자연을 통해 선험적 원리를 파악하는 '지성'과 자유를 바탕으로 선험적 법칙을 규정하는 '이성'을 연결하는 또 다른 인식능력인 것이다.[11]

　판단력 중에서도 '반성적 판단력(reflektierende Urteilskraft)'이 정치적으로 중요하다. 칸트는 '반성적 판단력'을 보편적 원칙이 주어지지 않았을 때 잡다한 경험적 실체와 표상 속에서 보편을 찾아내는 능력으로 정의한다.[12] 따라서 특수한 사례를 보편적인 원칙에 따라 인식하는 '규정적 판단력(bestimmende Urteilskraft)'과는 달리, 반성적 판단력은 대상에 대한 주관적 입장이 반영되기 때문에 법칙을 수립하기 위한 객관성을 확보하는 과정에서 의사 전달을 통해 다른 사람들의 견해와 자신의 것을 비교하는 절차가 요구된다.[13] 아울러 즐거움이나 고통과 같은 개인적이고 주관적인 감정들이 특정한 목적도 없이 일련의 규칙으로 수렴되는 과정에서, 반성적 판단력은 정립과 반정립

의 변증법적 과정을 통해 자율적 개인들이 입법자로서 정치적 의사
결정에 참여하는 능력이 된다.[14]

반성적 판단력이 갖는 '자연적 합목적성(Zweckmäßigkeit der Natur)'
에 대한 논의도 주목할 필요가 있다. 칸트는 자연적 합목적성을 "객
관 또는 특정한 목적 개념을 부가하지 않고서도 반성을 통해 다양한
주관적 판단들이 일련의 법칙으로 규정되는 형식"으로 정의한다.[15]
그리고 동일한 맥락에서 판단력의 역할을 객관적이고 일반적인 원칙
수립이 아니라 개개인의 반성을 규제하는 선험적 법칙을 제공하는
것으로 제한하고, 판단력의 자연적 합목적성이 제공하는 법칙을 '구
성적(構成的) 원리'가 아니라 '규제적 원리(regulatives Prinzip)'에 불과하
다고 부언한다.[16] 판단력은 주어진 현상들의 객관적인 법칙을 제공할
수 없고,[17] 단지 경험적 법칙들이 하나의 통일된 틀 속에 있는 것처럼
느끼게 만들 뿐이라는 것이다.

비록 칸트가 의도한 바는 아니지만, '규제적 원리'는 민주주
의 정치 이론가들에 의해서 민주적 심의를 위한 '조정 원칙(regulative
principle)'으로 재구성되었다. 한편으로는 "온전히 실현할 수는 없지
만 정치적 행위의 결과를 평가할 수 있는 잣대"로,[18] 다른 한편으로는
"심의 내용을 규정하지 않고서도 심의 과정을 규제함으로써 민주적
절차를 통해 의사를 수렴할 수 있는 원칙"으로 응용된 것이다.[19] 공
리주의의 '효용'과 같은 '제Ⅰ원칙(the first principle)', 즉 다른 모든 원칙
들을 미리 규정하는 일반적 원칙을 거부하면서도 민주주의의 이상을
달성하려는 정치 이론가들에게 '규제적 원리'가 영감을 준 것이다.

칸트

영구평화론

　1795년에 발표된 「영구평화론」은 칸트의 정치철학을 가장 체계적으로 보여 주는 저술이다. 그래서 이 논문에 담긴 세 가지 주제는 오늘날에도 활발하게 연구되고 있다. 첫째는 칸트의 공화주의다. 그는 영구평화를 위한 제 I 확정조항을 설명하면서, 민주정체와 구별된 공화정체의 특징으로 '대표성(Repräsentation)'을 제시한다.[20] 이를 위해 그는 세 단계의 논리적 추론 과정을 거친다. 먼저 공화정체의 정치사회적 조건으로 '법률적 자유', '법을 통한 통치', 그리고 '시민적 평등'을 제시한다. 다음으로 공화정체의 의사 결정 과정에서 시민적 동의의 중요성을 부각시킨다. 마지막으로 "모두가 모든 것을 결정하기에 전제적(專制的)일 수밖에 없는" 민주정체와 "입법과 행정이 구분되어 대표에 의해 통치되는" 공화정체를 구분하고, 후자만이 '법의 개념(Rechtsbegriff)'에 부합한다고 주장한다.

　이 과정을 통해 칸트는 루소의 정치철학을 사실상 거부한다.[21] 보다 구체적으로, 그는 '정치권력의 행사방식(forma regiminis)'과 '주권의 형태(forma imperii)'를 구분하고, '일반의지(volonté générale)'의 자기입법으로서 인민의 직접적인 통치를 거부한다. 이때 정치권력의 행사 방식은 통치의 방식과 연관되고, 주권의 형태는 '누가 다스리느냐?'의 문제와 관련된다. 이후 주권의 형태는 '정치권력의 담지자가 가진 의지가 어떻게 관철되느냐?'의 주제로 전환되고, 결국 '규제적 원리'를 통해 반성적 판단력이 기능할 수 있는 대의적 공화정체가 정치권력과 일반의지의 일체성이 자의적 지배로 귀결될 수 있는 민주정체보다 우월하다는 주장으로 수렴된다.

둘째는 정치와 도덕의 화해다. 전체적으로, 칸트는 『도덕 형이상학을 위한 기초 놓기』에서 표명한 "정치에 대한 도덕 또는 윤리의 우위"를 유지한다.[22] 그러나 영원한 평화의 실현을 위해 고민하는 '도덕적 정치인(moralischen Politiker)', 즉 "도덕을 정치에 이용하기보다 도덕적 요구와 정치적 신중함의 균형을 끊임없이 고민하면서 개개인의 다양한 의지를 총합해 법률을 창출할 수 있는 정치가"에 대한 서술은 그의 입장을 정치에 대한 도덕의 일방적 우위로 단순화할 수 없다는 결론에 이르게 한다.[23] 또한 "정치와 도덕의 갈등은 단지 주관적으로 존재할 뿐 객관적으로 존재하지 않는다."는 정언명제에서 정치적 행위를 '도덕적 의무'가 아니라 '법적 의무'와 결부시킨 것도,[24] 그가 정치와 도덕의 긴장을 해소하기 위해 부단히 노력했음을 보여 준다.

셋째는 세계시민적 평화이론이다. 최근까지 칸트의 평화이론은 크게 두 가지 방향에서 지속적으로 논쟁을 양산하고 있다. 첫 번째 방향은 소위 '민주주의 평화(democratic peace)' 이론이다.[25] 전술한 바 있듯, 칸트는 민주정체가 아니라 공화정체를 개인과 국가 사이의 평화로운 공존을 위한 필수적인 조건으로 이해했다. 그러나 그가 정의한 공화정체의 정치적 원칙들은 오늘날 지구적 차원에서 보편적으로 받아들여지는 민주주의의 주요한 제도적 원칙들을 대부분 포섭하고 있다. 따라서 "자유롭고, 자율적이며, 평등한 개개인들이 인간적 존엄과 시민적 권리를 향유하는 국가들의 연방체제(Föderalism)에 세계

평화가 기초해야 한다."는 칸트적 전제가 민주주의와 세계 평화의 상관성을 주장하는 국제정치 이론가들에게 코페르니쿠스적 혁명으로 간주되는 것은 어쩌면 당연한 일인지도 모른다.[26]

두 번째 방향은 '세계시민주의(cosmopolitanism)'다. 칸트는 '평화적 연맹(Friedensbund)'과 '평화조약(Friedensvertrag)'을 엄격하게 구분하고, 전자가 기초할 연방의 이념(Idee)으로서 세계시민주의를 주창한다.[27] 이때 세계시민주의는 국가들 사이의 조약에 기초하는 '세계주의(internationalism)'와는 대조되고, 하나의 정체에서 모두가 같은 시민이 되는 '세계공화국(Weltrepublick)'보다는 소극적인 목적을 달성하기 위한 이념이다. 그리고 세계시민주의의 내용은 '보편적 환대(Hospitalität)'의 원칙을 법제화한 세계시민법으로 구체화되고, 동일한 맥락에서 '환대'는 도덕적 의무가 아니라 개개인이 외국인일 때에도 보장받아야 할 하나의 '권리(Recht)'로 제시된다.[28] 롤스(John Rawls)의 '만민법'에서 보듯,[29] 바로 여기에서 세계정부의 이상이 아니라 개개인의 인간적 존엄성에서 출발해 국가들 사이의 평화적 공존을 논의하는 근대 세계시민주의의 전통이 수립되었다.

42

헤겔 Georg Wilhelm Friedrich Hegel, 1770-1831

무엇을 위해 투쟁하는가?

헤겔식 역사철학의 정치철학적 귀결이자 인륜적 공동체의 시작을 의미하는 인정투쟁이 최근 각광을 받고 있다. 자기실현의 조건으로서 정체성에 대한 관심이 커질수록, 사회적 관계를 통해 구현될 수밖에 없는 개개인의 자유에 대한 보다 폭넓은 이해가 요구되는 것이다.

혜겔은 그리스 비극을 좋아했다. 특히 소포클레스(Sophocles)의 작품들은 도서관에서 책과 씨름했던 김나지움 시절부터 베를린 대학에서 학생들을 가르쳤던 만년의 시기까지 그의 철학적 고민 깊숙한 곳에 자리 잡고 있었다. 그렇기에 『안티고네(Antigone)』는 첫 출세작인 『정신현상학(Phänomenologie des Geistes)』(1807)에서도, 학자적 성숙기의 정치철학적 사유가 집약된 『법철학(Grundlinien der Philosophie des Rechts』(1821)에서도 등장한다. 그리고 아리스토텔레스의 『시학(Peri poetikes)』 이후 가장 뛰어난 미학서로 간주되는 『미학강의(Vorlesungen über die Ästhetik)』(1835)에서도 또다시 거론된다.

전적으로 인간적인 감정과 행동으로 전환되었지만, 흥미롭게도 동일한 모순(Gegensatz)이 가장 숭고한 예술작품 중의 하나이자 시대를 초월해 모든 측면에서 가장 탁월한 예술작품인 『안티고네』에서 나타난다.

이 비극 속에서는 모든 것이 논리적으로 필연적이다. 국가의 공적인 법(Gesetz)이 내면적인 가족사랑(Familienliebe)과 형제에 대한 의무(Pflicht)와 대립하고, 여성으로서 안티고네는 가족의 이해(Familieninteresse)를, 남성으로서 크레온은 공동체의 행복(Wohlfahrt)을 자신의 파토스(Pathos)로 갖게 된다.[1]

헤겔은 소포클레스가 말하고자 했던 '회복 불가능한 절망적 대립'을 화해시키려고 시도하고 있다. 이런 그에게 그리스 비극이 전달하고자 했던 "신이 아닌 인간이기에 어쩔 수 없이 받아들여야 할 비극적 운명"에 대한 공포와 연민은 없다.[2] 대신 결코 양보할 수 없는 판단 기준을 가진 주인공들의 충돌(Kollision), 즉 안티고네의 '가족'이라는 가치와 크레온의 '국가'라는 가치가 대립함으로써 겪게 되는 다른 종류의 공포가 제시된다.[3] 그리고 이 주인공들이 각자의 인륜적 가치에 근거해서 보여 주는 행동의 변증법적 통합을 통해, 관객들은 감정적 선호를 넘어 절대적 가치를 찾는 '화해(Aussöhnung)'의 길로 인도된다.[4]

이렇게 헤겔은 고대 그리스 비극에 대한 자기만의 이해를 통해 근대 사회계약의 전통을 극복하려 노력한다. 그는 우선 사회적 갈등의 원인을 홉스와 같이 '자기보존'의 이기적 욕망에서 찾지 않고, 각자가 갖는 인륜적 삶을 인정받으려는 도덕적 충동에서 비롯된 것으로 이해한다.[5] 또한 헤겔은 개인의 자율성에 바탕을 둔 칸트의 '도덕성(Moralität)'을 사회적 관계를 통해 정립될 수밖에 없는 객관적 책무

이자 자유의 실현인 '인륜성(Sittlichkeit)'이라는 개념으로 보완한다.[6]
이 과정을 통해 근대국가는 절대정신의 구현이자 윤리적 총체로서
재조명을 받게 되었다.

칸트와 헤겔

헤겔은 칸트가 자연적 존재 또는 역사적 사실이 아니라 인간 스
스로의 자율적 의지로부터 지식의 근본 원리를 도출했다는 점을 높
이 평가한다. 초인간적인 신(神)이나 대상(對象)으로서의 자연으로부
터 객관적 지식을 찾았던 철학적 전통에서 벗어나, 사고하는 주체로
서 인간의 주관성(Subjektivität)에 바탕을 둔 보편적 지식을 역설했던
칸트의 관념론을 받아들인 것이다. 반면 헤겔은 칸트가 사물과 지식
을 엄격하게 구분함으로써 '절대적 진리(absolute Wissen)'를 파악하는
데에는 궁극적으로 실패했다고 본다.[7] 사물의 본질을 인식 가능한 것
에 국한함으로써 객관적 지식을 주관적 판단의 형식으로 환원시켰다
는 것이다. 한마디로 헤겔 자신은 "지식이 사물의 본질과 일치하는"
진정 객관적인 지식을 파악할 수 있다는 것이다.
　칸트의 주관주의에 대한 비판을 통해 헤겔이 의도한 바는 선험
적 지식과 대상으로서 사물의 구분에 내재한 문제를 논리적으로 따
져 보려는 것이 아니었다. 그가 목적한 바는 초인간적 신 또는 초월
적 자연과의 합일을 통해서라도 지식의 궁극적인 근원을 찾으려 했

칸트

던 전통 형이상학의 요구를 완전히 폐기해서는 안 된다는 점을 설득하는 것이었다.[8] 따라서 그는 선험적 인식이 결과적으로는 경험된 바에 제한되는 주관주의의 근원적 한계를 넘어서, 절대적 진리의 근원인 절대자(Absolutes)를 보여주려 노력한다.[9]

칸트와 헤겔의 차이는 '법'과 '형벌'에 대한 각자의 시각에서도 잘 드러난다. 두 사상가 모두 인간의 자율적 의지에 기초해 개개인의 행위에 대한 책임을 강조하고, 불법 행위에 대한 '응보(應報, ius talionis)'적 처벌을 법의 예방적 효과보다 중시했다. 특히 칸트는 살인죄에 관해서만큼은 '응보'의 적용을 고수하고, 동일한 맥락에서 '사형제도'의 필요성을 역설한다.[10]

살인을 하거나, 살인을 명령하거나, 또는 살인에 가담한 사람이면 누구든지 사형을 당해야 한다. 이것이 사법적 권위(richterlichen Gewalt)라는 하나의 이념으로서 정의(Gerechtigkeit)가 선험적 원리에 기반을 둔 보편적 법칙에 의거해서 요구하는 바이다.[11]

헤겔도 형벌을 응보로 이해한다. 그는 형벌이 '보복(Wiedervergeltung)'이라는 성질을 일정 부분 가질 수밖에 없으며, 특히 살인에 대한 처벌은 살해를 당한 생명을 대체할 어떤 가치도 창출할 수 없기에 "오직 살인자의 생명을 박탈하는 것에서만 동등성(Gleichheit)을 확보할 수 있다."고 주장한다.[12] 같은 맥락에서 그는 개개인이 불법에 대한 처벌에 대해 사전에 동의했으므로 형벌은 정당성을 갖는다고 주장하는 사회계약적 입장, 그리고 형벌의 효용성을 심리적 강제를 통한 범죄 예방에서 찾았던 공리주의적 견해를 비판한다.[13]

그러나 '법적 의무(Rechtspflicht)'와 '도덕적 의무(Tugendpflicht)'를 구분하고 후자의 내적 동기와 구별된 외적 행위에 가해지는 강제로 형벌을 바라보는 칸트의 견해에 대해, 헤겔은 부정적인 태도를 취한다. 헤겔은 실정법적 처벌도 '정언명령(kategorischer Imperativ)'이나 '최고의 선(das höchste Gut)'을 통해 정당성을 부여받을 수 있다는 정도의 해명에 만족할 수 없었던 것이다.[14]

> 범죄자에게 가해지는 침해(Verletzung)는 그 자체로 정당할 뿐만 아니라(그리고 정당하기 때문에, 이 침해는 범죄자의 의지(Wille)이고, 자유의 경험적 실체(Dasein)이며, 권리(Recht)이다.) 또한 이러한 침해는 범죄자 자신에게는 하나의 권리이기도 하다. 이 권리는 그의 현존하는 의지, 그리고 그의 행동 속에 이미 정립되어 있다.[15]

위에서 보듯, 헤겔은 범죄자가 불법을 저지르는 행위를 내적 동기와

헤겔

구분이 가능한 외적 행위가 아니라 "이성적인 존재로서 자기가 의지한 바를 보편적인 법칙으로 수립하려는 행동"으로 본다. 즉 법에 이미 내재하는 보편적 규범성이 아니라 자율적인 '인격체(Person)'로서 범죄자의 행동을 통해 드러난 의지에 주목하고, 만약 범죄자가 형벌을 회피한다면 결국 자기의 행동을 통해 보편적으로 타당하다는 것을 보여 주려던 바를 스스로 부정하는 자기모순에 빠진다는 점을 부각시키려고 했던 것이다.[16]

이렇듯 헤겔은 칸트의 '자율적 개인'을 받아들이지만, 궁극적으로는 자기만의 독특한 방식으로 형벌의 필연성을 정당화한다. 이때 법과 도덕은 구분되는 것이 아니라 통합되고, 법의 규범성은 개인의 의지에 선재하거나 행위자로부터 독립된 것이 아니라 자율적인 인격체가 가지는 도덕적 능력에 의해 구성된다.[17] 동시에 처벌 대상은 사람들 사이의 관계에서 드러난 개개인의 행위에 국한되지 않고, 행위자의 인격적 기반으로서 권리를 포함한다. 따라서 형벌의 정당성은 개개인이 가지는 추상적인 인격성(Persönlichkeit)과 정치사회적 관계를 통해 구성된 제도적 윤리(institutionelle Ethik)를 모두 포괄하게 된다.

인륜적 공동체

헤겔에게 "그 자체로 존재하는 시원(始原)이며 외부 실재에 의존하지 않으면서도 스스로를 매개해서 보편성을 드러내는 존재", 곧

'즉자대자(即自對自)적(an und für sich)' 존재로서 절대자는 '정신(Geist)'으로 표현된다.[18] 그리고 절대자의 정신은 "자기(自己)를 부정해서 타자(他者)화하고, 이 타자 속에서 자신을 발견하고 새로운 주체로 합일되는 의식(Bewußtsein)의 반복적 운동"을 통해 축적된 객관적 진리의 총합이고,[19] 이러한 총체적 진리는 의식이 대상을 파악하는 척도로 사용하는 '앎(Wissen)'을 수정하는 지난한 과정을 통해 경험되며,[20] 의식이 마침내 포착한 자기 스스로의 본질이자 절대자의 정신에 대한 학문이 곧 '절대적 진리' 또는 '절대지(絕對知)'다.[21]

절대자에 대한 '앎'의 발전 과정은 현실 세계에 대한 사유에도 고스란히 적용된다. 헤겔은 정치와 도덕, 그리고 존재와 당위의 구분을 거부하고, 정신의 외현으로서 현실 세계에서 인간의 도덕성을 확인하려 했다.[22] 또한 그는 개개인이 삶을 영위하는 터전으로서 국가의 이성적 근거를 밝히려고 시도한다.[23] 이때 개개인이 현실 속에서 스스로를 파악하는 의식의 본질은 '의지(Wille)' 또는 '자유(Freiheit)'로 특화되고,[24] 개별적 의지가 부정되고 개개인의 소망이 공동체의 의지로 보편화되고 법제화된 것이 '국가(Staat)'로 정의된다.[25]

따라서 헤겔은 국가가 단순히 외적 강제 또는 합법성만으로 시민들의 자유로운 의지를 억압할 수 없다고 생각했다. 그에게 국가는 개개인에게 개별의지를 지양(止揚)할 수밖에 없는 보편적 원리(Prinzip)로 나타나야 하고,[26] 시민들이 이기심을 버리고 공동체적 연대를 갖게 되는 도덕적 책무로서 '인륜(Sittlichkeit)'을 제시할 수 있어야 한다.[27] 동시에 국가 사이의 관계에 있어서 개별 국가는 특수한 개체로 실재하고, 개별 국가가 달성한 민족정신들(Völkergeister)은 세계정신(Weltgeist)을 통해 옳고 그름을 판정받으며, 시대정신(Zeitgeist)에 못 미치는 국가는 "절대정신의 자기실현 과정"이자 "인륜적 삶으로서 자유의 이념이 현실화되는 과정"으로서 세계사라는 '하나의 법정(ein Gericht)'에서 준엄한 심판을 받는다.[28]

사실 '인륜적 공동체로서 국가'에 대한 헤겔의 논의는 상반된 평가를 불러일으킨다. 한편에서는 '자유'에 주목하고, 다른 한편에서는 '공동체'에 주목하는 것이다. 그러나 "국가는 자유라는 이념을 실현하도록 노력해야 한다."는 전제를 통해 두 입장의 차이는 크게 줄어든다. 개인의 자율성을 강조하더라도 "자유는 인간성의 본질"이라는 말로 무분별한 갈등이 공존의 기반마저 훼손하는 것을 용인할 수 없다.[29] 동시에 공동체를 강조하더라도 "개인이 국가를 통해서만 진정한 실체로 거듭난다."는 전제로 자유를 억압하는 국가 권력까지 정당화할 수는 없기 때문이다.[30] 문제는 헤겔의 저술에서 전체주의의 원형(原形)을 찾는 해석을 양산하는 언술들이다.

> 마키아벨리의 『군주론』은 이런 의미에서 기술되었다. 국가를 창건함에 있어, 일반적으로 소위 암살(Meuchelmord), 기만(Hinterlist), 잔인함(Grausamkeit) 등은 사악함을 의미하기보다 스스로와의 화해를 의미한다. 사실상 마키아벨리의 저술은 아이러니로 간주되어 왔다. 그러나 마키아벨리는 서론과 결론에서 조국의 비극에 대한 깊은 애환과 애국적 영감이 그의 차갑고 신중한 가르침의 기저를 이루고 있음을 밝혔다.[31]

헤겔

헤겔은 마키아벨리가 부패하고 무질서한 사회에서 질서를 창출하거나 질서를 회복하기 위해 필요한 것으로 제시한 '제왕적 권력(potestà regia)'을 언급하고 있다.[32] 그리고 이러한 예외적 권력에 대한 옹호는 한편으로는 "국가를 창설하는 수단으로서 개개인들의 자유를 무력화시키는 원초적 폭력"으로, 다른 한편으로는 "세계사에서 절대정신을 실현하는 위대한 인간"에 대한 기술(記述)과 함께 헤겔의 정치적 현실주의에 대한 격렬한 논쟁을 불러일으킨다.

헤겔의 "위대한 인물의 폭력(Gewalt)"이 '국가권력(Staatsgewalt)'과 어떻게 연관되는지는 여전히 논쟁거리이지만,[33] 그가 마키아벨리를 통해 독일의 문제를 고민했다는 것은 의심할 여지가 없다.[34] 사실 프랑스와 독일의 비교에서 보듯, 그는 급진적인 진보도 반동적인 보수도 아니었다. 프랑스혁명이 주창한 정치적 원리들은 공감했지만, 인민의 집단행동을 통한 폭력적 변혁에 대해서는 불편한 심기를 숨기지 않았던 것이다.[35] 또한 애국심의 조건으로 국가에 대한 '신뢰(Zutrauen)'를 내세운 것에서 보듯, 그는 시민적 헌신만큼이나 개인의 자유를 중시했던 정치철학자로 이해되어야 할 것이다.[36]

인정의 정치

헤겔의 '단선적(linear)'이고 '목적론적(teleological)' 역사인식에 대한 불만은 탈식민지·탈근대 시대에 점증했다. 전술한 바 있듯, 헤겔에게 절대정신의 자기실현 과정은 개개인의 자유가 종교나 법률과 같은 정치사회적 제도를 통해 구체화되는 과정을 의미한다. 이 과정은 모든 국가들을 시대사적 과제를 완수한 국가와 그렇지 못한 국가로 평가하는 틀을 제공하고, 이 틀에서 시대정신을 실현함으로써 "현실적(wirklich)인 것이 이성적(vernünftig)인" 단계에 이른 서구사회와 "제도가 있어도 개인의 자유가 실현되지 못한" 단계의 비서구 사회가 선진과 후진으로 구분된다.[37] 이러한 구분은 결국 제국주의의 폭력적 침탈을 정당화하는 데에 악용되었고, 다른 문화에 대한 무분별한 차별을 불러일으켰다. 따라서 서구 중심의 근대적 기획과 제국주의의 폐해를 청산하려는 학자들에게 헤겔식 역사인식이 반드시 극복해야 할 하나의 장애물로 대두된 것은 그리 놀랄 일은 아니다.

그럼에도 불구하고 헤겔식 역사철학의 정치철학적 귀결이자 인륜적 공동체의 시작을 의미하는 '인정투쟁'과 관련된 논의들은 최근 더욱 각광을 받고 있다. 헤겔은 개인이 사회적 관계 속에서 자유를 실현하기 위한 최초의 동력을 '인정(Anerkennung)'이라는 비이성적 충동에서 찾았다. 이때 '인정'은 인간과 인간의 관계를 통해 개인이 자기를 의식하는 과정에서 고립된 '욕구'가 관계 속에서 '의지'로 전환된 것이다.[38] '사랑(Liebe)'을 통해 통합된 가족적 유대가 '자연적 인정'이라면, 개개인의 이기적 욕망들이 갈등하는 시민사회에서의 '관계적 인정'은 이른바 법제도를 창출하기 위한 "생사를 건 투쟁(Kampf auf Leben und Tod)"을 의미한다.[39] 즉 헤겔은 자신의 의지를 사회 속에서 필연적으로 인정받으려는 개개인의 충동으로부터 인륜적 삶의 발전을 추동하는 긴장을 발견한 것이다.

특히 예나(Jena) 대학교에서 강의하던 때, 헤겔은 '인정투쟁'의 궁극적인 목적이 "다른 사람과 동등하게 자유로운 인격체로 인정받는 것"에 있다는 점을 부각시킨다.[40] 이런 입장은 이후 『정신현상학』에서도 "지배와 예속의 관계에서는 순수한 의미에서 인정이 성립될 수 없다."는 주장을 통해 거듭 확인된다.

실질적인 인정(eigentlichen Anerkennen)이 [주인과 노예의] 계기에는 결여되어 있다. [제대로 된 인정이라면] 주인(Herr)은 상대방에게 행하는 바를 자기 자신에게도 행해야 하고, 노예(Knecht)는 자기 스스로에게 하는 바를 주인에게도 해야 한다. 그렇기에 [주인과 노예의 관계]에서의 인정은 일방적이고 불평등하다.[41]

위에서 보듯, 노예는 자유를 향유하지 못하기 때문에 주인으로부터 인정받지 못하고, 주인은 노예의 노동에 의지함으로써 "자기가 사용하는 사물을 통해 자기의식을 갖는 과정"으로부터 송두리째 소외된다. 정리하자면 헤겔의 '인정투쟁'은 한편으로는 지배와 예속의 상태에서는 타자로부터 자신을 자각하는 진정한 의미에서의 인정이 불가능하다는 점을 설득하고, 다른 한편으로는 법제도를 통해 서로가 동등하게 인정받는 인륜적 삶을 창출하기 위해서라도 주인과 노예의 관계를 해소할 필요성을 부각시키고 있는 것이다.

이런 맥락에서 헤겔의 '인정투쟁'은 크게 두 가지 측면에서 주목받고 있다. 첫째, 홉스 이후 지속된 사회계약적 인식에 대한 도전이다. 실제로 헤겔은 홉스와 같이 전(前)정치적 상태, 즉 개개인들이 흩어져서 자기들의 이기적 욕망을 충족시키기 위해 상호 투쟁하는 상태를 '자연상태'라고 정의하는 사회계약적 전통을 못마땅하게 생각했다. 그는 "이런 상태에서는 결코 타자의 존재를 전제하는 자연적 권리를 추론할 수 없으며, 법제도를 논의하기 위해서라도 최소한의 상호성을 전제해야 한다."고 믿었던 것이다.[42] 동일한 맥락으로 헤겔의 인정투쟁은 개인의 자율성과 사회적 공공성을 조화시키려는 입장에서, 그리고 다문화주의에서 보듯 정치사회적 권리만큼이나 개개인의 정체성을 강조하는 입장에서 활발하게 연구되고 있다.[43]

둘째, 민주주의 사회에서 정치사회적 불평등을 초래하는 문제의 핵심을 '분배'에서 '인정'으로 전환시키려는 노력이다.[44] 이러한 노력은 일차적으로 "정체성과 같이 상호인정과 관련된 논의는 사회정의의 문제를 모두 포괄할 수 없다."는 비판에 대한 응답에서 시작되었다.[45] 자기실현의 조건으로서 분배와 인정을 독립적으로 보기보다 융합된 것으로 보아야 하고, 분배가 특정 가치의 인정투쟁을 동반하는 정치사회적 합의를 통해 이루어진다는 점에서 인정의 문제는 경제적 문제를 포함할 수 있다는 것이다. 현재 이 논쟁은 민주주의 사회에서

'동등한 정치적 참여'의 실질적 보장의 문제로 전환되었고, 동시에 '민주적 심의를 통해 정치사회적 요구를 수렴하는 과정에서 윤리적 고려가 필요한가?'에 대한 고민으로 귀결되었다. 두 과정 모두 '배제' 또는 '무시'에 대한 헤겔의 성찰에서 비롯된 것이다.

43

밀 John Stuart Mill, 1806-1873

자유의 조건은 무엇인가?

밀의 정치사상은 오랫동안 자유주의자들로부터 홀대를 받았다. 그러나 그는 누구보다 개인의 자율성을 중시했던 자유주의자였다. 그는 모든 형태의 전제를 경멸했던 정치철학자였으며, 소수의 의견이 청취될 수 있도록 민주주의를 수정하려 했던 정치가였다. 한마디로 그는 자유주의의 또 다른 가능성을 찾으려 했던 사상가였다.

밀은 『자서전(Autobiography)』(1873)에서 아버지 제임스 밀(James Mill)의 일상을 스토아적이고 엄격한 도덕률로 회고한다. 잡지에 글을 써서 받는 원고료 외에는 수입이 없으면서 누구에게도 빚지지 않았고, 스스로를 옭아매었던 규율을 자녀들에게도 적용했으며, 종교마저도 도덕적 삶의 장애로 여겼을 정도로 매사에 철저했다는 것이다.[1] 반면 밀은 스스로를 열정적인 인물로 묘사한다.

> 자연스럽게 프랑스혁명은 나의 감정을 완전히 사로잡았다. 이 주제는 민주주의 투사가 되고자 했던 나의 어릴 적 모든 열망과 함께 했다.[2]

아버지로부터 배운 것 중에 논리학이 인생에서 가장 쓸모가 있었다고 고백했지만, 그는 그리스 철학만큼이나 로마의 역사를 좋아했다.[3] 그는 늘 사회경제적 불평등과 정치사회적 부조리에 민감했다. 1823년

아내 해리엇 테일러 밀

《웨스트민스터 리뷰(Westminster Review)》를 창간했을 때에도, 아내 해리엇(Harriet Taylor)과 함께 『자유론(On Liberty)』(1859)을 집필했을 때에도 그는 언제나 자유의 실현을 향한 열정으로 가득 차 있었다.

그렇기에 밀의 정치사상이 1950년대까지 자유주의자들로부터 홀대를 받은 것은 매우 역설적이다.[4] 그의 개혁적 자유주의가 이념적 대결을 통해 부당하게 재단되었던 것이다. 비록 스스로를 '사회주의자'라고 부르기도 했지만, 밀은 무엇보다 개인의 자율성을 중시하는 자유주의자였다. 그는 중앙집권뿐만 아니라 다수의 전제를 누구보다 경계했던 정치철학자였으며, 소수의 의견이 무시되지 않도록 민주주의의 제도적 개선을 요구했던 정치가이기도 했다. 한마디로 밀은 자유주의의 또 다른 가능성을 찾으려 했던 사상가였다.

『신국론』을 쓴 아우구스티누스

벤담과 밀

스스로 "정신사적 위기"였다고 회고하듯, 밀은 1826년 가을부터 심각한 사상적 혼란 속에서 방황했다.[5] 표면적으로는 갑자기 목적을 상실한 듯 무기력해진 정신적 공황이 이유였지만, 실제로는 아버지와 제러미 벤담(Jeremy Bentham)의 영향을 받아 그때까지 삶의 신조로 여겼던 공리주의가 송두리째 무의미하게 느껴지는 사상적 위기에 직면했던 것이다. 이러한 위기는 낭만파 윌리엄 워즈워스(William Wordsworth)의 시를 통해 각성하게 된 감정을 통한 사유의 가능성, 생시몽(Saint-Simon)과 오귀스트 콩트(August Comte)의 실증주의적 사회 분석을 통해 깨닫게 된 경험의 복잡성, 벤담과 아버지가 집착한 단순하고 명쾌한 논리에 대해 점증했던 지식사회의 비판, 이 모든 것들이 축적된 결과였다.

사실 벤담의 공리주의는 밀이 "다양한 측면(many-sidedness)'이라고 표현했던 개방적 사고를 만족시켜 줄 수 없는 내재적 한계를 갖고 있었다.[6]

> 자연은 인간을 고통(pain)과 쾌락(pleasure)이라는 두 주권자의 통치 하에 두었다. 고통과 쾌락만이 우리가 반드시 해야 할 바와 할 바를 결정한다. [……] 효용(utility)의 원칙은 [고통과 쾌락의 제국에] 종속됨을 승인하고, 그러한 종속을 사상체계의 기초로 상정하는 것이다. 그 목적은 이성과 법이라는 수단을 통해 행복한 사회구조를 세우는 것이다.[7]

벤담은 인간사의 모든 것이 '쾌락'과 '고통'으로 설명될 수 있다고 전제하고, 도덕의 기초를 주관적 판단이 아니라 '효용'이라는 객관적 기준에 맡겨야 한다고 주장한다. 이때 효용은 사물 또는 행동이 제공하는 쾌락의 강도와 지속을 말하고, 사회적 효용은 모든 사람을 하나로 계산해서 각각이 갖는 효용의 총합을 의미한다.[8] 따라서 벤담은 인간의 욕구나 감정을 인정하지 않는 금욕주의도, 느낌이나 연상에 따라 판단의 기준이 바뀔 수 있는 '공감'이나 '반감'의 원칙도 거부한다.[9] 대신 쾌락을 느끼는 개인이 아니라 그러한 감정을 유발한 사물이나 행위에 초점을 두고, 최대 다수에게 최대의 행복 또는 쾌락을 가져다줄 수 있는 법칙이나 원칙을 수립하는 것을 목적으로 한다.

밀에게 사상적 혼란을 준 부분은 벤담의 간단명료함을 넘어 지나치게 제한적인 감정에 대한 이해였다. 그는 새뮤얼 콜리지(Samuel Coleridge)에게 영향을 받은 지식인들과의 교분을 통해 표현의 자유가 전제해야 할 다양성에 주목하게 되었고, 결국 벤담이 말하는 감각적 쾌락만으로는 인간의 행복을 가늠할 수 없다는 결론에 이르렀다.

> 어떤 종류의 쾌락이 다른 것보다 더 바람직하고 더 가치 있다는 사실을 인지하는 것은 공리의 원칙에 상당히 부합한다. 다른 모든 것을 평가함에 있어서는 질(quality)을 양(quantity)과 마찬가지로 고려하면서, 쾌락의 측정은 반드시 양에만 의존해야 한다는 것은 불합리하다.[10]

밀은 벤담의 공리주의를 완전히 부정하기보다 '질적 쾌락주의

새뮤얼 콜리지

(qualitative hedonism)'라는 틀을 통해 공리주의에 쏟아진 비판을 극복하려 한다. 사실 벤담도 보다 고상한 쾌락을 위해 천박한 쾌락을 버리는 것, 즉 쾌락에 질적 차이가 있다는 것을 부정하지 않았다.[11] 그러나 벤담에게는 "만족한 돼지보다 불만족한 소크라테스가 되는 것이 더 낫다."는 주장을 받아들일 여지가 없다.[12]

반면 밀은 쾌락 또는 행복은 단순히 감각적 느낌이라기보다 개개인이 가치 있다고 느끼는 경험을 통해 드러나며, "도덕적이고 바람직한 삶"을 추구하는 개개인의 욕구를 배제하고 효용을 따질 수는 없다고 본다.[13] 다시 말하자면, 밀의 관심사는 쾌락 또는 효용의 측정이 아니라 도덕적 행위자로서 개개인의 품성 계발과 자기 발전이 가능한 정치사회적 조건의 실현이었던 것이다.

일반적으로 공리주의자들은 결과론적 윤리관을 고수한다. 이때 결과론은 '어떤 행위의 결과가 좋으면 그 행위는 옳다.'는 전제를 판단의 근거로 삼기 때문에, '아무리 좋은 결과가 예상되더라도 행위의 내재적 본질이 악하면 도덕적으로 용납될 수 없다.'는 의무론과 대조된다. 동시에 공리주의는 경험된 효용을 강조하기 때문에 초월적인 신(神) 또는 자연이 부여한 선험적 원칙을 절대시하는 종교적 윤리를 배격한다. 따라서 공리주의는 종종 '잘못된 수단도 더 많은 사람들에게 혜택이 돌아갈 수 있다면 용인된다.'는 몰도덕적 결과론과 동일시되기도 한다. 그러나 예외적 상황에서도 허용되기 힘든 경우를 일상에서 선택하는 공리적 준칙과 무조건 동일시하는 것은 무리가 있다.[14]

물론 밀의 공리주의도 결과주의다. 다만 일원적(monistic) 잣대를 고수했던 벤담과는 달리, 다양한 형태의 감정을 수용함으로써 도덕적 직관에 좀 더 다가섰다. 보편성이 결여된 이기적 쾌락을 거부하고, 협력 속에서 개개인이 자기 발전을 도모하는 과정에 주목했다는 것도 큰 장점이다. 반면 벤담의 공리주의에 내재한 평등주의적 요소, 즉 법칙이나 원칙을 상호 비교하는 과정에서 모든 사람의 쾌락이 동일한 비중을 갖는 공리주의의 민주적 특성이 다소 약화되었다.[15] 비록 사회적 자원의 공정한 분배에 초점을 맞춘 '평등주의적 자유주의' 진영으로부터 "사람들 사이의 차이에 둔감하다."는 비난을 받고 있지만,[16] 벤담의 공리주의가 당시 민주주의 발전에 기여한 바를 과소평가해서는 안 된다.

자유의 조건

『자유론』의 첫 문장에서 밀은 '시민적 자유(civil liberty)'를 의지의 문제가 아니라 제도적 원칙, 즉 "개인에게 사회가 정당하게 행사할 수 있는 권력의 본질과 한계"로 규정한다.[17] 정치적 규제 또는 간섭으로부터 자유롭게 행동할 수 있는 범위, 이른바 '소극적 자유'가 일차적 관심사처럼 보인다. 그러나 그의 주제는 곧 "다수의 전제(the tyranny of the majority)로부터의 자유"로 구체화된다. 사회적 전제(專制)가 정치적 폭압만큼이나 위험하기에, "집단 여론이 개인의 자율성을 침해할 수 없도록" 한계를 명확하게 하는 것이 무엇보다 중요하다는 점을 환기시키는 것이다.[18]

개인적으로든 집단적으로든 누군가의 행동의 자유를 정당하게 간섭할 수 있는 유일한 목적은 자기보호이다. 문명화된 공동체의 어느 구성원에게 그의 의지를 거슬러 권력이 정당하게 행사될 수 있는 유일한 목적은 다른 사람들에게 해를 끼치는 것을 막기 위함이다.[19]

주지하다시피 밀은 '자기보호(self-protection)'와 '위해방지(harm principle)'를 개개인이 스스로에 대해 가지는, 절대적 주권을 침해할 수 있는 정당한 근거로 제시한다. 그러나 이 원칙들은 단순히 개인의 자유를 지키기 위한 수단만은 아니다. 집단적 차원에서의 가해 가능성을 언급함으로써 그는 이 원칙들이 명백하게 타인의 권리를 침해

존 스튜어트 밀

하는 행위에 국한되는 것이 아니라는 점을 암시한다. 엄밀하게 말하면, 밀은 강제나 순응이 가져오는 문제보다 개인 또는 집단의 신념이 불러일으킨 갈등에 더 많은 관심을 기울인다. 강제나 순응은 시대착오적이고 비이성적이라고 제쳐 두었지만, 신념적 갈등이 유발한 가해 행위에 대해서는 매우 신중하게 접근한다. 왜냐하면 이 문제는 인간의 이성이 갖는 원초적 한계에서 비롯된다고 믿었기 때문이다.

> 다툴 수 있는 모든 기회가 주어졌음에도 논박당하지 않았기에 어떤 의견을 진리라고 추정하는 것과, 반박을 허용하지 않을 목적으로 그것을 진리라고 가정하는 것 사이에는 크나큰 차이가 있다.[20]

이렇듯 밀은 인간의 '오류가능성(fallibility)'을 인정하고, 대다수가 공유하는 의견이라도 반박하고 다툴 수 있을 때에만 '완전한 자유(complete liberty)'가 보장된다고 생각했다. 그리고 이러한 조건이 확보되면 "토론과 경험을 통해 자신의 실수를 교정할 수 있는 능력"을 가지고 올바른 길을 찾아갈 수 있다고 믿었다.[21] 이때 밀에게는 자기에게 국한된 자유와 타인과 관련된 자유의 구분이 없다. 내면적 의식, 자기의지, 결사라는 세 가지 자유의 영역 모두 사상의 자유와 토론의 자유를 통해 결합되고 풍부해진다.[22]

문제는 사상의 자유와 토론의 자유가 자기보호와 위해방지라는 원칙과 어떻게 조화되느냐는 것이다. 만약 밀이 목적으로 한 바가 '진리'였다면, 전자의 자유는 후자의 원칙과 충돌할 수밖에 없다. 그러나 그가 초점을 맞춘 것은 '자유'였기 때문에 두 가지 원칙은 시민적 자유를 위한 정치사회적 조건으로 기능한다. 이 과정에서 '다수의 전제'에 대한 우려는 토론을 통해 여론을 정화할 수 있는 제도로 전환되고, '여유 계급(leisure class)' 또는 '사려 깊은 사람'에 대한 기대는 시민적 자유의 전제이자 결과로서 '다양성'이 가져다줄 효용에 대한 확신으로 귀결된다. 그리고 이를 바탕으로 종교적 진리도 자유로운 토론을 전제하고, 표현의 자유를 보다 적극적으로 옹호하는 개혁적인 자유주의가 확립되었다.

대의정부론

제임스 밀은 『정부론(Government)』(1820)이라는 소책자에서 "선거제도를 적절하게 기획한다면, 보이지 않는 손을 통해 공공의 이익이 신장될 수 있다."는 주장을 전개했다. 이러한 결론에 도달하기 위해 그가 보여 주는 논증은 이기적 개인의 본성과 효용에 대한 공리주의적 이해를 적절하게 결합하는 것이다. 구체적으로 그는 개개인은 이기적 선호로 표현되는 각각의 행복을 추구하고, 공공의 이익은 공동체 구성원의 이기적 선호의 총합이라고 전제한다.[23] 그리고 공공의 이익을 혼합정체(민주정, 귀족정, 군주정이 혼합된 정치제체)에서만 달성할 수 있다고 주장하고, 최선의 방식으로 시민들의 투표를 통해 대표를 선출하고 교체하는 '대의제'를 제시한다.[24] '최대 다수의 최대 행복'이라는 공리주의적 전제가 애덤 스미스(Adam Smith)의 경제이론과 결합해서 낙관적 전망을 만들어 낸 것이다.

밀은 『대의정부론(Considerations on Representative Government)』(1861)을 통해 아버지 제임스 밀의 벤담식 정치 이론을 크게 두 가지 방향에서 수정한다. 첫째, 정부의 목적이 단순히 개개인의 이기적 선호의 총합을 극대화하는 데에 있다는 논리를 극복하고자 노력한다. 그는 좋은 정부의 기준으로 시민 각자의 '인간성(humanity)'의 계발과 증진을 제시하고, 개개인의 '윤택한 삶(well-being)'뿐만 아니라 공동체 구성원의 '덕성(virtue)'과 '지능(intelligence)'의 총량을 증대시키는 것이 정부의 목적이 되어야 한다고 주장한다.[25] 벤담과 밀의 공리주의에 대한 비판이 공동체 구성원의 자기 계발과 인간성의 증진이라는 보다 질적인 정부의 목적으로 수렴된 것이다.

둘째, 공리주의의 산술적 평등이 초래할 수 있는 문제점을 극복하기 위해 노력했다. 밀도 '대의제'를 가장 이상적인 정부 형태로 간주한다. 그러나 그는 대의제를 단순히 공동체 구성원의 총의를 모으는 수단으로 취급하지 않았다. 아울러 비록 효과적으로 공공선을 구현할 수 있다 하더라도, '선한 독재(good despotism)'와 같이 대부분의 구성원들이 정치 과정으로부터 배제된 정체를 바람직하다고 보지 않았다.[26] 대신 그는 대의제를 공동체 구성원들이 '심의'와 '토론'에 참여함으로써 이기적 선호를 넘어 공동체가 나아갈 바를 찾고, 이 과정을 통해 개개인이 스스로의 인간성을 계발하고 증진시킬 수 있는 제도적 장치로 보았다.[27] 따라서 그에게는 모두의 선호를 평등하게 보기보다 '계몽된 소수(instructed minority)'의 의견이 청취될 수 있는 제도가 필요했고, 비록 다수라 하더라도 특정 계급이 일방적으로 자신들의 의견을 관철시키는 '계급 입법(class legislation)'은 거부했다.[28]

밀이 주창한 대의제는 이른바 '숙련된 민주주의(skilled democracy)'다. 그는 모든 시민이 주권자로서 자기 발언권을 가지지만 숙련된 전문가가 적재적소에서 기능할 수 있고, 의사 결정 과정에서 다수의 사악한 이해(sinister interests)가 지배하는 것을 제어할 수 있는 민주주의를 꿈꾸었다.[29] 또한 그는 '숙련된 전문성'과 '공적 선의'를 가진 인물들이 유권자의 직접적인 이해로부터 독립된 의사 결정을 할 수 있는 미국식 상원제도를 옹호하고, 동일한 맥락에서 사법부의 독립뿐만 아니라 관료제의 효과적 운용이 민주주의의 성패를 좌우한다고 조언한다.[30] 종합하면, 그에게는 순수한 의미의 민주주의를 수정하지 않고서는 개개인이 이기적 선호를 넘어 계몽된 선호를 가질 수 없고, 민주적 의사 결정이 특정 개인 또는 계급의 이익에 종속되는 것을 막을 수 없다는 확신이 있었던 것이다.

밀의 민주주의 이론은 여전히 학문적 호기심을 불러일으킨다. 특히 세 가지 측면은 앞서 언급된 내용들과 함께 다시금 주목받고 있다. 첫째, 민족주의다. 그는 민주주의가 번영하는 데 있어 필수적인 조건의 하나로 '민족성(nationality)'을 지적하고, 민족성을 역사적 경험과 전통의 공유가 아니라 "민주적 합의에 기초하는 시민들의 집합이 가지는 속성"이라고 규정한다.[31] 이 같은 정의는 자유주의적 입장에서 민족주의의 전체주의적 속성을 순화시키려는 학자들에게 큰 영감을 제공했다.

둘째, 여성 문제다. 『여성의 종속(The Subjection of Women)』(1869)에서 밀은 남성과 여성의 '완전한 평등(perfect equality)'을 요구한다.[32] 비록 시대적 한계가 노정되기도 하지만, 남성과 여성의 차이를 차별로 귀결시키지 않는 제도의 구상에 필요한 기초적인 저술로 손색이 없다는 평가를 받고 있다. 셋째, 사회경제정책이다. 그는 『정치경제학의 원리(Principles of Political Economy)』(1848)에서 자본주의의 발전된 형태의 하나로 제시한 "노동자들이 공동으로 소유하는 기업"을 제시한다.[33] 이러한 협동조합적 기업에 대한 논의는 노동을 자기실현의 방식으로 이해하는 학자들에게 사회주의와 자유주의의 긴장을 해소할 하나의 대안으로까지 여겨진다.

44

마르크스 Karl Marx, 1818-1883

역사는 만들어지는가?

역사의 뒤꼍으로 밀려난 듯 보이지만, 마르크스의 정치철
학이 제기했던 문제들은 여전히 첨예한 갈등을 불러온다.
그렇기에 오늘날 누구도 마르크스의 유산이 여전히 규범
적 비판력을 갖고 있다는 것을 부인하지 않는다.

지금까지 가장 뛰어난 마르크스의 전기를 쓴 것으로 평가받고 있는 저명한 자유주의 철학자 이사야 벌린(Isaiah Berlin)은 1978년판 서문에 이렇게 썼다.

> 나는 이 책을 거의 40년 전에 썼다. 원래는 지금 것보다 두 배나 많은 분량이었지만, 출판사 편집자의 요구가 너무나 엄격해서, 철학, 경제학, 그리고 사회학적 주제에 대한 토론을 거의 없애고, 지적 이력에만 초점을 맞추었다.[1]

이제 막 삼십 대에 접어든 철학자에게, 그것도 공산주의 혁명의 소용돌이와 유대인에 대한 핍박을 피해 영국으로 이주했던 사상가로 하여금, 무엇이 마르크스의 전기를 쓰도록 만들었을까? 편집자의 요구가 없었다면 그는 어떤 주제들을 어떻게 소개하고 다루었을까?

이사야 벌린

주지하다시피 벌린은 전체주의적 폭력으로부터 개인의 자유를 지키기 위해 '강제로부터 자유' 또는 '간섭을 받지 않는 영역'을 의미하는 '소극적 자유(negative liberty)'의 제도적 보장을 요구했던 정치이론가였다.[2] 그리고 그는 평생을 교조주의에 맞서 다원주의를 구축하고자 노력했던 자유주의자였다.

> 내겐 결코 마르크스의 철학적 관점들이 특별히 고유하거나 흥미로워 보이지 않았다. 그러나 그의 철학을 연구하면서, 나는 그 이전의 사상가들, 특히 18세기 프랑스 계몽주의 철학자들(philosophes)을 탐구하게 되었다. [……] 비록 적절한 시점에 그들의 공통된 신념의 토대를 반박하기도 했지만, 나는 그 시기의 계몽주의에 대한 존경과 유대감을 잃어본 적이 없다. 내가 비판적이었던 바는 계몽주의의 경험적 결함을 제외하고는 그것이 가져온 논리적·사회적 결과였다. 마르크스와 그를 추종하는 사람들의 교조주의가 18세기 계몽주의의 확실성(certainties)에서 비롯되었다는 것을 깨달았던 것이다.[3]

위에서 보듯, 벌린은 마르크스의 교조주의에 반감을 드러낸다. 그렇지만 그는 마르크스로부터도 계몽주의자들에게 느꼈던 연대의 가능성을 발견한다. 특히 정치사회적 모순들이 도덕적 확신만으로 일거에 없어질 수 있다고 믿는 급진적 이성주의에 대한 반발, 그리고 인류의 역사가 투쟁으로 점철되었다는 역사 인식이 갖는 해방적 의미에 깊은 공감을 표한다.[4] 비록 역사 발전에 특정한 법칙이 있다거나 계급투쟁을 통해 인간사에서 갈등이 종식될 수 있다고는 전혀 생각하지 않았지만, 벌린도 개개인의 자기실현을 어렵게 만드는 사회경제적 구조에 대한 깊은 우려를 마르크스와 함께 나누었던 것이다.

역사의 뒤켠으로 밀려난 듯 보이지만, 마르크스의 정치철학이 제기했던 문제들은 여전히 첨예한 갈등을 불러온다. 물론 인간사에서 완전한 해결이란 존재할 수 없다. 그러나 사회주의가 퇴조하고 자유주의가 득세하는 오늘날에도, 누구도 마르크스의 유산이 여전히 규범적 비판력을 갖고 있다는 것을 부인하지 않는다. 그렇기에 교조적 마르크스주의에 가려졌던 마르크스의 정치철학에 대한 연구는 지속되어야 하고, '노동'과 '소외'를 비롯한 마르크스의 비판적 잣대들이 다시금 검토되어야 한다. 바로 이것이 자유주의 정치철학자 벌린이 마르크스의 전기를 통해 우리에게 보여주려 했던 바이기도 하다.

헤겔과 마르크스

몇몇 학자들은 마르크스의 정치철학을 1857년에 시작해서 1858년에 집필을 마친 『정치경제학 요강(Grundrisse)』을 중심으로, 철학적 고민이 수반된 전반기와 사회경제적 분석과 혁명적 실천이 압도적인 후반기로 나눈다. 그러나 학자에 따라서는 전반기뿐만 아니라 후반기도 여러 단계로 나누어 마르크스의 지적 발전을 고찰하기도 하고, 전반기이든 후반기이든 철학적 성찰과 사회경제적 분석이 괴리될 수 없다는 생각에 구분 자체에 의문을 제기하는 경우도 있다.[5] 즉 특정 시기를 '반(反)철학적'이라고 규정하거나 '진정한 마르크스'라고 부르는 것이 바람직하지 않을 수도 있다는 것이다.

예를 들면, 1841년 예나(Jena) 대학에서 박사학위를 받은 후 1842년부터 1년 동안 《라인 신문(Rheinische Zeitung)》의 편집장으로 일하면서 '급진적 자유주의'를 옹호한 시기, 프로이센 정부의 탄압으로 《라인 신문》이 폐간된 후 『헤겔 법철학 비판(Zur Kritik der Hegelschen Rechtsphilosophie)』을 집필한 1843년 말까지 소위 '혁명적 인문주의' 시기, 그리고 정부의 검열을 피해 1843년 11월 파리로 이주한 후 사회주의 작가들과 영국의 경제학자들과 교류하면서 자신만의 공산주의 정치이론을 수립한 시기로 전반기를 나누기도 한다.[6] 즉 전반기에도 1844년 『경제학·철학수고(Ökonomisch-philosophische Manuskripte)』가 모습을 드러낸 시점을 전후로 철학적인 시기와 사회경제적인 시기가 존재하는 것이다.

특정 시기에 구애받지 않는다면, 『헤겔 법철학 비판』은 마르크스의 정치철학뿐만 아니라 헤겔 이후의 지적 흐름을 읽을 수 있는 매우 중요한 저작이다. 왜냐하면 이 저술이 한편으로는 '청년헤겔학파(Junghegelianer)'로 대표되는 유럽의 지식인 운동을 반영하고 있고, 다른 한편으로는 마르크스 사상의 저변을 이루고 있는 이념들을 추적할 수 있기 때문이다. 특히 '시민사회(bürgerliche Gesellschaft)'에 대한 논의를 주목할 필요가 있다.

마르크스의 출생지인 독일 트리에르

　헤겔은 정치사회(politische Gesellschaft)로부터 시민사회의 분리가 모
순(Widerspruch)이라는 점을 감지함으로써 깊은 통찰을 보여 주었다. 그
러나 그가 이러한 해결의 가상(假想, Schein)에 만족하고, 그것이 실체
(Sache)인 척한 것은 잘못이었다.[7]

시민사회와 정치사회 또는 시민사회와 국가의 분리에서 근대사회의
모순을 발견했다는 점에서, 마르크스는 헤겔을 높이 평가했다. 그러
나 마르크스는 헤겔이 절대정신의 자기실현을 앞세워 "인륜적 공동

헤겔

체(Sittlichkeit)로서 국가를 통해 개개인의 소망이 공동체의 의지로 통합되어야 한다."고 주장한 바에 대해서는 반대했다.[8] 한마디로 시민사회와 국가의 관계가 역전되었다는 것이다.

헤겔의 시민사회는 가족과 국가의 중간 영역이고, 개개인이 법과 제도를 통해 국가로 통합되는 경로이다.[9] 이때 시민사회 속에서 개인은 자기 욕구에 충실한 이기적 행위자이면서, 동시에 다른 사람들과의 관계를 통해 자기를 실현하는 도덕적 인격체이다.[10] 그리고 시민사회는 한편으로는 가족적 유대를 상실한 개인이 노동과 경제활동을 통해 스스로의 의지와 자유를 실현하기 위해 노력하는 영역이고, 다른 한편으로는 특수이익과 보편이익의 형식적 균형으로서 법체계가 개개인의 상호관계를 통해 수립되는 공간이다.[11] 따라서 헤겔의 시민사회는 국가를 필요로 한다. 시민들이 이기심을 버리고 공동체적 연대를 갖게 되는 도덕적 책무의 총체로서, 그리고 시민사회에서 수립된 형식적 보편성의 객관적 실현으로서[12] 국가는 시민사회에서 유발된 문제들을 해결하고 개개인을 정치공동체 안으로 통합해야 한다.

반면 마르크스는 시민사회에서 개개인은 결코 화해할 수 없으며, 근대국가는 이러한 시민사회의 갈등으로부터 독립된 공공선을 추구하는 것처럼 보이지만 실제로는 특정한 개별적 이익이 보편적 이익으로 탈바꿈한 바를 실현할 뿐이라고 반박한다.[13] 이때 시민사회는 경제적 동기로 무장한 이기적인 주체들로 구성된 사회적 관계이고, 역사적 실체로서 시민사회는 개인의 사적 소유에 토대를 둔 부르주아 사회가 전통적인 국가로부터 해방됨으로써 획득한 정치적 성과물이다.[14] 아울러 시민사회는 입법을 통해 개별이익을 관철하는 실질적인 정치사회이며, 대의제와 관료제를 통해 드러난 근대국가의 역할은 특정 집단의 이익을 보편적 이익이라는 이름으로 보호하는 것에 불과하다고 지적한다.[15]

마르크스의 시민사회는 헤겔의 '인륜적 삶'보다 '만인의 만인에 대한 투쟁'으로 정의된 홉스의 '자연상태'와 더 유사하다. 사회계약의 결과로서 국가를 상정하지 않았을 뿐, 그는 시민사회를 이기적인 개개인이 투쟁을 통해 자신들의 의지를 관철하는 영역으로 이해한 것이다. 또한 그는 국가를 통해 개개인의 보편적 자유가 실현될 수 있다는 헤겔의 견해도 거부한다. 그에게 국가는 절대적 정신 또는 보편적 인륜을 구현하기보다 특정 집단의 개별의지를 보편의지처럼 드러내는 추상적 구조물일 뿐이다. 이후 이러한 시민사회에 대한 논의는 보다 직접적인 사회경제적 제안으로 귀결된다. 시민사회를 이기적 투쟁의 공간으로 전락시킨 사적 소유의 폐기를 통해서만 진정한

해방이 실현될 수 있다는 결론에 다다른 것이다.[16]

노동과 소외

마르크스는 『경제학·철학수고』에서 헤겔의 '노동(Albeit)'과 '소외(Entfremdung)' 개념을 자본주의 사회에서 노동자가 상품으로 전락해 가는 과정에 결부시킨다. 헤겔은 노동을 개개인이 스스로의 욕구를 충족시킴으로써 자기를 실현해 가는 과정이자 다른 사람과의 상호 의존적 관계를 창출하는 매개로 간주했다.[17] 그리고 '소외'는 '외화(外化, Entäußerung)'라는 개념과 함께 자기 또는 자기의 것을 대상화함으로써 스스로를 능동적으로 실현하는 과정과 결부된다.[18] 마르크스는 이 두 개념을 종합해서, 노동주체가 자신의 생산물을 통해 자기를 확인하는 과정 자체를 불가능하게 하는 자본주의 사회의 문제를 부각시키려고 한다.

마르크스는 소외를 네 가지 형태로 나누어 설명한다.[19] 첫 번째 형태는 '상품으로부터의 소외'다. 노동자가 생산한 상품이 노동자에게 귀속되지 않기 때문에 상품을 많이 만들면 만들수록 노동자는 더 값싼 상품으로 전락한다는 것이다. 두 번째는 '노동 과정으로부터의 소외'다. 노동이 다른 사람의 의지에 따라 강제됨으로써 노동자는 노동 과정에서 주체가 될 수 없다는 것이다. 세 번째는 '노동자 자신으로부터의 소외'다. 노동을 통해 스스로를 실현할 수 없어서 스스로로

카를 마르크스

부터 소외된다는 것이다. 네 번째는 '다른 노동자들로부터의 소외'다. 노동을 통해 상호 의존적 관계를 형성할 수 없기 때문에 다른 사람들로부터도 소외된다는 것이다.

이런 맥락에서 마르크스는 자본과 노동의 갈등으로서 계급투쟁을 통해 노동을 통한 자기실현의 과정을 복원해야 한다고 주장한다. 또한 사유재산의 존재양식을 역사적으로 분석함으로써 자본주의 사회경제적 구성체의 혁명적 전복을 역설한다.[20] 즉 마르크스에게 '노동의 소외'는 자본주의 사회의 모순을 객관화하는 도구이자 계급투쟁에 규범적 도덕성을 부여하는 논리적 연결고리인 것이다. 헤겔의 소외가 주관적 측면, 즉 삶의 세계에서 스스로를 자각하지 못하는 문제에 초점이 맞추어져 있다면, 마르크스는 개개인이 자기실현을 할 수 없도록 만드는 사회경제적 장애에 더욱 주목했던 것이다.

마르크스가 임금 노동자의 소외를 통해 보여 준 인류의 역사는 경험적 증거의 유무와 무관하게 비판을 받았다.[21] 노동과 자본의 긴장이나 생산력만으로 인류 사회의 발전 과정을 설명할 수 없다는 주장, 그리고 임금노동 또는 사회적 노동이 노동자를 의식화시킨다는 낙관론에 대한 불만이 줄기차게 제기되었다. 사실 마르크스는 노동의 소외를 사회경제적 관계 속에서 유발되는 도덕적이고 규범적인 갈등과 관련시키지 않았다. 따라서 사회적 갈등을 경제적 이익을 둘러싼 반감으로 국한시켰다는 지적으로부터 자유로울 수 없다. 그럼에도 불구하고 마르크스의 '노동의 소외를 통한 자본주의 비판'에 내재한 규범적 호소력을 완전히 부인할 수는 없다. 스스로를 확인하는 과정이자 자기실현의 경로로서 노동은 인간의 존엄성이 보장되는 정치사회적 조건과 결코 분리될 수 없기 때문이다.

정치와 역사

만약 역사적 유물론만 강조한다면 마르크스는 정치철학 자체를 거부한 사상가일 뿐이다. 왜냐하면 그의 역사적 유물론은 사회와 경제가 정치와 종교를 대체하는 역사적 과정에 대한 과학적 분석이고, 그가 확신하는 인류의 미래는 민주주의가 궁극적으로 국가를 해체해서 '자치'라는 완전한 자유를 획득하는 전망으로 가득 차 있기 때문이다. 마르크스가 꿈꾸던 민주주의가 반국가적이지 않았다는 주장도 있지만, 그의 역사적 유물론이 역사로 철학을 대체하려는 의도와 국가를 통한 외부적 강제가 없는 사회가 도래할 수 있다는 확신에서 비롯되었다는 사실은 누구도 부인할 수 없기 때문이다.

그러나 1851년 12월에 시작되어 1852년 3월에 마무리된 『루이 보나파르트의 브뤼메르 18일(Der achtzehnte Brumaire des Louis Napoleon)』(이하 『브뤼메르 18일』)은 마르크스의 정치사상을 역사적 유물론으로 무조건 치환시킬 수 없다는 점을 환기시켜 준다. 역사적 유물론에 입각한 계급투쟁의 역사에 대한 일반적 전제만큼이나, 역사적 국면마다 인간의 의지가 경로를 변경하는 이른바 정치적 개연성이 강조되고 있는 서술들을 어렵지 않게 볼 수 있기 때문이다.

헤겔은 어딘가에서 대단히 중요한 사실들과 인물들은 말하자면 두 번 일어난다고 말했다. 그런데 그는 다음을 덧붙이는 것을 잊었다. 처음은 비극(Trag?die), 다음은 풍자(Farce)라고 말이다.[22]

마르크스는 헤겔의 『역사철학강의(Vorlesungen über die Philosophie der Geschichte』(1837)에 나오는 한 구절을 언급하고 있다. 여기에서 헤겔은 로마의 역사를 설명하다가 "인류의 역사에서, 정치적 혁명은 반복되면 사람들이 승인한다."라고 전제한 후, "나폴레옹도 두 번 패배했고, 부르봉 왕가도 두 번 쫓겨났다. 반복됨으로써 처음에는 단지 우연인 것처럼 보이던 것이 실제적이고 공인된 실체가 된다."라고 말한다.[23]

사실 마르크스는 역사의 반복에 대한 자신의 견해를 다른 곳에서도 밝힌다. 따라서 그가 『브뤼메르 18일』에서 언급한 역사의 반복을 "옛 제도와 즐겁게 결별하기 위한 희극" 또는 "역사적 필연성에 대한 우회적 표현"으로 볼 수도 있다.[24] 그러나 『브뤼메르 18일』의 2판 서문에서 마르크스가 보여 준 '카이사르주의(Caesarism)'에 대한 적개심이 말해 주듯, 그에게는 사회경제적 토대뿐만 아니라 정치사회적 의식도 중요했다.[25] 게다가 『브뤼메르 18일』은 정치적 사건을 이해함에 있어서 경제적 이해뿐만 아니라 정치적 전통도 고려해야 하고, 특정 국면에서 개인의 심리, 전략적 판단, 그리고 집단적 의사 결정까지 모두 고민해야 한다는 점을 부각시키고 있다.[26] 즉 마르크스는 행위자의 행동이나 집단의 의식도 역사발전의 방향을 바꾸는 주요 독립변수로 여겼다는 점도 간과해서는 안 된다는 것이다.

이런 관점에서 볼 때,『브뤼메르 18일』의 세 가지 측면이 주목을 끈다. 첫째는 다양한 상부구조들이 정치적 행위자에게 미치는 영향이다. '질서당(Parti de l'Ordre)'이 농민계급을 동원할 때 사용하는 전통적 권위에 대한 서술이 보여 주듯, 집단적 행동은 사회경제적 이익이나 객관적 생산관계만큼이나 전통적 권위와 종교적 신념을 통해 결정될 수 있다.[27] 둘째, 정치 행위자의 선택이다. 마르크스의 분석에서 나폴레옹 3세와 프롤레타리아트 계급의 역할은 상대적으로 적다. 한 명의 카리스마를 떠올리는 카이사르주의도, 역사 유물론에 입각한 계급투쟁도 주안점이 아닌 것이다. 대신 다양한 부르주아 집단들의 합종연횡, 중간계급과 쁘띠부르주아의 복잡한 의사 결정, 그리고 관료제의 역할이 부각된다.[28] 셋째, 선거의 결과로서 독재의 출현이다. 마르크스는 특히 1848년 12월 10일에 실시된 전면적 보통선거를 통해 나폴레옹의 조카인 루이 보나파르트가 대통령으로 선출된 시점에 주목한다.[29] 그리고 급진주의자들의 6월 봉기 이후 공화파와 보수파의 연합, 농민의 시대착오적 행동, 중간계급의 안정에 대한 갈망, 그리고 나폴레옹 3세의 어설픈 기만, 이 모든 것들이 선거를 통한 독재의 등장에 기여했다는 점을 강조한다.

물론 마르크스는 자신의 정치 분석으로부터 역사적 유물론을 배제하지 않았다. 그러나『브뤼메르 18일』은 이데올로기나 집단심리와 같은 상부구조, 즉 역사적 유물론의 기계적 적용으로 치환될 수 없는 요소들의 해석을 통해 "인간에 의해 만들어지는 역사"에 대한 전망을 함께 제시했다는 것 또한 부인할 수 없다.

인간들과 사건들은 마치 역전된 슐레밀(Schlemihl), 즉 그들의 몸통
을 상실한 그림자들같이 보인다.[30]

위에서 보듯, 마르크스는 악마의 유혹에 빠져 그림자를 상실한 얼간
이의 몸통이 아니라 잃어버린 그림자에 주목하고 있다. 이때 그가 말
하는 '그림자'는 바로 1848년 6월 봉기로 조성된 공포가 여러 경로를
거쳐 재생산되면서 개개인에게 각인된 '유령(spectre)'이다. 즉 『브뤼
메르 18일』은 구조와 행위자의 상호작용을 통해 형성된 상부구조가
어떻게 행위자의 행동을 규정하는지에 대해 많은 부분을 할애하고
있는 것이다. 이런 맥락에서 볼 때, 마르크스가 이후 이데올로기 연구
에 크나큰 영향을 끼친 것은 당연한 결과일 것이다.

45

니체 Friedrich Wilhelm Nietzsche, 1844-1900

역사의 주인은 누구인가?

니체의 사상에는 평범한 다수가 염두에 두어야 할 가르침이 내재되어 있다. 현실의 참혹함과 인간의 한계를 인정하면서도 각자의 삶을 주체적으로 이끌어 나갈 수 있는 소박하지만 창조적인 의지가 모습을 드러내는 것이다.

니체의 정치철학을 이해하는 것만큼 힘든 일도 드물다. 그의 저술 속에서 기존의 정치철학적 전통들이 대부분 부정되기 때문만은 아니다. 생소한 서술 방식, 자유로운 표현, 다채로운 주제들이 무수히 많은 해석을 가능하게 만들기 때문이다. 또한 그의 반(反)민주주의적 당대비판 속에 내재한 독설들이 초래한 엉뚱한 결과, 즉 20세기 파시즘과 나치즘을 추종하던 사람들의 왜곡과 과장이 덧씌운 오명을 씻기에는 그의 대담한 언술을 선뜻 받아들일 수 있는 사람이 많지 않기 때문이다.

혼돈으로부터 이러한 형태로 나아가기 위한 싸움은 어떤 부득이한 충동(Nöthigung)을 가져온다. 즉 누구든 소멸될 것인지 아니면 지배할 것인지의 선택(Wahl)에 직면해야 하는 것이다. 지배적 종족(Eine herrschaftliche Rasse)은 오직 소름 끼치고 폭력적인 시작들로부터 자라날 수 있다. 문제는 '20세기 그런 야만인들이 어디에 있는가?'라는 것이다. 명백히 그들은 거대한 사회주의의 위기들 이후에야 비로소 모습을 나타내고 스스로를 견고하게 할 것이다.[1]

니체의 언어는 사회주의에 대한 중산층의 공포에 기생하던 파시즘과 나치즘의 선전에 악용되었다.[2] 그리고 「불타는 안장(Blazing Saddles)」(1974)과 같은 영화가 보여 주듯, 민주주의 사회에서 니체는 귀족적 망상이나 독재적 권력을 대변하는 철학자로 언급되기도 한다. 파시즘과 나치즘의 굴레로부터 니체의 정치철학을 구제하기 위한 노력이 활발하게 전개되고 있지만, 그의 사상은 여전히 히틀러와 무솔리니 같은 인물의 궤변과 등치되거나 그들에게 직접적인 영향을 미친 것처럼 언급되기도 하는 것이다.[3]

그러나 니체의 사상에는 탁월한 소수만큼이나 평범한 다수가 염두에 두어야 할 가르침이 내재되어 있다.[4] 그가 갈구했던 역동적이고 영웅적인 삶도 모든 가치를 다시금 평가하는 비판적 사유를 통해서만 가능한 것이다. 그리고 자기 삶에 주인이 되고자 열망하는 초윤리적인 인간의 의지도, 절망에 빠진 상태에서 짓눌려버린 스스로에 대한 실존적 고민 없이는 결코 획득할 수 없는 것이다. 즉 엘리트주의의 과도한 포장을 벗겨 내면 현실의 참혹함과 인간의 한계를 인정하면서도 각자의 삶을 주체적으로 이끌어 나갈 수 있는, 너무나도 소박하지만 지극히 창조적인 '힘(Macht/Kraft)'이 모습을 드러내는 것이다.

비극의 역설

 1870년 니체는 박사논문을 마치기도 전에 지도교수였던 알브레히트 리츨(Albrecht Ritschl)의 추천으로 바젤(Basel) 대학 문헌학과 교수가 되었다. 그리고 얼마 후 프로이센과 프랑스 전쟁에 위생병으로 차출되었고, 시체와 씨름하다가 이질과 디프테리아에 감염되어 두 달 후 제대했다. 이후 그는 잔혹한 전쟁의 기억과 주변의 지나친 기대 속에서 『비극의 탄생(Die Geburt der Tragödie)』(1872)을 출판했다. 그러나 그의 첫 번째 책은 바그너(Richard Wagner)의 극찬과는 달리 큰 호응을 얻지 못했다. 학과 동료 교수들조차 이해하기 힘든 사색적 언어와 쉽게 받아들일 수 없는 생소한 견해로 가득 차 있었기 때문이었다.

 특히 『비극의 탄생』에서 모습을 드러낸 '디오니소스적 긍정(Das dionysische Ja)'의 초기 형태는 전통적인 도덕철학과 기독교적 윤리를 고수하던 사람들에게는 충격일 수밖에 없었다. 니체가 말한 '디오니소스적인 것'은 플라톤 이후 도덕철학이 중시한 절제와 중용을 거부하고, 생성과 소멸뿐만 아니라 파괴와 창조까지 있는 그대로 받아들이면서 반(反)이성적 열정과 충동을 새로운 덕목으로 제시한다. 한마디로 소크라테스를 모범이자 정수로 간주해 온 철학적 전통을 정면으로 반박한 셈이었다.

 아폴론은 현상의 영원성(Ewigkeit der Erscheinung)을 눈부시게 찬양함으로써 개개인의 괴로움(Leiden)을 극복한다. 여기에서는 아름다움

니체는 그리스 비극을 아폴론적 질서와 디오니소스적 혼돈의 결합, 그리고 전자가 제공하는 지혜와 후자를 통해 얻어지는 해방의 융합으로 이해했다.

(Schönheit)이 삶에 내재하는 괴로움에 대해 승리를 거둔다. 어떤 의미에서, 이렇게 고통은 자연의 특성들로부터 사라진다. 디오니소스적 예술과 그것의 비극적 상징에서, 진실 되고 가식 없는 목소리로 동일한 자연이 우리에게 말한다. '나처럼 되라!(Seit wie ich bin!) – 끝없이 변화하는 모습들의 이면에서 영원히 창조적이고, 삶을 실재하도록 영원히 강제하며, 바뀌는 모습을 통해 스스로를 만족하는 최초의 어머니(Urmutter)인, 나처럼 말이다.'[5]

니체는 그리스 비극을 아폴론적 질서와 디오니소스적 혼돈의 결합, 그리고 전자가 제공하는 지혜와 후자를 통해 얻어지는 해방의 융합으로 이해했다.[6] 아울러 후자를 통해 표현되던 그리스 비극 속의 합창이 전자가 대변하는 형이상학적 도덕률을 통해 퇴색되는 과정을 추적했다.[7] 이 과정에서 이성의 무한한 가능성을 내세워 인간적 한계를 학문적 탐구로 감추었다는 이유에서 소크라테스가 비난받고,[8] 인간적 의지를 원초적 죄악과 동일시함으로써 삶 자체를 부정했다는 이유에서 기독교 윤리가 거부된다.[9] 삶의 애환과 공포가 고스란히 긍정되고, 디오니소스적 황홀과 전율이 인간의 삶에 대한 '의지(Wille)'로 전환된 것이다.

니체가 1888년에 쓴 『우상의 황혼(Götzen-Dämmerung)』(1989)에서 보듯, 니체의 '디오니소스적인 것'에 대한 집착은 생의 마지막까지 그의 사유를 이끌었다.[10] 그리고 그의 무모하리만큼 용감한 이성주의에 대한 도전은 기존의 전통과 도덕의 억압에서 허덕이던 진보적 지식인들의 뜨거운 환영을 받았다. 아울러 생존법칙과 지배의 철학을 맹신하던 사회적 다윈주의와 인종주의 지식인들에게도 삶의 실체적 진실이라는 측면에서 호평을 받았다. 비록 자유주의적 제도가 '힘에의 의지'를 소멸시킨다는 우려를 피력했지만,[11] 그가 어떤 정치적 입장에 서 있었는지는 확실치 않다. 다만 『비극의 탄생』에서 드러난 '디오니소스적인 것'은 투박스러울 정도로 단순했다. 인간적 고뇌를 긍정적으로 바라보는 세계관, 그리고 주어진 삶의 문제를 적극적으로 해결하려는 인간적 의지의 회복으로 모두 수렴되는 것이다.

도덕과 정치

1876년 니체는 학문적 성취에 대한 강박에 건강까지 악화되어 잠시 휴식기에 들어간다. 이 시기에 바그너의 추종자로 취급되는 스스로에 대한 성찰도 깊어졌다. 그는 곧 대학 강단과 바그너의 그늘을 모두 떠난다. 그래서 이 시기를 몇몇 학자들은 니체의 지적 여정에 새로운 전환이 있었다고 주장한다. 아울러 더욱 정교해진 경구(警句)적 글쓰기, 낭만적 감정보다 실증적 분석을 앞세운 논리가 이 시기를 특징짓는 변화처럼 논의된다. 특히 『인간적인, 너무나 인간적인(Menschliches, Allzumenschliches)』(1878)은 이 시기의 시작을 알리는 전환기적 작품으로 평가받는다.

나는 '자유로운 정신들(freien Geister)'을 고안했고, 이것에 『인간적인, 너무나 인간적인』이라는 제목을 가진 이 우울하고 용감한 책을 바쳤다. 이런 종류의 '자유로운 정신들'은 존재하지도 않고, 존재하지도 않았다.[12]

1886년판의 서문에서 보듯, 니체는 이 시기에 이미 자명하다고 받아들여진 모든 것들을 부정하기 시작했다. 문명에 대한 비판을 통해 동질감을 느꼈던 루소도 예외가 아니었다. "인간은 자유롭게 태어났지만, 도처에서 사슬에 얽매여 있다."는 루소의 전제가 "인간은 자유롭게 태어난 적이 없다."는 선언을 통해 부정된다.[13] 대신 '관습(Sitte)'이든 '윤리(Sittlich)'이든 특정 공동체의 필요에 의해 만들어지는 것이고,[14] 시간과 장소에 따라 달라질 수밖에 없는 '도덕(Moralität)'의 위계도 결국 해석의 문제로 귀착된다.[15]

모든 존재가 해석의 문제로 귀결되는 니체의 '관점주의(Perspektivismus)'는 종종 상대주의와 동일시되기도 한다. 그러나 그는 해석상의 차이를 담보로 현실적 판단을 완전히 보류할 생각은 전혀 없다.[16] 대신 관점의 차이를 통해 새로운 가치의 창출을 꿈꾼다. 즉 다양한 관점이 존재하고, 이러한 관점들은 상호 갈등관계에 있으며, 이들 사이의 지배를 놓고 벌어지는 경쟁을 통해 가치의 전도와 가치의 창출이 가능하다는 것이다.[17]

선한 행동들(Gute Handlungen)과 악한 행동들(böse Handlungen) 사이

Stoeving. FRIEDRICH NIETZSCHE. PAN.

프리드리히 니체

에는 종류의 차이는 없다. 고작 정도의 차이가 있을 뿐이다. 선한 행동들이란 승화된 악한 행동들이며, 악한 행동들이란 조악하고 전락한 선한 행동들이다. [……] 모든 사회, 모든 개인에게는 항상 선의 위계 (Rangordnung)가 존재하고, 이것에 따라 개인은 자신의 행동들을 규정하고 다른 사람들의 행동들을 판단한다. 그러나 이러한 기준은 지속적으로 변한다.[18]

니체에게도 '자연(Natur)'은 매우 중요한 성찰의 대상이다.[19] 그러나 그는 자연을 무한히 변화하는 것으로 이해했고, 더 이상 항구적인 도덕과 동일시하지 않는다. 게다가 고정된 인간의 본성도 없고, 일관된 판단 근거도 없다. 대신 끊임없는 '자기극복(Selbstüberwindung)'이 '삶의 법칙(Gesetz des Lebens)'이 되고, "힘에의 의지(Wille zur Macht)"라는 새로운 삶의 방식이 제시된다.

> 진정한 철학자들은 명령자들(Befehlende)이며 입법자(Gesetzgeber)들이다. [……] 그들의 '앎(Erkennen)'은 창조며, 그들의 창조는 하나의 입법이며, 그들의 진리를 향한 의지는 힘에의 의지다.[20]

니체는 '힘에의 의지'를 통해 삶이 지속적으로 재구성되는 새로운 형태의 역사를 꿈꾸었다. 동시에 '정치적인 것(des Politischen)'을 힘에의 의지가 창출하는 '강제' 또는 '지배'와 동일시했다. 그에게는 이제 도덕도 정치도 그것들을 정당화시켜 줄 객관적이고 중립적인 잣대를 갖지 못한다. 정치사회적 질서도 그 어떤 윤리적 목적을 갖지 못한다. 정치적 질서의 창출은 어떤 보편적 가치의 구현이라기보다 삶 속에서 벌어지는 '힘에의 의지들' 사이의 경쟁이 빚어내는 결과일 뿐이기 때문이다.

궁극적으로 니체는 도덕과 정치에 대한 논의를 통해 사유와 존재의 대응뿐 아니라 자연과 도덕의 합일을 전제로 했던 모든 정치철학을 폐기한다.[21] 사유와 존재의 대응이 아리스토텔레스와 스콜라 철학의 주요 주제라면, 자연과 도덕의 합일은 한편으로는 자연법적 도덕과 다른 한편으로는 근대 사회계약론과 관련된 주장이었다. 이로써 도덕과 정치는 니체만의 독특한 방식으로 융합되었다.

주권적 저항

'힘에의 의지'를 통한 도덕과 정치의 결합은 상반된 해석이 가능하다. 우선 주어진 모든 가치들을 재평가하고 새로운 가치를 창출할 수 있는 더 높은 인간성의 요구로 이해될 수 있다. 동시에 정치를 '지배(Herrschaft)에의 열망'이 빚어내는 끝없는 경쟁으로 단순화함으로써 모든 것을 힘의 위계로 파악하려는 비관적 전망으로 폄하할 수도 있다. 전자가 결핍과 굴레로부터 해방된 능동적이고 주체적인 인간에 대한 기대를 갖게 한다면, 후자는 20세기 '역(力)만능주의'가 가져온 병폐를 떠올리게 만든다. 따라서 만약 니체의 대담한 언술에 대한 우려를 불식시키기를 원한다면, '힘에의 의지'가 '지배 종족'을 위한 찬양으로 귀결되는 것을 막을 내적 논리를 찾아야 한다.

최근 니체의 '고귀한 도덕'과 '노예 도덕'의 구분이 재조명되고 있는 것도 동일한 이유에서이다.[22] 특히 두 가지 측면이 강조되고 있다. 첫째, 고귀한 도덕이 갖는 자기 책임성, 소위 "주권적 개인(das souveraine Individuum)"의 부각이다.[23] 이때 '주권적 개인' 또는 '주인'은 스스로의 고귀한 의지에 자기를 복종시킬 수 있을 뿐만 아니라 고귀한 이상에 헌신하는 능동적인 존재이다.[24] 반면 '노예'는 스스로를 책임질 수도 없고, 내적 의지가 아니라 외부적 강제에 얽매인 인간이다. 이런 맥락에서 본다면, 주인과 노예의 구분은 후자를 전자로 견인하기 위한 메타포로 충분히 기능할 수 있다.

둘째, '원한(Ressentiment)'이 갖는 전략적 측면이다. 표면적으로 원한은 어리석은 감정이다. 왜냐하면 증오나 경멸과는 달리 자기의 열등한 지위를 인정하면서 시작하고, 열등한 처지를 극복하려 하기보다 비난의 화살을 외부로 돌림으로써 충족되기 때문이다.

도덕에 있어 노예들의 반란은 원한 자체가 창조적이 되고 가치들을 창출할 때 시작된다……. 모든 고귀한 도덕은 자기 스스로에 대해 의기양양하게 긍정함으로써 생겨나는 반면, 노예 도덕은 '외부적인 것(Außerhalb)', '다른 것(Anders)', '자기가 아닌 것(Nicht-selbst)', 이 모든 것에 대해 최초부터 부정한다. 바로 이러한 부정이 창조적 행위이다. 가치 평가의 시선을 전복하는 것, 즉 스스로를 돌아보는 대신 외부로 본질적

인 시선을 향하는 것, 바로 이것이 원한이다.[25]

그럼에도 불구하고 원한은 자기 연민과는 달리 절망적 내면에 안주하지 않는다. 대신 지배적 구조와 강자의 도덕에 저항해 새로운 가치를 창출하고, 궁극적으로는 주인과 노예의 관계를 뒤집는다. 즉 강자인 로마제국의 폭압 아래에서 약자인 기독교도들이 정신적 승리를 거두었듯이, 노예의 방어적 원한이 주인의 능동적 확신을 극복함으로써 열등한 집단이 우월한 집단을 압도할 수 있다는 것이다.[26] 다시 말해 지배적 종족뿐만 아니라 좌절된 약자에게도 세계사의 판도를 바꿀 수 있는 힘이 내재되어 있다는 것이다.

이렇듯 니체의 주인과 노예의 메타포는 또 다른 창조적 역할을 인간에게 부여한다. 바로 '주권적 저항'이다. 주권적 저항은 한편으로는 인간의 능동성을 부정하는 기독교적 윤리와 형이상학적 담론에 대한 비판을 담는다. 관습적 지배를 수동적으로 받아들이고, 자기를 부정하며 피안을 꿈꾸거나 내면의 평정에 호소한다는 이유에서 그렇다.[27] 다른 한편으로는 가치의 전복을 통해 역사의 주체로 부각하는 약자의 모습을 담는다. 거듭된 유태인의 사례에 대한 강조가 보여 주듯, '원한'은 무력한 처지에 대한 자각과 외부에 대한 저항만으로 약자가 강자를 극복하는 방식을 암시한다.[28] 비록 니체의 대담한 언술은 여전히 비판적 독서를 요구하지만, 주권적 저항은 또 다른 역설을 기대하게 만드는 것이다.

니체의 현실주의

> 플라톤주의의 모든 것에 대한 나의 회복(Erholung), 나의 선호
> (Vorliebe), 나의 치료(Kur)는 항상 투키디데스였다. 투키디데스 그리고
> 아마도 마키아벨리의 『군주론』이 무조건적인 의지(unbedingten Willen)
> 라는 점에서 나와 가장 가까운데, 그들은 자신을 기만하지 않고 현실
> (Realität) 속에서 이성(Vernunft)을 찾으려 했다.[29]

위에서 보듯, 니체는 자기를 현실주의자로 여긴다. 나폴레옹과 카이
사르를 비롯해 신(神)처럼 역사를 주관했던 '가장 실재적인 인물(ens
realissimus)'을 찬양하고, '용기'와 '명예'라는 전통적인 현실주의의 덕
성들을 플라톤주의로 대표되는 이상주의의 덕목들과 대비시킨다.[30]

> 권력을 쥐는 것은 값비싼 대가를 지불하는 일이다. 권력은 사람들
> 을 어리석게 만든다(die Macht verdummt).[31]

그러나 니체는 '힘이 곧 정의'라는 현실주의의 비관적 전망을 받아
들이지 않는다. 대신 그는 자기를 극복하는 것이 모든 인간의 목표가
되어야 한다는 듯,[32] 힘이 사용되는 목적과 시점을 중시한다. 니체에
따르면, 힘이든 권력이든 선악 너머에 서서 새로운 변화를 창출할 때
에만 정의롭다.[33] 동시에 이미 부여된 천부적 또는 자연적 권리란 존
재하지 않으며, 정치적 자유는 낙후된 구질서를 전복하고 새로운 질

서를 지속적으로 창출할 수 있을 때에만 확보된다.[34] 즉 제한된 형태
이지만, 힘이 정당화될 수 있는 판단의 근거가 제시되고 있는 것이
다.[35]

니체의 현실주의를 '무조건적 힘의 추구'로 단순화할 수 없다고
하더라도, 민주주의가 보편화된 오늘날 그의 반민주주적 언술은 여
전히 그의 사상에 대한 반감을 증폭시킨다. 주지하다시피 니체는 인
간적 삶의 진전을 오직 '귀족적인 사회(aristokratischen Gesellschaft)'의 전
유물처럼 말하고,[36] 자유주의를 "안정적 삶만을 추구하는 '무리 동물
(Herden-Vertierung)'적 속성의 반영일 뿐"이라고 비판하며,[37] 민주주의
의 평등성은 지배하려는 충동을 배제함으로써 힘에의 의지를 소멸시
킨다는 이유에서 경멸한다.[38]

물론 정치적 탁월성 또는 정치적 리더십은 민주주의자이든 반민
주주의자이든 결코 쉽게 답할 수 없는 오래된 정치철학의 문제이다.
그리고 정치사회적 제도를 통해 길들여진 개개인의 삶에 대한 능동
적인 의지를 회복하는 것은 오늘날 무엇보다 중요한 정치철학적 숙
제다. 그럼에도 불구하고 힘에의 의지에 대한 설득과 반민주주적 언
술의 결합이 가져오는 정치사회적 결과에 대해서는 보다 신중한 숙
고가 필요하다. 왜냐하면 주권적 개인을 회복하는 정치적 실험이 자
유와 평등이라는 민주주의의 보편적 이상을 잠식하는 결과를 초래할
가능성을 완전히 배제할 수 없기 때문이다.

7부

현대 정치철학의 과제

감정과 정치

감성적 판단은 바람직한가?

최근 감정이 정치철학에서 차지하는 비중이 커지고 있다. 일상에서 감정적 상처와 치유가 큰 관심을 불러일으키듯, 정치도 이성적 논리보다 감성적 호소에 더욱 능동적으로 반응하는 대중을 따라가기 바쁘다. 정치철학 분야도 마찬가지다. 몇 해 전만 해도 합리적 토론과 민주적 의사 결정의 상관관계가 주된 논의의 대상이었다. 그러나 지금은 감정이 개입된 판단과 한계를 초월한 열정으로 초점이 전환되었다. 이러한 추세를 좋아하든 싫어하든 감정과 정치는 매우 중요한 주제로 부각되었고, 옳든 그르든 감정을 배제하고 도덕과 제도를 논의할 수 없게 되었다. 이른바 '감정의 시대'가 온 것이다.

　　그러나 감정이 의미하는 바에 대해서는 학자들도 의견이 분분하다. 인간의 심리에 대한 상당히 축적된 지식을 갖고 있는 영미학계도 마찬가지다. 따라서 외국 학계의 논의를 번역할 때에도 적지 않은 문제점들이 양산된다. '감성(emotion)', '열정(passion)', '욕구(desire)', '정동(情動/affect)' 등 구별될 듯하면서도 '감정(feeling)'과 유사한 개념들이 뒤섞여 사용된다. 따라서 모든 감정들이 정치사회적으로 용인된다고 말하는 사람은 없지만, 어떤 감정이 어느 경우에 부적절한지에 대해서는 누구도 단언할 수 없다. '절제'나 '조화'보다 '충동'과 '투쟁'이 더 큰 정치사회적 의미를 갖는 시대일수록 더욱 그렇다.

감정에 대한 정치철학적 논의가 다방면에 걸쳐서 심화되고 있는 것은 크게 환영할 만한 일이다. 특히 두 가지 측면에 주목할 필요가 있다. 첫째는 삶을 있는 그대로 받아들임으로써 인간적 의지(Wille)를 통해 새로운 가치를 창출할 수 있는 정치적 저변을 확대하려는 노력이다. 스피노자와 니체의 재조명, 그리고 생리적 감정부터 비사회적 감정의 정치적 역할에 대한 관심도 같은 맥락이다. 둘째는 이성적 설득 조건을 강조하는 심의민주주의 이론에 대한 거센 반발이다. 한편으로는 감정을 배제한 정치적·도덕적 판단에 대한 회의, 다른 한편으로는 감정이 개입된 판단의 중립성에 대한 논의가 이 범주에 포함된다.

흥미롭게도 감정에 대한 두 측면의 논쟁은 하나의 질문으로 수렴된다. '도덕적 요구와 바람직한 정치제도에 대한 요청을 욕망의 결과 또는 욕망의 충돌이 빚어낸 결과로 이해할 때, 서로의 욕구를 조정할 원칙은 무엇이며 어떻게 마련될 수 있을까?'라는 오랜 정치철학적 질문이 다시금 대두되는 것이다.

정치적 감정

'감정'과 '정치'의 관계에 대한 일반적인 시각부터 살펴볼 필요가 있다. 감정의 중요성을 부각시키려는 최근 논의들을 읽다 보면, 탈근대 이전의 정치철학에서는 감정을 이성적 판단에서 완전히 배제한 극단적인 형이상학적 전통만 존재하는 것 같은 느낌을 받는다. 물론 플라톤 이후 도덕철학의 전통에서 '감정'에 호소하는 정치적 수사를 천박한 감언에 불과하다고 비난한 것이 사실이고, 근대 정치철학에서 정신과학적이고 심리학적인 연구가 체계적으로 전개되지 못한 것도 사실이다. 그러나 '감정'의 기능을 부정적으로 바라보는 입장에서도 정치사회적으로 구성되어 개개인에게 각인된 '감정'에 대해서만큼은 매우 신중하게 다루어졌다.

'공포(terror/fear)'가 대표적인 사례들 중 하나다. 전 세계가 테러의 위협에 맞서 전쟁에 돌입한 지금도 '공포'의 순기능에 대한 논의는 어렵지 않게 발견된다. 예를 들면, 무질서에 대한 공포가 질서를 가져오듯 전체주의에 대한 공포가 시민적 자유를 고양시킨다는 것이다.[1] 즉 정치적 현실주의라는 구실을 반기지 않는 입장에서도, 특정 '감정'이 가져오는 정치사회적 결과를 긍정적으로 바라보는 시각이 있다. 이런 맥락에서 볼 때, 에드먼드 버크의 '공포'에 대한 설명은 매우 흥미롭다.

두려움(fear)만큼 정신(mind)의 모든 활동과 추론을 효과적으로 빼

앗아 가는 열정(passion)은 없다. 왜냐하면 두려움은 고통이나 죽음에 대한 염려이기에, 실제 고통과 유사한 방식으로 작용하기 때문이다.[2]

버크는 공포가 갖는 힘의 근원을 인간의 실존적 한계에서 찾고 있다. 이성적으로 해명할 수 없는 죽음이라는 인간의 근원적 한계와 미래의 불확실성이 던져 주는 인간의 실재적 고민, 이 두 가지의 미묘한 결합이 공포의 실체라는 것이다. 즉 공포는 육체적 또는 생리적 반응 이전에 실존적인 '판단'을 전제로 하고, 이러한 '판단'이 감정의 활동과 추론에 강한 영향을 미친다는 것이다.

정치사회적 측면에서 볼 때, 생리적 반응에 선재하는 지각적 판단의 중요성은 더욱 커진다. 버크의 표현을 빌자면, '공포'는 정치적 권위의 주요 자산인 '숭고함(the sublime)'을 구성하는 모든 감정들의 원천이다. '경악(astonishment)'에서 '경외(reverence)'에 이르기까지, 공포는 권력이 정치적 권위를 획득하기 위한 효과적인 수단들 중 하나이다.[3] 마치 마키아벨리가 '잔인함(crudelta)'이 효과적으로 사용되었을 때의 결과를 '멍해졌다(stupire)'라는 동사를 통해 설명하듯,[4] 공포는 이성과 감성 사이에서 특정한 판단에 초이성적이고 신비한 권위를 부여함으로써 중요한 정치적 기제로 기능한다는 것이다.

결국 사회적으로 구성되어 개개인에게 각인된 감정, 즉 '정치적 감정'에 대한 논의는 '특정 감정이 어떤 가치를 고양 또는 훼손하느냐?'의 문제로 수렴된다. 최근 자유주의 일각에서 '자유롭고 평등한 시민적 삶에 장애가 된다면, 비록 그것이 자기 삶의 주인이 되려는

열망이라도 내부적으로든 외부적으로든 제어되어야 한다.'는 견해가
비등한 것도 동일한 맥락이다.[5] 공화주의 입장에서도 마찬가지일 수
밖에 없다. 니체의 '디오니소스적 긍정(Das dionysische Ja)'을 '타인의 자
의적 지배로부터의 자유'에 필수적인 조건으로 받아들이더라도, 자
기극복의 실천적 의지가 초래하는 정치적 결과에 대해 보다 신중한
접근을 요구할 것이다.

정동의 정치

반면 포스트구조주의의 감정에 대한 정신과학적 연구는 감정의
정치적 역할에 대한 고민을 훨씬 넘어서 있다. 특히 '루크레티우스
(Lucretius)의 부활', 그리고 '스피노자의 재발견'이라는 이름으로 대표
되는 '정동(情動, affect)'에 대한 연구는 언어적 표현과 지각적 판단 이
전에 존재하는 활동에 초점을 맞추고 있다.

나는 정동(affectus)을 신체의 활동 능력을 증가시키거나 감소시키
고, 촉진하거나 저해하는 몸의 감화(感化, affectio)들과 이러한 감화들의
관념들(ideas)로 이해한다. 따라서 우리가 이러한 감화들 중 하나의 적절
한 원인이 될 수 있다면, 나는 정동을 능동(actio)이라고 이해하고, 아니
면 수동(passio)이라고 이해한다.[6]

'정동'은 '열정(passion)'과 마찬가지로 외부적 자극 또는 내부적 충동에 의해 발생하는 신체적 변화를 포함한다. 기쁨과 슬픔과 같은 개인적이거나 집단적인 감정도 포괄하는 것이다. 동시에 '정동'은 개인적이고 인격적인 감정(feeling)을 넘어서, 사회적으로 빚어진 감성(emotion)의 틀에 구속받지 않는 또 다른 차원의 능력(potentia)을 지칭한다.[7]

> 우리는 어떤 것이 선(善)한 것이라고 판단하기 때문에 노력하고 의지하며 추구하는 것이 아니다. 역으로 우리가 노력하고, 의지하고, 추구하며, 열망하기 때문에 우리는 어떤 것이 선(善)하다고 판단한다(sed contra nos propterea aliquid bonum esse iudicare, quia id conamur, volumus, appetimus atque cupimus).[8]

그리고 정동의 관점에서는 대상에 대한 판단이 감정을 유발하는 경로가 거부된다. 반대로 인격으로 체화되기 이전의 '노력(conatus)'과 '의지(voluntas)'에 의해 판단이 규정된다. 이때 정동은 사회적 구조나 도덕적 덕목에 구애받지 않는 '전(前)개인적(pre-personal) 실존'이고, 정치사회적 맥락과 이성적 판단을 벗어난 가장 근원적인 존재 방식이다.

동일한 맥락에서 '정동의 정치'는 정치철학의 일반적 견해와는 다른 감정과 정치의 관계를 전제한다. 한편으로는 니체의 '힘에의 의지(Wille zur Macht)'를 승화시켜 결핍과 굴레로부터 해방된 능동적이고 주체적인 인간을 변화의 실질적인 힘으로 부각시킨다.[9] 다른 한편으로는 스피노자의 '정동'을 정신과학적 유물론과 결합하여 보편적 가치나 항구적 진리를 담보하지 않고서도 미래를 낙관할 수 있는 변화의 방식을 제시한다.[10] 다시 말해 보편적 인간성이나 초월적 존재를 앞세워 정치적 판단과 제도적 구상을 정당화하는 기존의 가치를 재평가하고, 정치사회적 구조에 포섭되지 않는 다양하고 이질적인 욕망의 결합이 창출하는 무정형의 변화를 지향하는 것이다. 즉 감정의 정치적 기능이 아니라 감정이 창출하는 정치에 주목하는 것이다.

'정동의 정치'는 감정을 판단에서 배제한 도덕철학의 유산뿐만 아니라 감정의 기능을 강조하는 정치철학적 전통에도 정면으로 도전하고 있다. 또한 인간에게 실존적 역량과 절대적 능동성을 부여하는 새로운 차원의 경로를 환기시킴으로써 절차와 제도에 함몰된 정치의 역동성을 회복시키려고 의도한다. 아울러 다양하고 이질적인 감정들의 결합(assemblage)이 형성하는 '공감(concordia)'을 통한 지속적인 변화를 추구한다. 만약 실현된다면 '정동'은 새로운 방식의 정치를 창출하기에 충분하다.

그러나 니체의 '힘에의 의지'처럼 '정동의 정치'가 지속적이고 안정적인 변화를 실현시킬 수 있을지, '정동의 결합'이 힘에 대한 무분별한 추구를 억제할 수 있는 내재적 원칙을 자동적으로 제공할 수 있을지는 아직 미지수다. 운동에 선재하는 신중한 판단의 필요성은 제쳐 두고라도, 욕망의 경쟁적 결합이 일방적 지배를 위한 전략으로 귀결되는 것을 막을 내재적 논리를 분명하게 제시하지 않았기 때문이다.

감정과 심의

또 다른 논의는 '민주적 의사 결정과 관련된 이론들이 지극히 이상적이고 합리적인 의사소통만을 전제해 왔다.'는 불만과 관련이 있다. 그 대상은 소위 '심의민주주의' 또는 '숙의민주주의'라는 범주에 속하는 정치이론들이다. 보다 구체적으로는 존 롤스(John Rawls)의 "원초적 입장(the original position)"과 하버마스(Jürgen Habermas)의 "헌정국가(Verfassungsstaat)"와 같이,[11] 심의가 안정적으로 이루어질 수 있는 조건을 확보하기 위해 공정한 절차나 이성적 심의를 강조하고, 규범적 논쟁이나 감정적 연대를 공적 변론에서 배제하는 자유주의적 이성주의가 비판의 대상이다. 아울러 알래스데어 매킨타이어(Alasdair MacIntyre)와 같이,[12] "공유된 정체성(shared identity)"을 통해 민주주의 사회에서의 첨예한 갈등이 손쉽게 억제될 수 있다고 단언하는 공동체주의의 낙관론도 비난의 화살을 피할 수 없다.

비판은 크게 두 가지 방향에서 전개되고 있다.[13] 첫째, 민주적 절차의 중립성에 대한 회의다. 특히 자유주의적 이성주의에 쏟아지는 비판으로, 민주적 심의는 본질적으로 가치 논쟁을 포함하며 인간적 욕구가 배제된 공적 토론은 존재할 수도 없다는 지적이다. 다른 의견을 가진 집단들 사이의 경쟁에서 권력욕의 실재를 부각시킨 입장,[14] 인정받고자 하는 욕구를 비롯해서 감정적 요소가 심의와 설득에 필수적일 수밖에 없다는 점을 강조하는 입장이 여기에 속한다.[15]

둘째, 민주적 심의에서 맞닥뜨리는 불평등의 문제다. 소외된 집

존 롤스

단과 지배적 집단 사이의 담론 위계에 주목한 견해,[16] 자기 정체성과 부의 재분배를 비롯해 사회적 인정의 차이와 부의 불평등을 지적한 입장,[17] '공공선' 또는 '공유된 정체성'이 일방적 지배를 용인하는 결과를 초래할 수 있다는 진단까지,[18] 모두 이 문제와 관련이 있다.

'스코틀랜드 계몽주의 (Scottish Enlightenment)'에 대한 관심이 증폭되고 있는 것도 동일한 맥락에서 이해할 수 있다. 감정이 판단에 개입되는 경로에 대한 심리학적 접근부터, '감정에 기초한 직관들이 가치판단에 결정적일 뿐만 아니라 결국 이성이 감성적 판단을 정당화하는 역할을 수행한다.'는 감성주의(sentimentalism) 주장까지, 다양한 견해들이 데이비드 흄과 애덤 스미스 등의 재해석과 동시에 전개되고 있기 때문이다. 이 때 스코틀랜드 계몽주의는 도덕적 판단에 이성보다 감성, 사려보다 선호를 앞세우는 '주정(主情)주의(emotivism)'와는 달리, 도덕적 판단과 감정적 경험을 연관시킴으로써 행위의 결과를 감정적 판단에 귀속시키는 '정감(情感)주의(emotionism)'를 지향하는 입장으로 정리된다.[19]

비록 우리의 형제가 형틀 위에 있더라도 우리가 편안한 상태에 있다면, 우리의 감각들(senses)은 결코 그가 고통당하는 바를 전해주지 않을 것이다. [……] 상상(imagination)을 통해 우리는 그의 입장에 설 수 있고, 그의 신체로 들어가며, 그와 일정 정도 동일한 인물이 된다. 그런 연후에 그의 감각들(sensations)에 대한 어떤 관념(idea)이 형성되고, 비록 정도는 더 약할지라도 심지어 그것들과 완전히 다르지는 않은 어떤 것을 느낀다.[20]

위에서 보듯, 애덤 스미스는 도덕적 판단에 있어 '감각' 그 자체보다 '상상'을 통해 반추된 '관념'에 주목한다. 실제 고통을 느끼지는 않지만 타인의 고통에 '동정(sympathy)'을 느낄 수 있는 것은 전적으로 '상상'을 통해 형성된 '관념' 때문이다.[21] 그리고 동일한 경로를 통해 개개인은 사회적 관계 속에서 특정의 감정을 공유하고, 좋은 감정을 유발하는 개개인의 특성들이 하나의 도덕적 판단의 근거 또는 사회적 덕목으로 구체화된다.[22] 선험적으로 주어진 도덕적 판단 기준이 없더라도, 공유된 감정을 통해 도덕적 관념이 구성될 수 있다는 것이다.

감정을 배제한 도덕적·정치적 판단은 비현실적이다. '감정이 판단에 개입하는 것은 인정하지만 올바른 판단을 위해서는 감정을 배제해야 한다.'는 자유주의적 이성주의도, '공동체의 구성원이면 직관적으로 공동체가 추구하는 목적을 인지한다.'는 낙관적 공동체주의도 재고할 필요가 충분하다는 것이다. 그러나 두 전통 모두 도덕적 상대주의가 민주적 심의를 힘의 대결로 치환시킴으로써 일방적 지배와 무정부적 혼란을 초래하는 것을 막는 데에 기여해 왔다는 점을 부인하기는 힘들다. 따라서 문제는 자유주의와 공동체주의가 우려했던 정치사회적 문제들을 극복하면서도, '감정이 개입된 민주적 심의가 과연 보다 나은 정치적 결과를 산출할 수 있느냐.'에 있다. 바꾸어 말하면, 선험적이거나 추상적인 원칙이 제시되지 않으면서도 감정의 충돌을 조정할 수 있는 원칙이 필요하다는 것이다.

감정의 조정

앞서 언급했듯 정치철학자들은 오래전부터 '감정이 어떤 정치적 가치 또는 사회적 목적을 위해 기능하느냐?'에 관심을 기울여 왔다. 고전 정치철학자들이 도덕적 판단에서 감정을 배제하려 했던 이유도 그들이 감정에 무관심했기 때문이 아니라 그들의 궁극적인 목적이 '좋은 삶(eu zēn)'에 있었기 때문이다.[23] 그렇지 않았다면 사회적으로 구성된 감정의 하나로서 '감성(pathōs)'의 중요성을 강조한 아리스토텔레스의 견해는 결코 등장할 수 없었을 것이다.[24] 감정이 도덕적·정치적 판단을 돕는 보조적 역할뿐만 아니라 그 자체로 '좋은 삶'과 '최상의 정체'를 구성하는 데에 핵심적인 역할을 할 수 있다는 입장이 존재한다는 것이다.

'분노'가 좋은 예다. 고대 그리스 철학에서 분노는 두 가지 단어를 통해 표현되었다. 하나는 '부풀어 오르다(orgaō)'로부터 파생된 '비

애덤 스미스

분(悲憤, orgē)'이고, 다른 하나는 '돌진하다(thyō)'라는 의미와 결합된 '강개(慷慨, thumos)'다. 전자가 오랜 시간 동안 축적된 경험 또는 도덕적 판단에서 비롯된 감정과 관련된다면, 후자는 대상에 대해 보다 직접적인 행동을 유발하는 매우 강한 충동이자 분노의 사회적 표출이다. 비록 두 단어가 구별 없이 사용되었지만, 후자는 전쟁에서 필요한 영웅적 기질과 부정의에 맞서는 사회적 격분과 연관되었다.[25] 정도의 차이는 있지만, 고대 그리스에서는 후자를 '용기'라는 개인적 덕성이 사회적 차원에서 '명예'로 전환되는 통로 또는 그러한 전환을 가능하게 하는 특성으로 규정했던 것이다. 즉 동물적 감정조차도 정치사회적 역할에 따라 도덕적 특성으로 취급될 수 있었다.

이런 맥락에서 볼 때, 아리스토텔레스의 감정에 대한 성찰은 감정의 정치사회적 조정과 관련해서 지금도 유효하다. 특히 두 가지 측면에서 그렇다. 첫째, 소수의 탁월한 사람들보다 '다수(hoi polloi)'가 더 나은 결정을 내릴 수 있는 조건의 하나로 제시된 '다양성'이다.[26]

아리스토텔레스는 감성적인 이해를 '앎(ginosko)'의 주요한 요소로 강조했고, 동일한 맥락에서 주어진 문제에 대한 이성적 추론만큼이나 감성적 이해를 도덕적 탁월함의 주요한 내용으로 간주했다.

아리스토텔레스는 도덕적·정치적 판단에서 '이성'과 '감성'이나 '본성'과 '습성'의 엄격한 구분을 받아들이지 않았다.[27] 대신 여러 감각(aisthēsis)을 가지고 있는 개별 시민들이 저마다의 기질과 생각을 드러내고 표출하는 정치사회적 조건을 민주적 심의의 필수 요건으로 주문했다. 우리 시대의 언어로 표현하자면, 집단지성은 최소한 '일방적 지배'가 용인되지 않고 '다양성'이 보장될 수 있는 정치사회적 조건을 요구한다는 것이다.

둘째, 개인적 탁월성의 하나로 포함된 감성적 자질이다. 아리스토텔레스는 감성적인 이해를 '앎(ginosko)'의 주요한 요소로 강조했고, 동일한 맥락에서 주어진 문제에 대한 이성적 추론만큼이나 감성적 이해를 도덕적 탁월함의 주요한 내용으로 간주했다.[28] 이때 그는 정치적 수사에서 청중으로부터 공감을 얻어 내는 설득을 정당화하는 차원을 넘어, 이성뿐만 아니라 감성을 개개인이 갖추어야 할 도덕적 탁월함의 내용으로 제시했던 것이다.[29] 만약 이러한 형태의 탁월성이 민주적 심의에 참여하는 당사자들에게 하나의 욕구로 작용할 수 있다면, '상호존중'이나 '인간적 존엄성'과 같은 추상적인 원칙들이 민주적 심의 과정에서 작용할 수 있는 보다 직접적이고 개인적인 동기를 제공해 줄 수 있으리라 기대된다.

일상과 정치

'정치적 삶'의 회복은 가능한가?

정치에 대한 불신이 점점 커져만 간다. 정치가 시민들의 삶으로부터 유리되어 표류하고, 정치인들은 권력을 차지하기에만 급급하다는 불만이 곳곳에서 터져 나온다.[1] 민주주의의 경험이 오랜 나라들도 마찬가지다. 정당들은 일반 시민들의 의사를 선도하기는커녕 대표할 능력도 상실했고, 시민들은 제도적 장치를 통해 자신들의 의사를 표현하는 것 자체에 회의적이다.[2] 그 결과 시민들은 공적인 영역보다 사적인 영역에 더 몰입하고, 정치와 시민들 사이의 거리감은 그만큼 커졌다.

이러한 상황을 반영이라도 하듯, 현대 정치철학은 정치의 목적만큼이나 정치 그 자체에 대한 고민에 초점을 맞추고 있다. 정치 또는 정치제도의 '존재론(ontology)'에 대한 논의가 활발하게 전개되고 있는 것이다. 이때 정치란 크게 두 가지 범주로 나뉜다. 하나는 오늘날 가장 보편적인 정치의 존재방식으로 간주되는 정치체제로서 '민주주

의'이고, 다른 하나는 민주주의에서 명목상 최고 권력을 갖는 '인민'
이다. 그리고 둘은 결국 '인민주권(popular sovereignty)'이라는 하나의 주
제로 수렴된다.

> 오늘날 우리는 인민주권(이제 모든 의미가 소진된 표현이지만)이라고 부
> 를 수 있는 그 어떤 것에도 통치와 경제가 압도적 우위를 점하는 현실을
> 목도한다. 서구 민주주의는 오랫동안 주의를 기울이지 않은 철학적 유
> 산의 대가를 치르고 있는지도 모른다. 통치를 단순히 행정으로 여긴 것
> 은 실수이고, 서구 정치사에서 가장 중대한 잘못 중 하나다.[3]

위에서 보듯, 민주주의에 대한 불만은 '제정된 권력(politeuma)', 즉 권
력을 위탁받은 국가 또는 행정부에 종속되어 권력의 주체인 인민이
주인의 기능을 상실했다는 우려, 그리고 인민에게 '최고 권력(kyrion)'
이 있다는 정치적 원칙으로서 '인민주권'에 대한 회의로 귀결되었다.

> 대중매체에 의해 분리되고 조직된, 그리고 국가와 경제가 상호 침
> 투된, 이러한 세계의 표상(figura)에서, 상업경제(l'economia mercantile)는 모
> 든 사회적 삶에 있어 절대적이고 무책임한 주권(sovranità)의 지위를 획득
> 했다.[4]

이렇듯 포스트모던 정치철학자들은 오늘날 민주주의 국가에 대해 비
관적이다. 그들은 특히 상업자본과 현대 국가의 상호 관계에 초점을

맞춘다. 상업 활동과 투자 환경을 우선적으로 고려하면서도 나치즘과 파시즘에서 표출되었던 폭력적 야만성을 민주주의라는 이름으로 정당화하는 지금의 현실을 개선해야 한다는 것이다.[5]

　물론 시민적 권리의 회복을 요구하는 목소리는 포스트모던 정치철학자들의 비판 이전에도 존재했다. 1970년대 공동체주의의 부각, 1990년대 수정된 공화주의의 부활에 이르기까지 상실된 '정치적 삶'의 회복을 위한 노력들은 지속되었다. 그러나 포스트모던 정치철학자들의 견해는 '상실된 것의 회복'이 아니라 '새로운 것의 구성'을 의도한다는 점에서 기존의 노력과는 구별된다. 한편으로는 근대 이후 시민성 또는 시민권을 "공동체 없는 공동체"[6] 또는 "주체 없는 공동체(una comunità senza sogetti)"[7]로 규정함으로써 근대의 문제점을 역설하지만, 아테네 민주주의나 로마공화정의 적극적 시민성 혹은 시민적 덕성을 하나의 전형으로 설정하고 이를 회복해야 한다는 주장은 찾아볼 수 없다. 대신 니체의 "주권적 개인(das souveraine Individuum)"과 같은 해방된 주체의 확립을 목적으로 하고,[8] 동시에 기 드보르(Guy Debord)의 '상황주의(Situationale)' 전략과 유사한, 이른바 '주권'과 '권리'와 같은 공허한 개념들을 통해 개개인을 지배할 수 없는 새로운 일상을 만들어 내려는 것이다.[9]

　포스트모던 정치철학자들이 후기 산업사회의 일상 속에서 보다 평등하고 정의로운 사회를 만들기 위해 노력하고 있다는 점을 부인하기 어렵다. 또한 그들이 수행한 민주주의의 문제점과 사회구조적 병폐에 대한 분석도 변화하는 상황에 적합한 제도를 구상하는 데에 매우 긴요한 자료들을 제공한다. 그러나 그들이 의도하는 전복적 해방이 기존 민주주의 국가들이 초래한 문제점들을 극복할 수 있는 새로운 제도적 전망을 제시하고 있는지는 미지수다. 주체가 되고자 하는 개개인이 '지배충동(Bemächtigungstrieb)'의 파괴적 속성을 제어할 수 있는 내재적 동기가 필요하다는 것이다.

'가능성'의 회복

이탈리아 정치철학자 조르조 아감벤(Giorgio Agamben)의 '주권'에 대한 논의도 동일한 문제점을 갖고 있다. 초기 그의 주장은 기존의 '주권' 또는 '민족국가'를 넘어 새로운 형태로 도래할 공동체와 자율적 주체에 대한 기대를 갖게 했다. 그러나 그가 주권과 국가에 대한 연구 결과를 연이어 내놓으면서, 민족국가 또는 현대 민주주의 국가들의 문제점을 과연 극복할 수 있을지가 논쟁의 중심에 서게 된 것이다.

> (1) 원초적인 정치적 관계는 추방(il bando: 외부와 내부, 배제와 포괄이 구별되지 않는 영역으로서 예외적 상태)이다.
> (2) 주권의 근본적인 활동(prestazione)은 원초적인 정치적 요소이자 자연과 문화, 즉 조에(zoē)와 비오스(bios)의 절합(節合: articolazione)의 경계로서 벌거벗은 생명(nuda vita)의 생산이다.

(3) 오늘날 서양의 생명 정치적 패러다임은 도시(la città)가 아니라
수용소(il campo)다.[10]

첫 번째 테제는 주권의 역설을 설명하기 위한 전제다. 이때 아감벤은
슈미트(Carl Schmitt)의 "예외상태에 대해 결정하는 자"라는 주권 개념
을 받아들인다.[11] 그도 주권은 예외를 결정할 수 있는 능력이며, 법의
적용이 아니라 법의 정지를 통해 예외를 결정하는 존재로 파악하는
것이다.[12] 그러나 정작 그가 주목하는 것은 주권적 결단이 아니라
주권에 의해 예외로 결정됨으로써 배제된 대상이 정치로 편입되는
과정이다.

> 예외란 일종의 배제(esclusione)다. 일반적인 규칙(la norma generale)에
> 서 배제된 개별 사례인 것이다. 그러나 예외의 가장 적절한 특징은 배제
> 된 것이 배제되었다는 이유에서 전적으로 그러한 규칙과 무관하지 않
> 다는 것이다. 반대로 규칙의 유예(la forma della sospensione)라는 형태로 규
> 칙과의 관계 속에서 스스로를 유지한다는 것이다.[13]

'추방' 또는 '배제'되었던 대상의 정치로의 편입은 로마법의 '성스러
운 인간(homo sacer)', 즉 "죽일 수는 있지만 제물(祭物)로 바칠 수 없는
생명"으로 배제된 존재가 법 적용의 예외가 되었다는 이유에서 주권
과 동일한 지위를 향유하는 과정으로 설명된다.[14] 동일한 논리는 근
대 자연권의 등장과 동시에 전개되었던 국가에 의한 인민의 '이중적

배제(doppia esclusione)', 즉 개개인이 신성불가침의 자연적 권리를 부여받았지만 주권의 폭력에 무방비로 노출된 역설적 상황을 설명하는 데에도 사용된다.[15] 그리고 궁극적으로 '생명정치(biopolitica)', 즉 인간의 생명이 정치권력의 기획 속으로 더욱 포섭되는 과정에서, 전체주의 국가가 소수 집단을 "살 가치가 없는 생명(vita indegna di essere vissuta)"이라는 명목으로 수용소에서 잔인하게 죽일 수 있었던 야만성을 설명하는 열쇠가 된다.[16] 한마디로 정치가 헐벗은 생명이 이중적 배제를 당하는 영역이 된 것이다.

이런 분석을 토대로 아감벤은 주권으로부터의 전면적인 이탈을 '이중적 배제'를 극복하는 방법의 하나로 제시한다. 그리고 이러한 전면적 해방을 위해 '생물학적 삶(zoē)'과 '순수한 잠재성(potenza perfetta)'의 결합을 요구한다.

(1) 조에(zoē)는 모든 살아 있는 존재들(동물들, 인간들, 또는 신들)에게 공통적인 삶이라는 단순한 사실을 표현했고, 비오스(bios)는 개인 또는 집단에 적합한 삶의 형태(forma) 또는 양식(maniera)을 지칭했다.[17]

(2) 잠재성(potenza)이 존재한다는 것은 정확히 현실성(atto)으로 나아가지 않을 수 있는 잠재성을 말한다……. 이러한 잠재성은 자체의 유예라는 형태로 현실성과 관계를 갖는다. 즉 [잠재성을] 실현하지 않는 행위가 가능하며, 주권적으로 비잠재성을 가질 수 있다(può sovranamente la propria impotenza)는 것이다.[18]

비록 문헌학자들의 거센 반발이 있지만, 첫 번째와 같이 아감벤은 고대 아테네 사회에서는 정치적 영역에서 배제되었던 '조에(zoē)'를 근대 민주주의가 '비오스(bios)'의 일부분으로 편입하려고 시도하면서 근대 이후 주권의 역설과 생명정치가 가능했다고 보고 있다.[19] 그리고 두 번째와 같이 아리스토텔레스의 "존재할 수도 있고 존재하지 않을 수도 있는" 잠재성에 기초해서,[20] 그는 주권의 기획과 기존의 법적 규제로부터 완전히 철수해 순수한 형태의 잠재성을 회복함으로써 새로운 정치를 창출해야 한다고 주장한다.[21]

문제는 '잠재성의 회복이 어떻게 자동적으로 새로운 정치의 출현으로 귀결되느냐.'는 것이다. 아감벤은 지나칠 정도로 낙관적이다.[22] 그는 '자유(libertà)'와 '비잠재성(impotenza)'의 결합을 통해 주어진 모든 선과 악의 기준으로부터 자유로운 상태, 즉 모든 존재 또는 법규와의 결합을 거부함으로써 주권의 예외적 상태에 대한 추방 구조로부터 '잠재성'을 분리할 수 있다면, 잠재성의 자유로운 사용을 통해 새로운 형태의 정치가 가능하다고 믿고 있다.[23] 그리고 새로운 형태의 정치를 개연성의 세계, 즉 그 어떤 형태의 불변성과 필연성도, 그 어떤 특수성과 포괄성도 받아들이지 않는 "무엇이든 되는 상태(l'essere qualunque)"가 될 것이라는 전망을 제시한다.[24] 그 어떤 귀속적 조건에 의해서도 매개되지 않고, 오직 잠재성의 자유로운 사용이라는 '특이성(singolarità)'만을 공유하는 공동체가 도래한다는 것이다.[25]

그러나 '순수한 잠재성'과 '자유'의 결합만으로 과연 인간적 삶을 영위하기 위해 필요한 최소한의 능력(potenza)을 제공할 수 있을지,

그리고 자신의 의지에 따라 자신이 원하는 바를 선택할 수도 선택하지 않을 수도 있는 '가능성'을 제도화할 수 있을지는 의문이다. 게다가 잠재성의 자유로운 사용이 변화의 시작이 아니라 최종 목적이라면, 무정형의 특이성을 통해 형성될 정치적 삶이 주권국가의 기획을 얼마나 벗어날 수 있을지에 대한 의구심은 더 커진다. 그렇기에 비록 주권국가의 '생명정치'에 편입될 위험성을 갖고 있더라도, 인간적 존엄과 최소한의 정의에 대한 호소는 여전히 유용해 보인다. 법적·정치적 권리만으로 인간다운 삶이 충족되지 않는다고 보는 경우일수록 자유로운 행위가 가능한 정치사회적 조건의 확립은 중요하고, 이러한 조건은 모든 형태의 귀속으로부터 벗어나는 것이 아니라 일정한 형태의 시민적인 소속감을 인정하는 것이어야 할지도 모른다.

과잉과 결핍

재독(在獨) 철학자 한병철은 현대사회의 문제를 '피로사회 (Müdigkeitsgesellschaft)'라는 단어로 압축해서 설명한다. 현대인들이 겪는 무수한 정신적 질환들은 냉전과 규율과 같은 대립과 부정을 바탕으로 한 "면역학적 타자의 부정성"이 아니라 성과에 대한 과도한 집착이 초래하는 "긍정성의 과잉"으로 인한 질병이라는 것이다.[26] '성과사회의 주체'가 '스스로를 착취'하는 일상, 그리고 사회적으로 공유되고 논의되어야 할 책임조차 개개인의 자기 관리의 문제로 귀착되고 있는 신자유주의 시대의 좌절과 절망을 제대로 읽어 낸 관찰이라고 말할 수 있다.

그러나 독일 사회의 관찰이 한국 사회에 그대로 적용될 수 있을지는 미지수다. 어쩌면 한국 사회는 아직도 저자가 말하고 있는 '공격과 방어'라는 병리현상 속에 신음하는 것은 아닐까라는 의문이 들기 때문이다. 특히 두 가지 측면에서 그렇다. 첫째, 한국 사회는 여전히 '공격과 방어' 또는 '타자의 부정'을 그 본질로 하는 '면역학적 패러다임'에 빠져 있다. 물질적 과다에 따른 소진과 피로, 질식 등이 일상에서 발견되기도 한다. 그러나 우리는 아직도 민족주의의 환상과 성장주의의 목소리에 잠식되어 살고 있다. 즉 '만족할 수 없는 결핍'이 가져다준 불안 속에서, 신자유주의가 가져다 놓은 성과주의와 자기 관리의 신화까지 경험하며 살아가고 있는 것이다. 한편으로는 민족주의의 국가주의가 '보다 강한 것'에 대한 열망을 가져다주고, 다른 한편으로는 일상까지 위협하는 '쏠림'의 폭력성이 사회 곳곳에서 분출하고 있다. 다시 말하자면, 궁핍하지 않은 시대에도 '공격과 방어' 또는 '흡수와 배척'이라는 면역학적 패러다임에 집착할 수 있다는 것이다.

둘째, 한국 사회는 여전히 개인의 자율성보다는 전체로부터 부여된 규율이 압도하는 사회다. 한병철은 현대 산업사회의 문제를 '성과주의'로 보고 있다.[27] 사실 성과주의가 한국 사회의 한 단면일 수는 있다. 그러나 반문해 볼 것이 몇 가지 있다. 하나는 '얼마나 많은 사람들이 일상에서 느끼는 정신적 고통을 질병으로 인식하고 있느냐?'는 것이고, 다른 하나는 '얼마나 많은 사람들이 자기가 부여한 성과에 스스로를 착취할 정도로 삶의 수준을 향유하느냐?'는 것이다. 전자는 정신질환에 대한 한국인의 인식에 대한 분석을 필요로 한다. 그렇지만 후자는 다양한 여론조사를 바탕으로 어렵지 않게 알 수 있듯이, 많은 사람들이 일상 속에서 부여된 일의 반복과 좌절에 시달리고 있다. 즉 한국 사회에서 얼마나 많은 사람들이 '자유로운 강제'에 스스로를 맡기는 것이 가능한지 한번 재고해 볼 필요가 있다는 것이다.

> 철학을 포함한 인류의 문화적 업적은 깊은 사색적 주의에 힘입은 것이다. 문화는 깊이 주의할 수 있는 환경을 필요로 한다. 그러나 이러한 깊은 주의는 과잉주의에 자리를 내주며 사라져가고 있다.[28]

위와 같은 판단으로부터, 한병철은 아렌트(Hannah Arendt)가 말한 '활동적 삶(vita activa)'이 '사색적 삶(vita contemplativa)'의 중요성을 상실하도록 만들었다는 결론을 도출한다. 그러나 아렌트가 말한 '활동적 삶'이란 곧 '정치적 삶(vivere politico)'을 이야기한다는 점에서 볼 때,[29] 지나친 성과에 집착하는 활동이 정치적 삶과 동일한 것처럼 기술한 것은 아쉬운 부분이다. 사색적 삶이 가능한 환경을 만들기 위해 인류가 어떤 정치적 환경들을 극복해 왔는지 고민해 본다면, 사색적 성찰을 통한 과잉의 극복은 우리가 회복해야 할 일면적 사실만을 부각시킨 것일 수 있다. 한국 사회는 '성찰적 삶'의 복원만큼이나 '정치적 삶'의 회복이 필요한 사회일 수도 있다는 것이다.

인간성의 회복

얼핏 서양의 자유주의 전통을 비판한 아리스토텔레스의 보수적 해석이 한국 사회의 대안처럼 보이기도 한다. 원자화된 개인들의 사회성을 복원시키고, 전체가 나아가야 할 바를 개인의 선호보다 앞세우는 공동체주의 말이다. 그러나 공동체주의에서 보이는 '감성주의'에 대한 비판은 적절하지만, 그들이 제시하는 전체 중심의 대안은 여전히 불편하다. 집단적 지향이 개인적 선호보다 우선한다는 원칙은 있지만, 집단적 목표가 전제적 지배와 대외적 팽창을 지향할 경우 이를 방지하거나 개선할 수 있는 내재적 원칙이 없기 때문이다.[30] 특히 오랜 시간 동안 동일한 영토에서 형성된 문화적 동질성 그리고 근대 국가의 성립과 탈식민화 과정이 동시에 전개될 수밖에 없었던 역사적 조건을 가지고 있는 한국 사회에서는 더욱 위험할 것 같다. 내면 깊숙이 자리 잡은 민족주의가 순식간에 동질적인 집단적 선호를 형성하는 한국 사회에서, 공동체주의는 개인의 자율성을 침해할 가능성이 크기 때문이다.

한국 사회에서 발견되는 '도덕주의'도 다양성 확보에 큰 장애 요인이 된다. 우선 한국 사회의 도덕주의는 객관적 도덕의 기준이 민주적 심의에 선재해야 한다는 '도덕적 완전주의(moral perfectionism)'와 구분된다는 점에 주목해야 한다.[31] 오늘날 후기 산업사회가 모두 그렇듯, 한국 사회도 객관적 선(善)의 실재에 점점 무관심해지고 '절대적 선'이나 '최상의 삶'에 대해 큰 기대가 없다. 그러나 일단 집단 선호가 형성되고 나면, 사안을 판단하는 데 있어 객관적 원칙을 요구하지 않던 태도는 '도덕적 완전주의'로 돌변한다. 따라서 동일한 사안도 대상에 따라 달리 판단되고, 절차가 무시되는 경우가 다반사다. 또한 부정의에 대한 분노보다 특정인 또는 특정 사안에 대한 도덕적 혐오가 집단 의사로 표출된다. 예를 들어 대기업 총수의 횡령과 배임에 대해서는 관대하지만, 일반 기업주나 회사원의 불법에 대해서는 엄격하다. 이런 경우 도덕적 기대치가 클수록 시민적 관용이 줄어든다는 이야기도 설득력이 없다.

한편 한국 사회의 '도덕주의'는 '도덕적 완결성(moral integrity)'과도 달라 보인다. 동서양을 막론하고 도덕적 완결성은 다른 사람보다 스스로에게 엄격한 도덕적 잣대를 적용해 왔다.[32] 신독(愼獨)이든 성찰이든, 개개인 스스로가 최상의 선을 실현하기 위해 도덕적 의무를 수행하는 것을 우선시했기 때문이다. 그렇기에 인간의 나약함이 무결점보다 강조되고, 타인에게 도덕적 의무를 강제하는 행위도 자율성의 파괴라는 측면에서 지양되었다. 동일한 맥락에서 고대 서양철학은 '수치심(aischune)'을 통해 한 사회가 지향하는 도덕을 주입하려는 태도를 경계했고, 공화주의는 공공선의 오용을 막는 조정 원칙으로 '비지배'를 제시했으며, 자유주의는 '상호존중'이라는 가치를 통해 개개인의 도덕적 자율성을 지키려 노력했다. 반면 최근 한국 사회는 스스로가 아니라 타인에게 도덕적 완결을 요구하는 문화를 강화하고 있다. 현대사회의 문제점으로 수치심의 상실을 지적하는 공동체주의자들도 납득하기 힘들 정도다.

특히 수치심의 공적 사용에 대해 진지하게 고민해야 한다.[33] 물론 잘못된 행위 또는 부정의에 대한 집단적 분노(thumos)는 그 사회의 건강성을 유지하는 데 필수적이다. 도덕적 차원뿐만 아니라 정치사회적 차원에서도 부당함과 부정의에 대한 시민적 공분은 한 사회가 얼마나 민주적이며 얼마나 정의로운지를 반영한다. 그러나 수치심이 인간의 존엄(dignitas)을 해치는 정치사회적 억압이 될 수 있는 경로는 차단해야 한다. 수치심의 공적 사용은 대상에게 모멸과 좌절을 줄 수는 있어도 죄책감과 교정 의지를 제공할 수 없고, 시민들의 공적 분노를 가지고 인간의 존엄성까지 파괴하는 집단적 행위를 정당화할 수는 없다. 그렇기에 수치심이 힘없고 소외된 개인들에게 집중되는 것을 막아야 하고, 반대의 목소리를 경청할 수 있는 민주적 심의 기반을 지켜야 하며, 낙인찍힌 개인들이 사회로 돌아올 수 있도록 제도를 보완해야 한다. 한마디로 인간의 근원적 허약함을 감추는 공격에 시민적 정의감을 모두 소진시켜서는 안 된다.

비지배 정치

이런 맥락에서 마키아벨리의 '비(非)지배'(타인의 자의적 지배로부터의 자유)는 우리의 관심을 끌기에 충분하다. 마키아벨리의 '비지배'는 해방적이지만 무정부적이지 않다. 그는 지배받지 않으려는 욕망에서 비롯되는 갈등과 이러한 갈등이 초래하는 변화를 '억압으로부터의 해방'이라는 측면에서 바라본다. 주어진 정치제도의 틀 안에서 변화를 수용할 수 있다는 소극적 의미가 아니라, 지속적으로 나타나는 변화의 요구들이 합의된 제도화의 방법까지도 바꾸어 버릴 수 있다는 적극적 의미로 받아들이는 것이다. 그러나 그가 말하는 '비지배'는 모든 형태의 통제를 억압으로 바라보는 입장이나, 무정형의 끝없는 변화를 의도하는 기획이나, 민주주의의 정신을 자기 전복적 운동에서 찾으려는 견해와는 일정한 거리가 있다.

사실 갈등을 통한 변화에 대한 마키아벨리의 확신이 정치적 개연성과 제도적 불확정성에 대한 수긍에서 비롯된 것은 부인할 수 없다. 그러나 우리는 그가 인민 또는 다수의 행복을 끝없는 해방감에서 찾지 않았다는 점도 놓쳐서는 안 된다. 그는 지속적인 혁명의 소용돌이는 소수의 탁월함에 대한 '자발적 예속'이나 지배하고자 하는 욕망으로의 '퇴행적 전이'를 초래할 수 있다고 보았다. 자발적 예속이 비지배와 결코 병존할 수 없듯이, 지배하고자 하는 욕구로의 퇴행적 전이를 불러일으킬 수 있는 끝없는 해방감도 비지배가 지향하는 바와 궁극적으로 어긋날 수 있다고 본 것이다.

이런 우려는 마키아벨리가 제시하는 '비지배'의 정의에서도 잘 드러난다. 주지하다시피 그는 사람들의 정치적 지향 또는 심리적 기질(umore)을 "지배하려는 욕구"와 "지배받지 않으려는 욕구"로 구별한다. 이때 그는 이러한 '지향' 또는 '기질'을 계층적이거나 계급적인 것으로 보지 않는다. 부자든 가난한 사람이든, 귀족이든 인민이든 "지배하려는 욕구"를 가질 수 있다고 본다. 그래서 그는 사회적 지위와 무관하게, 상대적인 약자는 "지배받지 않으려는 욕구"를 가진다고 말한다. 그리고 하나의 기질에서 다른 하나의 기질로 전이되거나 변화되는 경우도 언급한다.[34] 한마디로 그가 "지배받지 않으려는 소극적 열망"을 대다수 인민의 기질로 규정한 것은 특별한 수사적 의도가 내재된 것이다.

> 모든 도시(città)에는 이러한 두 개의 다른 기질들(umori)이 발견되는데, [이러한 기질들은] 이것으로부터 비롯된다. 인민은 귀족들에게 명령받거나 지배당하지 않기를 원하고, 귀족은 인민을 명령하고 지배하기를 원한다(che il populo desidera non essere comandato né oppresso da' grandi ed e' grandi desiderano comandare e opprimere el populo)는 것이다. 이러한 두 가지 다른 욕구들로부터 도시들에서 세 가지 결과들 중 하나가 발생한다. 군주정(principato), 자유(libertà), 방종(licenza)이다.[35]

우선 우리는 그가 사용하는 '자유(libertà)'라는 단어가 로마공화정에서 '노예가 아닌 시민'의 정치사회적 지위를 의미한다는 점에 주목해야 한다. 즉 '비지배'란 밖으로는 독립적이고, 안으로는 타인의 자의적 의지에 종속되지 않는 조건을 시민 모두가 향유하는 상태를 뜻한다. 다음으로 우리는 그가 '자유'와 '방종'을 구별하고 있음을 주시해야 한다. 그는 '명령하다(comandare)'와 '억압하다(opprimere)'라는 동사를 구별해 사용하고, 후자는 '노예상태'와 동일시하는 반면 전자는 공화정이 건설된 이후에는 '시민적 자유'와 충돌되지 않을 수 있다는 점을 적시하고 있다. 즉 그에게 '비지배'는 곧 '공화정'의 특성이고, '비지배'의 실현은 곧 '공화정'의 건설을 의미한다.

이런 맥락에서 마키아벨리의 '비지배'는 '무정부'와 구별되고, 그의 정치사상은 전자가 후자에 대해 갖는 우위를 전달한다. 때로는 모순된 수사적 이탈도 있지만, 그는 '비지배 욕구'를 억압된 사람들의 열망으로, 그리고 정치권력으로부터 거리가 있는 다수의 기질로 이해시키려고 노력한다. 설사 인민이 '지배하려는 욕구'가 노출되더라도, 그는 이런 욕구는 오직 비지배가 보장된 '공화정'에서만 발견될 수 있는 퇴행이라고 일축한다. 그럼으로써 그는 '지배받지 않으려는 욕구'의 해방적 실현을 공화정의 건설이라는 제도적 구상과 연관시키고, 공화정 수립 이후에도 지속되는 끝없는 해방감은 방종으로 귀결될 수 있음을 경고한다. 갈등을 통해 구성될 '공화정'의 내용은 불확정적이지만, 정치사회적 조건으로서 '비지배' 자유를 제도화해야 한다는 방향성만큼은 뚜렷했던 것이다.

우리도 변화를 추동하려는 정치적 감성이 '지배'와 관련되어 있는지, 변화를 의도하는 운동의 정치적 목표가 '지배'인지 '비지배'인지를 차분히 성찰할 필요가 있다. 전복적이든 점진적이든, 만약 변화를 갈망하고 의도하는 개인 또는 집단들이 자신들의 의사를 공적인 장(場)에서 표현하고 동의를 획득하는 과정을 '지배'와 '피(彼)지배'의 이분법적 구조가 아니라 '비지배의 관철'이라는 관점에서 바라본다면, 그리고 이러한 관점이 하나의 문화 또는 시민적 기풍이 된다면, 힘의 논리에 기초한 비관적 현실주의가 아니라 시민적 견제력에 기초한 변화의 제도화가 민주주의를 보다 풍부하게 할 것이다.

법과 정치

법은 지배하는가?

대부분의 학자들은 영미 학계에서 사용하는 'the rule of law'를 '법의 지배'라고 번역하는 것을 불편해 한다.[1] 그러나 달리 대체할 단어를 찾지 못한 듯 모두가 '법의 지배'라는 말을 사용한다. 이때 '법의 지배'는 '인치(人治)'와 구별된 '법치(法治)'의 다양한 양태를 포괄하는 개념처럼 사용되기도 하고, 정치권력조차 구속하는 법적 권위의 실질적인 작용 방식을 반영하는 것처럼 여겨지기도 하며, 권리와 의무의 총체로서 법의 존립이 보장받아야 할 이유를 정당화하는 원칙처럼 간주되기도 한다.

그렇지만 '지배(支配)'라는 번역이 'the rule of law'가 전달하려는 내용을 제대로 함축하고 있는지는 의문이다. 주지하다시피 최초로 'the rule of law'를 관용구로 정립한 다이시(Andrew Venn Dicey)는 "권리의 보호", "법 앞의 평등", "법의 출원으로서 입법과 사법"을 지도원칙(guiding principles)으로 제시한 바 있다.[2] 로마법의 용례에서

본다면, 소유(dominium)나 지배(dominatio)보다 통치(imperium)와 조정
(gubernator)의 뜻이 더 강하게 내포되어 있다. 따라서 우위(supremacy)
나 우세(predominance)와 같이 '지배(domination)'로 번역하기에 충분한
단어가 동시에 사용되지만,[3] 다이시의 원칙들은 "어떤 형태의 자의
적 권력과 과도한 재량도 용납할 수 없다."[4]는 정치적 신념을 우선적
으로 관철하고 있다는 사실을 간과할 수 없다. 어쩌면 '비(非)지배'와
'반(反)전제'에 대한 최초의 열망을 담기에는 '법치'나 '법의 통치'가
더 적합할지도 모른다.

영미와 다른 문화적·역사적 맥락을 갖고 있는 유럽 대륙에서도
'법의 지배'라는 용어가 어색하기는 마찬가지다. 다만 독일인들이
가부장적 통치나 폭력의 전제적 행사와 구별된 의미에서 '법치국가
(Rechtsstaat)'를 사용할 때, 이탈리아인들이 정치권력의 재량권을 제한
하기 위해 "법에 근거한 국가(Stato di diritto)'라는 용어를 사용할 때 영
미와 유럽 대륙의 어색함은 크게 줄어든다. 이탈리아의 정치철학자
보비오(Noberto Bobbio)가 지적했듯이,[5] 기본권 보호와 보편적 인권과
같은 개인의 자유가 갖는 정치사회적 가치들이 부각될수록 두 전통
은 더욱 친화적인 태도를 갖게 되는 것이다.

이렇듯 '법의 지배'가 보편화된 시대에 우리는 두 가지 전복
적 현상을 함께 목도하고 있다. 한편으로는 이탈리아 영화 「추월
(Il Sorpasso)」(1962)의 주인공처럼 모든 규제로부터 해방됨으로써 자
기를 찾고자 하는 움직임이 일어나고, 다른 한편으로는 경찰국가
(Polizeistaat)를 연상시키는 폭력의 독점이 효율성이라는 미명하에 시

민들의 일상조차 길들이려 한다. 둘은 다른 듯 보이지만, 파시즘과 나치즘을 추동한 병리적 충동이 보여 준 특징을 공유한다. 그렇기에 우리는 두 가지 주제를 다시금 살펴봐야 한다. 첫째는 서양 정치철학사에서 개인의 자율성이 정치권력과의 관계에서 절대적 우선성을 갖게 된 사상사적 계기다. 둘째는 '정치의 사법화'라는 화두로 대변되는 법과 민주주의의 긴장을 해소할 수 있는 원칙이다.

개인의 자율성

"인권은 천부적이고 전(前)정치적이며 보편적이다."라고 규정하는 자유주의 전통이 도전을 받고 있다.[6] 민주적 절차와 정치사회적 맥락으로부터 독립된 기준을 통해 인권의 내용을 제시하려는 자유주의적 해석에 대한 불만, 그리고 자유주의가 정치적 권리만을 앞세워 특정 집단이 공적 영역을 독점함으로써 초래되는 불평등에 무관심했다는 지적이 비등한 것이다. 또한 이러한 비판에 문화적·정치적 경계를 넘어 여러 국가 또는 사회에 적용될 수 있는 인권의 보편성에 대한 회의까지 가세했다. 사회경제적 권리부터 민주적 심의를 통한 법적 권리의 실현까지, 그리고 문화적 다양성과 다문화 공존의 요구까지 모두 인권의 절대성에 대한 질문과 관련되는 것이다.

이런 맥락에서 볼 때, 장 칼뱅(John Calvin)의 정치철학은 우리의 관심을 끌기에 충분하다.[7] 특히 두 가지 측면에서 그렇다. 첫째, 이성이 아닌 계시에 의지하는 기독교 집단 내부에서 '법의 지배'의 필요성을 역설했다는 점이다. 칼뱅주의가 "신의 영광을 위한(in majorem gloriamm Dei) 전투적 삶"으로 인식되는 것과는 달리, 칼뱅은 법규를 통해 교회 지도자들의 재량권을 제한하고 부당한 의무 부과를 막으려 했다.

인간은 본래 사회적 동물이기에, 자연적 본능을 통해 사회를 발전시키고 유지하려는 경향이 있다. 그렇기에 우리는 모든 인간의 마음속에 시민적 공정한 거래와 질서에 대한 보편적 감정이 있다는 것을 목도한다. 따라서 모든 종류의 인간 조직은 반드시 법으로 규제되어야 한다는 것을 납득하지 못하는 사람은 없으며, 그러한 법의 원칙들을 이해하지 못하는 사람도 없다.[8]

'정의와 평등(droiture et équité)'에 대한 설명에서, 칼뱅은 스토아적 상상력을 동원했다.[9] 즉 신이 인간의 마음속에 도덕관념을 심어 놓았기에, 자신의 양심을 따른다면 이교도라 할지라도 정의와 평등의 일반적 원칙을 이해할 수 있다는 것이다.[10] 동일한 맥락에서 그는 정치권력이 개개인의 양심을 결코 침해하거나 제한할 수 없다고 역설한다.[11] 신으로부터 부여받은 양심의 자유를 보호하는 것이 정치제도의 목적이고, 이를 위해서라도 공정한 법의 집행이 무엇보다 우선시된다는 것이다.

둘째, 자의적 권력에 대한 '저항'을 하나의 권리로 인정했다는

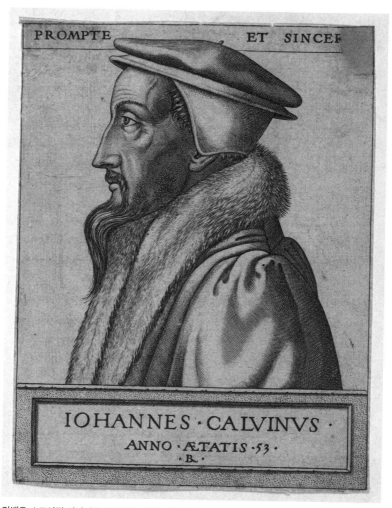

PROMPTE ET SINCEI

IOHANNES · CALVINVS ·
ANNO · ÆTATIS ·53·
·B·

칼뱅은 스토아적 상상력을 동원했다. 신으로부터 부여받은 양심의 자유를 보호하는 것이 정치제도의 목적이고, 이를 위해서라도 공정한 법의 집행이 무엇보다 우선된다는 것이다.

것이다. 사실 16세기 후반 칼뱅주의자들을 통해 대두된 '폭군방벌론(暴君放伐論, Monarchomaque)'은 갑자기 등장한 구호가 아니었다. 고대 로마 정치철학에서 중세 스콜라철학에 이르기까지 '참주 살해(tyrannicidium)'는 정당한 행위로 용인되었고, 13세기 이탈리아 자치도시의 경험 이후 '공공선(公共善)'의 실질적 내용으로 자리 잡은 '시민적 자유(libertà)'도 부당한 권력에 대한 저항을 충분히 정당화할 수 있었다. 그러나 칼뱅의 교회에 대한 논의로부터 파생된 저항권은 민주적 절차와 양심적 자유를 바탕으로 새로운 전기를 마련했다.

> 만약 무제한적 폭정을 바로잡는 일이 하나님의 징벌이라면, 그 일이 복종과 인내를 제외하고는 어떤 명령도 받은 바 없는 우리에게 바로 위탁되었다고 생각해서는 안 된다. 나는 줄곧 사사로운 개인들에 대해 이야기를 하고 있다. 왜냐하면 왕들의 의지를 제어하기 위해 임명된 인민의 관리들이 있는 경우⋯⋯ 그들의 의무를 따라 그들이 왕들의 극심한 방종에 맞서는 것을 금하려는 것은 결코 아니기 때문이다.[12]

비록 개인적 차원의 저항은 반대했지만, 칼뱅은 인민이 선출한 대표들을 통한 저항은 허용했다. 주지하다시피 그는 교회의 대표 선출과 의사 결정에서 민주적 절차를 강조했다.[13] 아울러 그는 양심의 자유에 따른 개개인의 '자유재량(adiaphora)'을 존중할 것을 주문했다.[14] 따라서 교회에 대한 그의 논의가 세속의 정치권력에 적용될 때, 민주적 절차와 양심의 자유에 기초한 저항권은 재세례파(Anabaptist)의 무정부적 신앙과 루터의 정치와 종교의 분리 중 어디에도 속하지 않는 독특한 '권리(droits)'를 형성하게 되었다. 즉 개개인의 양심적 자유가 정치권력이 침해할 수 없는 자율적 영역으로 부각된 것이다.

중세 유대교와 이슬람교에서도 이성적 추론을 정당화하려는 노력이 있었지만,[15] 신의 '일반적 은총(gratis generalis)'으로 개개인이 '평등한 권리와 자유(pari iura et libertates)'를 가질 수 있다는 생각으로까지 발전하지는 않았다. 반면 칼뱅의 반(反)위계적 대표 선출과 민주적 심의, 그리고 양심의 자유에 기초한 저항권은 한편으로는 종교적 관용을, 다른 한편으로는 개인의 자율성을 정치적·도덕적 원칙으로 확립하는 데 큰 기여를 했다. 특히 후자는 이후 칼뱅주의를 통해 개개인이 마땅히 향유해야 할 '인류 공통의 권리(iura commune hominum)'로 자리 잡게 되었다. 개인의 자율성이 법의 제정과 운용의 전제조건으로 간주되어야 할 이유를 칼뱅의 정치사상이 제공한 것이다.

자연법 이론가들에게는 불충분하겠지만,[16] 개인의 자율성은 법과 정치의 관계에 대한 다양한 견해들 사이의 긴장을 조율할 수 있는 원칙들 중 하나다. 1990년대 이래 인권과 관련된 논의들을 살펴보면 더욱 그렇다. '단일한 잣대로 문화적·정치적 경계를 넘어 여러 국가 또는 사회를 인권이라는 범주에서 비교할 수 있는가?'라는 논쟁이 이(異)문화(cross-cultural) 사이의 민주적 심의를 통한 판단 기준의 수립으로 수렴된 것도,[17] 국제정치에서의 권력관계와 주권국가 사이의 갈등이라는 현실적 제약을 인정하면서도 민주적 절차를 통한 공적 토론의 필요가 끊임없이 제기되고 있는 것도,[18] 기본권의 절대적 보편성을 주장하는 견해뿐만 아니라 토론을 통해 기본권의 내용을 구체화하려는 입장에서도 개인의 자율성을 우선적으로 확보되어야 할 전제조건으로 상정하고 있음을 보여 준다. 즉 민주적 심의와 권리의 보편성을 조화시키려 한다면, 법과 정치에 대한 다양한 주장들이 개인의 자율성을 우선적으로 충족시킬 수 있는지부터 검토해야 한다는 일반적 합의가 형성되고 있는 것이다.

법과 민주주의

법과 정치의 상관관계에 있어서 또 다른 중요한 주제는 '정치의 사법화'다. 이때 정치의 사법화가 의미하는 바는 사법부에 의한 위헌 법률심사가 의회를 통한 입법 과정에 심각한 왜곡을 가져온다는 일반적인 우려를 반영한다.[19] 사실 '사법 통치' 또는 '정치의 사법화'라는 신조어가 등장하기 훨씬 이전부터 입법부가 제정한 법률을 사법부가 심사하는 제도를 둘러싸고 '사법 입법' 또는 '사법 우위'라는 비판이 제기되어 왔다. "누구든지 법을 해석할 절대적 권력이 있다면, 법을 쓰거나 말한 사람이 아니라 바로 그 사람이 진정한 입법자"라는 비판이 보여 주듯,[20] 사법부에 의한 법률 심사는 한편으로는 개인의 자유와 권리의 보장이라는 측면에서 옹호되기도 했지만, 다른 한편으로는 민주주의의 일반적 기대에 어긋나는 귀족적이고 과두적인 제도라는 비난을 받아왔던 것이다.

소위 '사법 소극주의'와 '사법 적극주의'의 논쟁도 동일한 맥락에서 이해할 수 있다. 일반적으로 전자는 사법부의 법률 해석의 본질을 텍스트의 형식논리나 제정자의 의도에 국한시키려는 입장을, 후자는 헌법적 권리의 보호와 변화하는 법의식에 사법부가 보다 능동적으로 대처할 것을 요구하는 입장으로 정리된다. 그러나 정치철학적 논의는 "사법 심사가 민주주의와 상호 보완적인 관계를 갖는지 아니면 긴장 관계를 갖는지" 또는 "사법 심사가 과연 한 사회의 궁극적인 합의 도출의 능력을 갖고 있는지" 즉(해석이 아니라 주체에 초점이 맞추어져 있다.) 따라서 "선출되지 않은 판사들이 선출된 대표들의 결정을 무효화하는 것이 정당한지",[21] 그리고 "다수결로 인권을 비롯한 불가침의 기본권을 훼손하는 경우까지 용인해야 하는지"[22]가 사법 심사와 관련된 논쟁의 핵심이 된다.

사법 적극주의를 지지하는 입장에서 볼 때, 사법 심사를 '반민주적'이라고 규정하는 견해는 민주주의를 지나치게 좁게 규정하는 단견에 불과하다. 로널드 드워킨(Ronald Dworkin)은 이러한 측면에서 가장 정교한 이론을 제시하는 학자들 중 한 사람이다. 그는 다수결에 의한 결정뿐만 아니라 헌법기관의 판단도 민주주의의 일반적 요구를 만족시키는 방식의 하나이고, 만약 사법부가 모두가 추구해야 하는 정치적 목적으로서 개인의 권리를 보장한다면 사법 심사는 결코 민주주의를 훼손하지 않는다고 주장한다.[23] 아울러 그는 반편견의 원칙, 즉 "누구도 자기가 개입된 송사의 재판관이 될 수 없다.(nemo judex in sua causa.)"는 로마법 전통에 의거해서 사법적극주의를 옹호한다.[24] 다수결은 다수가 반대하는 권리를 다수의 판단에 맡기는 오류를 범할 수 있다는 것이다. 반면 사법 심사를 '반민주적'이라고 규정하는 입장에서는 '반편견의 원칙'에 의거한 비판은 차원이 다른 문제일 뿐이다.

> 공동체 구성원 모두의 권리와 관련된 주제를 동등한 참여(equal participation)에 기초해서 전체 공동체가 해결하려고 하는 상황에서 [반편견의 원칙]에 호소하는 것은 부적절해 보인다. 따라서 권리라는 주제에 영향을 받는 모든 사람들이 그 결정에 반드시 참여하는 것은 타당할 뿐만 아니라 정당하다.[25]

법률 심사는 결코 쌍방의 개인적 이해관계를 조정하는 경우와 동일하지 않고, 권리에 대한 사법 심사는 판사 본인도 적용의 대상이 되기 때문에 사법 심사는 반편견의 원칙이 적용될 수 없다는 것이다. 동시에 제레미 월드론(Jeremy Waldron)과 같은 학자들은 사법부가 중립적인 판단이 가능한 조정자가 될 수 있는지조차 의문을 제기한다. 대신 '동의의 원칙', 즉 "모두에게 균일하게 영향을 미치는 것은 모두로부터 승인을 받아야 한다.(Quod omnes similiter tangit, ab omnibus comprobetur.)"는 로마법을 대안으로 제시한다. 다시 말하자면, 헌법적 권리의 문제와 같이 시민 전체가 대상이 되는 사안은 반드시 시민 또는 시민들의 대표들에 의해 다루어져야 한다는 것이다.

다수결에 의한 인권침해의 가능성, 정치적 책임과 시민적 견제로부터 상대적으로 자유로운 사법부의 법률 심사가 갖는 반민주성은 모두 법과 민주주의의 상관관계에서 반드시 고려해야 할 문제들이다. 권위주의 정부 아래에서 사법부가 행한 역할에서도 보듯, 사법부의 소극적 자세가 '법의 지배'가 아니라 '법을 통한 독재'를 조장하기도 하고, 독립된 사법부의 적극적 법률 심사가 정치권력의 전횡을 견제하고 민주주의의 실현을 앞당기는 데 기여하기도 한다.[26] 아울러 사법부에 의한 법률 심사가 기본권 보장에 효과적인 수단인지를 의심하게 만드는 경우도 있고, 시민의 정치 참여를 통한 입법 과정을 우회함으로써 민주주의의 기본 원칙들을 훼손하는 경우도 적지 않다.[27]

결국 문제는 민주적 심의와 기본권의 보장을 동시에 만족시킬 수 있는 방법을 찾는 것이다. 사실 민주적 심의를 앞세우는 입장에서도 민주적 절차를 통해 '반인륜적' 결정이 입법되는 것을 용인할 수는 없다. 그렇기에 마이클 월저(Michael Walzer)와 같이 시민적 합의를 권리가 입법화되는 조건으로 이해하는 학자도 반복된 경험을 통해 대부분의 사회가 공감할 수 있는 최소한의 도덕성이 있다고 주장하기도 한다.[28]

동일한 맥락에서 천부적 인권을 거부하는 공화주의자들도 정치사회적 조건으로서 '비지배'(타인의 자의적 의지로부터의 자유)라는 개념을 중심으로 민주적 심의와 기본적 권리를 결합하려 시도한다.[29] 선험적이고 초월적인 보편적 기준을 제시하지 않으면서도, 민주적 심의가 반인륜적 결정으로 귀결되는 것을 방지할 수 있는 원칙을 찾는 일이 현대 정치철학의 중요 과제가 된 것이다.

자유와 평등

가능성의 평등은 요원한가?

토마 피케티(Thomas Piketty)의 『21세기 자본(Le capital au XXIe siècle)』(2013)이 최근 전 세계 일간지들을 뜨겁게 달구었다. 국내 학계도 이 책을 둘러싸고 심각한 논쟁을 벌였다. 물론 이 책을 눈여겨볼 이유는 충분하다. 중산층의 몰락이나 불평등의 심화를 감정적으로 내뱉기보다 매우 구체적이고 꼼꼼한 자료를 가지고 시장(市場)이 어떻게 불평등하게 운영되어 왔는지를 보여주려 했기 때문이다. 또한 불평등에 대한 감정적인 대처에 앞서, 우리가 당연하다고 생각한 것들을 다시금 생각해야 할 이유를 진지하게 일깨워 주었기 때문이다.

《뉴욕 타임스》의 2014년 4월 19일 자 기사는 전 세계가 그의 책에 주목하는 이유를 잘 설명해 주고 있다.[1] 첫째, 피케티의 불평등 이론은 '사적 소유'와 '시장'을 부정하지 않는다는 것이다. 사실 자본주의와 반자본주의의 도식은 피케티의 경제이론에서 발견할 수 없다. 그는 부모 세대의 뇌리에 깊게 박힌 '불평등의 기원'에 대한 논쟁에는 관심이 없다. 대신 동유럽 공산주의 국가의 붕괴와 걸프 전쟁, 미국발(發) 금융위기와 같은, 이른바 1971년생이 경험한 시장에 대해 이야기한다. 자본과 반자본의 대결이 아니라 지금까지 불평등을 용인해 온 수많은 가정들이 실제 삶의 세계와 얼마나 동떨어져 있었는지를 설명하려 한 것이다. 마치 지그문트 바우만(Zygmunt Bauman)이 '낙수효과(trickle-down effect)'와 같이 상식이 된 편견들을 되짚어 보듯,[2] 피케티는 꼼꼼히 수집한 자료를 통해 불평등한 현실을 분석했다.

둘째, 피케티의 경제이론은 수식과 그래프에 매몰된 경제학을 일반인들도 이해하기 쉬운 이야기로 전환했다는 것이다. 그의 이야기를 읽으면 경제수학을 모르면 이해할 수 없는 논문들, 지극히 단순화된 도표를 통해 '성장'만을 전달하는 언론들, 그리고 경제학의 폐쇄성만 일깨워 주는 모든 정보들이 '최상위층의 임금 성장률이 경제 성장률의 여러 배가 되는 사실'에 대한 토론이 진행되지 못한 것에 대한 우려가 생기게 된다. 그리고 동일한 이유에서 순수 경제이론이 가져다주는 안락함에 빠져 있는 미국 학계를 떠났다는 그의 말을 새삼 주목하게 된다. 손쉽게 수학과 통계를 이용해서 업적을 늘리는 것이 편하긴 했지만, '소득과 부에 대한 역사적 자료를 모으는 조금의 진지한 노력도 없는' 탁상공론으로부터 벗어나려 했던 저자의 용기에 찬사를 보내게 되는 것이다.

셋째, 피케티는 이념적이고 추상적인 슬로건에 대해 진지한 경계심을 요구했다는 것이다. 그는 '능력'이 초래하는 불평등을 완전히 부정하지도, 모든 사람들이 평등해야 한다는 혁명적 견해를 신뢰하지도 않는다. 대신 "내겐 공공의 이익에 부합하는 한 불평등이 문제되지 않는다."라고 말한다.[3] 한편으로는 불평등이 개인의 독립과 부의 창출을 촉진하는 한에서는 받아들일 수 있다는 말이고, 다른 한편으로는 세금과 다른 수단을 통해 한 사회가 더 나아질 수 있다면 불평등한 처우도 용납된다는 말이다. 즉 모두가 평등해야 한다는 이상을 내세우거나 누진세나 소득세의 불평등을 지적함으로써 시장의 방임을 주장할 의도가 없다는 것이다.

그렇기에 전문가들도 피케티의 책이 불평등에 대한 중요한 자료가 될 것이라고 주저 없이 인정한다. 노벨 경제학상 수상자인 폴 크루그먼(Paul Krugman)은 피케티의 연구가 '최상위층의 부(the very rich)'가 실제로 우리가 겪고 있는 불평등의 중요한 원인들 중 하나라는 점을 극명하게 보여 주었다고 극찬했다.[4] 온건한 보수를 지향하는 마틴 울프(Martin Wolf)도 지금까지 근거 없이 떠돌던 이야기들을 풍부한 데이터를 통해 분별할 수 있는 능력을 독자에게 부여했다는 점만큼은 크게 칭찬한다. 이른바 아마르티아 센(Amartya Sen)과 같은 자유주의자 정치이론가들, 그리고 조지프 스티글리츠(Joseph Stiglitz)와 같은 진보적 경제학자가 말하는 '가능성의 평등', 즉 기회의 평등만이 아니라 '그러한 기회를 실현할 수 있는 능력'의 평등이 왜 필요한가에 대한 공감이 피케티의 책을 통해 다시금 탄력을 받고 있는 것이다.

21세기 자본

우선 피케티의 연구가 어떤 점에서 '21세기의 자본론'이라는 저자의 자신감을 뒷받침하는지 살펴볼 필요가 있다. 첫째, 피케티는 역사적으로 축적된 세금 통계(historical tax statistics)를 통해 불평등의 원인을 꼼꼼히 되짚는다. 물론 세금을 가지고 소득의 분배를 이야기하는 것은 새로울 것이 없다. 그러나 소득의 분배를 최상위층의 소득과 연관시키고, 제일 차 세계대전 이전부터 지금까지 거의 1세기를 관통하는 데이터를 모아, 그것도 대부분의 서구 자본주의 국가들의 세금 관련 기록들을 모두 분석한 연구는 이제껏 없었다. 가계 소득이 1950년 이전에는 통계자료에 등장하지 않는다는 점을 염두에 둔다면, 그의 연구가 오랜 기간 동안 자본의 흐름과 불평등의 원인을 살펴보기에 더없이 적합하다는 생각을 어렵지 않게 갖게 된다. 게다가 수작업으로 최상위층이 전체 소득의 몇 퍼센트를 가졌는지를 살펴보고, 그들이 얼마의 세금을 냈는지에 대해 세밀히 분석한 후 이것을 읽을 수 있는 숫자와 간단한 표를 통해 전달하는 파괴력은 상상 이상이다.

둘째, 실증적 자료에 기초한 정치적이고 규범적인 요구는 새로운 제도적 구상에 대한 기대를 갖게 한다. 피케티는 서문에서부터 '데이터 없는 토론'에 대한 강한 반감을 드러내지만, 규범적 토론 그 자체를 거부한 것은 아니다. 실제 자본의 흐름에 무관심한 추상과 가정에 기초한 토론은 민주적 심의를 진부한 이념적 대치로 몰아간다는 판단에서다. 그래서 1970년대에는 상위 1% 최상위층의 소득이 전체

소득의 10% 미만에 그쳤지만 지금은 20%가 넘는 이유가 "초국가적 자본의" 이동 때문이 아니라 신자유주의에 심취한 국가가 시행한 세금 감면 때문이라는 급진적인 주장도 진지한 관찰을 유도하고, 자본의 유동성이 부유한 나라와 가난한 나라의 간극을 좁히는 것이 아니라 아시아의 최근 사례가 보여 주듯 "인적 자본(human capital)"의 성장이 국가 사이의 불평등을 해소시킬 것"이라는 주장은 초국가적 기업의 익숙한 선전을 압도한다.[5]

이런 맥락에서 피케티의 불평등 이론은 이미 정치적인 호소력을 갖고 있다. 사실 그가 제시한 최상위층을 주된 대상으로 한 '급진적인 소득세(progressive income tax)'에 대한 논의는 이미 일대 논쟁을 불러일으키고 있다. 따라서 만약 그의 이론을 받아들인다면, 정치학자는 불평등 심화의 최대 피해자가 민주주의 그 자체이므로 초국가적 자본을 추적해서 누진세를 적용할 이유를 발견해야 하고, 윤리학자는 최상위층을 제외한 거의 대부분의 사람들에게는 재산세를 면제하면서 '최상위층'에게는 더 많은 세금을 부과하는 것이 어째서 공정한지를 설명해야 하고, 사회학자는 조세든 공동부채든 특정 제도와 정책이 가져올 정치경제학적 결과 이면에 존재하는 사회적 갈등과 이러한 갈등의 해소를 고민해야 한다.

그래서 몇 가지 주제들을 먼저 짚어봐야 한다. 첫째, 세금과 노동의 상관관계. 피케티가 주장하는 최상위층에 세금을 더 부과하는 정책은 '세금 감면을 통해 가진 사람들의 소비를 촉진함으로써 경제성장을 도모한다.'는 일반적인 주장에 대한 정면 도전이다. 게다가 세금이 많으면 탈세도 많아지고 생산성도 저하된다는 표준적인 경제 상식에 대한 거부다. 즉 1% 최상위층의 소득세 감면이 전체 경제성 장으로 귀결되지 않으면, 최상위층의 소득은 늘지만 나머지 99%의 삶은 오히려 더 피폐해진다는 전제를 갖고 있는 것이다. 만약 이것 이 역사적 사실로 증명된다면, 그리고 피케티가 주장하듯 99%가 기 대하던 '생산'을 통한 전체소득의 성장이 아니라 1%가 향유하는 '임 대' 등의 비생산적 소득이 폭발적으로 증가된다면, 잘못된 추론으로 99%의 사람들이 자신들의 고통을 유발하는 불평등에 헌신한 셈이 된다.[6]

문제는 이러한 데이터에 수긍하면서도 최상위층에 대한 누진세 에 선뜻 동의하는 사람들이 많지 않다는 것이다. 거대자본의 가계(家 繼)적 세습이 일반화되고 있지만, '활기차고 자신감에 가득 찬 부유한 가정의 젊은이'와 '절망적이고 미래가 없는 빈곤층 젊은이' 사이의 간극이 점점 커지지만, 시장에서 개개인의 자유는 이른바 개개인의 선택에 있어서 자율과 존엄을 가늠하는 주요 잣대처럼 인지되어 있 다. 어쩌면 피케티가 제시한 데이터를 인정하더라도, 모두가 공멸하 는 경쟁이나 1%에게 부가 집중되는 것을 용인하는 정책적 선택을 할 사람이 더 많을지도 모른다. 즉 '결과적으로 이러하니까 당신의 자유 를 규제하는 것을 인정하라.'는 주장이 '규제가 없는 개개인의 선택' 을 자유라고 믿는 사람들에게 받아들여지기 쉽지 않다는 것이다.

둘째, 각자의 재능과 노력이 빚어낸 불평등을 용인하면서도 최 상위층 1퍼센트에 대한 예외적 과세가 정당화될 수 있는 '정치사회적 판단근거는 무엇이냐?'는 것이다.[7] 무분별한 평준화나 이상적인 평등에 대해 불만을 갖고 있는 사람들에게도 세습이 최상위층 부의 본질이라는 사실은 불쾌하다. 그러나 재능이 아니라 세습이 최상위층이 향유하는 현재적 부의 축적 방식이라는 지적만으로는 풀리지 않는 문제가 하나 있다. 즉 불평등의 심화를 막아야 한다는 주장에 동의하더라도, 모두가 '더 갖고 싶어 하는 욕망이 있다.'는 전제를 받아들이는 동시에 '부의 세습은 곤란하다.'는 규범적 요구가 통계적 물증만으로는 설득되지 않는다는 것이다. 달리 표현해서 만약 인간의 본성으로부터 욕망을 제외할 의사가 없다면, 흥정과 계약 이상의 사회경제적인 상호관계의 틀을 형성하는 원칙을 제공해야 한다는 것이다.

실제로 피케티에 대한 비판은 불평등이 가져온 생산성의 증가, 그리고 자연적 불평등에 대한 논의로 다시 확대되고 있다. 여기에 비하자면 오랜 논쟁의 하나이지만 '운'이 초래한 불평등을 해소하는 방법으로서 누진세가 갖는 타당성에 대한 논쟁은 역설적이지만 새롭다.[8] 게다가 최근에는 '지구화 시대에 국가적 경계를 넘어 존재하는 초국가적 최상위층에게 어떻게 소득에 비례하는 세금을 부과할 수 있느냐?'는 법적 문제까지 거론된다.[9] 그만큼 흥정과 계약을 넘어선 상호관계의 새로운 원칙과 근거가 '불평등은 나쁘다.'는 이야기보다 더 중요하다는 이야기다. 그리고 '소수의 특권층이 향유하던 물질문명의 혜택을 극빈층까지 향유할 수 있도록 하지 않았느냐?'는 식의 주장을 인문학적 상상력과 정치철학적 토론 없이 데이터만 가지고 극복하기는 어렵다.

'역량'과 '가능성'

피케티와는 달리 아마르티아 센의 '가능성(capability)' 이론은 수학적 효용함수나 축적된 데이터뿐만 아니라 정치철학적 통찰력을 통해 불평등의 문제를 토론의 장으로 견인한다. 이때 정치철학적 통찰력이란 케네스 애로(Kenneth Arrow)의 '사회적 선택(social choice)' 이론의 '불가능성 정리(Impossibility Theorem)'를 넘어, 아리스토텔레스의 '기능(ergon)', 애덤 스미스의 '공정한 관찰자(impartial spectator)', 존 스튜어트 밀의 '토론(discussion)의 자유' 등 생존을 위한 필요뿐만 아니라 인간의 잠재적 능력을 발현할 수 있는 정치사회적 관계까지도 삶의 필수조건으로 간주했던 정치철학적 유산의 재구성을 의미한다. 특히 인간적 삶의 조건을 개개인의 '역할과 처지(doings and beings)'의 집합, 즉 '인간의 잠재적 능력의 발현과 이러한 발현을 가능하게 하는 제도의 결합'으로 접근했다는 점은 경제학적 후생의 모색뿐만 아니라 정치학적 제도의 구상에도 매우 큰 기여를 했다.

개인이 자기의 목적을 추구할 진정한 기회(opportunity)에 초점을 맞춘다면, 개인들 각자가 보유한 기본적 재화(the primary goods)뿐만 아니라 그 재화를 자신의 목적을 촉진할 수 있는 능력(ability)으로 전환하는 데

아마르티아 센

에 적절한 개인적 특성들도 설명되어야 한다.[10]

위에서 보듯, 센은 존 롤스가 '공정 (fairness)'으로 구체화한 '기회의 균 등'이나 사회계약론적 전통에서 제 시하는 '보편적 권리'에 만족하지 않는다.[11] 생필품이나 소득만으로 삶의 질을 평가할 수 없듯이, 인간 다운 삶을 영위할 기회만큼이나 그 러한 기회를 살릴 수 있는 잠재력의 배양이 중요하다는 것이다.[12] 즉 '기회의 균등'이 아니라 '가능성의 평등'을 보다 인간적인 삶의 구현을 위한 실질적인 자유의 내용으로 간주해야 한다는 것이다.

종종 '가능성'을 '역량'으로 번역하기도 하는데, 아리스토텔레스 의 '기능'에 대한 논의를 살펴보면 전자가 후자보다 더 적합하다. 단 순히 영어 표현에만 집착할 수 없는 의미가 내재되어 있기 때문이다. 우선 센이 '가능성'의 개념을 도출한 아리스토텔레스의 '기능'에 대 한 논의를 살펴볼 필요가 있다.

행복이 최선(最善)이라는 주장은 아마도 일반적으로 동의되겠지만, 보다 일목요연하게 이야기할 필요가 있다. 만약 인간의 기능(ergon)이 파악된다면, 이러한 필요는 충족될 것이다. 피리 연주자, 조각가, 기술자, 그리고 일반적으로 어떤 업무와 행위를 갖고 있는 모든 사람들의 경우와 같이, 선함과 잘함은 그 기능 안에 있는 것처럼 보인다.[13]

소크라테스가 "그것에 의해서만 가장 잘할 수 있는 것"으로서 '기능'을 통해 '올바름'이 행복의 근원임을 설명하듯,[14] 아리스토텔레스도 "이성에 따르는 영혼의 기능"을 통해 "탁월성에 따르는 영혼의 활동이 인간적 선(善)"이라는 점을 강조한다.[15] 동시에 아리스토텔레스는 모두가 '행복(eudaimonia)' 또는 '좋은 삶(eu zēn)'을 지향하지만 무엇이 행복 또는 좋은 삶의 내용인지에 대해서는 이견이 있기 때문에 인간의 활동 또는 기능에 대해 알 수 있다면 '행복'에 대해 보다 명백하게 이야기할 수 있다고 믿는다. 즉 행복의 내용은 개인의 특성과 사회적 관계에 따라 다를 수 있고, 동일한 이유에서 '기능'은 현재적 '활동(energeia)'뿐만 아니라 잠재된 '능력(dynamis)'까지 포괄해야 한다는 것이다.

　마찬가지로 센의 '가능성'은 특정 목표에 상응하는 힘의 실재만큼이나 힘을 사용할 수 있는 능력을 전제한다. 아울러 그가 말하는 '기능의 총합'은 아리스토텔레스의 "존재할 수도 있고 존재하지 않을 수도 있는" 잠재성에 기초한다.[16] 따라서 아리스토텔레스의 잠재성이 "능력을 발현할 수도 있고, 하지 않을 수도 있는" 가능성을 포괄하듯,[17] 센의 가능성은 디오니소스적 충동의 실현이나 주체로서 목표를 실현하는 수준에 그치는 것이 아니라 잠재성의 발현이 가능한 조건과 그러한 발현을 개개인이 선택할 수 있는 실질적 자유의 제도적 보장까지 요구한다.[18] 다시 말하자면, '역량(competence)'이라는 번역이 불러일으키는 '경쟁'이라는 이미지가 문제가 아니라, 최소 능력의 평균적 배분뿐만 아니라 가능성의 평등을 보장하는 정치사회적 제도를 구체화할 개념이 필요하다는 것이다.

가능성의 평등

가능성의 평등이라는 측면에서 보면, 센의 빈곤에 대한 논의도 개인의 능력만큼이나 정치사회적 제도에 초점이 맞추어졌다는 사실을 어렵지 않게 발견할 수 있다. 초기 저술인 『빈곤과 기근(Poverty and Famines)』(1981)도 마찬가지다. 그는 이 책에서 천부적 또는 자연적 권리(rights)보다 법적·제도적으로 취득된 권리(entitlement)라는 개념을 사용하고, 소유도 추상적인 '재산(property)'이 아니라 실재적 점유를 강조하는 '소유(ownership)'라는 단어를 사용한다.[19] 이러한 기준에서 본다면, 빈곤과 기근은 자원의 희소성이나 욕망의 무한성과 같은 자연적 한계가 초래하는 비극인 것만은 아니다. 비록 후자가 전자의 원인이 되기도 하지만, 여러 요인들 중 하나일 뿐이다.

오히려 사람들이 재화를 획득할 수 있는 능력을 골고루 배분하지 못한 정치사회적 제도가 더 큰 문제로 부각된다.[20] 기근이 곡물 공급을 훨씬 상회하는 인구의 증가가 아니라 개개인이 곡물을 취득할 권리의 불평등한 분배 때문에 발생하고, 빈곤도 낮은 수준의 소득만이 아니라 개개인이 자신의 잠재적 능력을 키울 수 있는 가능성 자체를 박탈당함으로써 초래될 수 있다는 것이다.[21] 따라서 민주주의가 반드시 빈곤을 해결해 주지는 않지만, 민주주의는 '가능성의 평등'이라는 관점에서 불평등과 관련해 매우 중요한 정치사회적 기제가 된다.

> 사실 권위주의 통치(governance)와 정치적·시민적 권리의 억압이 경제성장을 촉진하는 데 유익하다는 일반적 증거는 거의 없다. 그 통계적 상황은 훨씬 복잡하다. 체계적인 실증적 연구들은 정치적 자유와 경제적 성취 사이에 일반적인 갈등이 존재한다는 주장을 실제로 뒷받침하지 않는다.[22]

표면적으로 센은 민주주의와 경제발전의 상관관계를 논리적 연관보다 경험적 자료를 통해 지지한다. 그러나 그는 민주주의가 정보의 공개를 통해 개개인이 스스로의 가능성을 실현시키고 유지하는 데에 기여할 뿐만 아니라, 다양성을 바탕으로 하는 민주적 심의를 보장함으로써 정치사회적 정의를 진작시킨다고 역설한다.[23] 즉 개인적 차원에서는 잠재적 능력의 발현에서, 사회적 차원에서는 정의의 구현이라는 측면에서 그에게 민주주의는 '가능성의 평등'이 무엇보다 중요한 정치사회적 기제인 것이다.

'가능성의 평등'은 특히 두 가지 차원에서 민주주의와 상보적 관계를 갖는다. 첫째는 '초월적 제도주의(transcendental institutionalism)'의 극복이다.[24] 이상적이고 완벽한 사회를 설정함으로써 특정의 단일 기준을 판단에 적용하기보다, 부정의의 제거를 목적으로 하는 가능성의 실현에 초점을 둔 비교가 바람직하다는 것이다.[25] 만약 민주적 절차가 이상의 실현이 아니라 부정의의 해소를 목적으로 한다면, '가능성의 평등'은 민주적 심의를 통한 점진적 개선에 크게 기여할 것이다. 둘째는 다양성의 보장이다.[26] '가능성의 평등'은 다양한 대안들의 조합을 인정하는 담론의 장을 요구하고, 이렇게 확보된 담론의 장은 이른바 밀이 말했던 대다수가 공유하는 의견이라도 반박하고 다툴 수 있는 "완전한 자유의 실현"으로 귀결될 것이다.[27] 즉 '가능성의 평등'은 민주적 심의를 통한 실질적인 자유의 보장에 대한 기대를 증폭시킨다는 것이다.

가능성과 비지배

최근 '공정사회'와 관련된 논쟁들도 '가능성의 평등'이라는 관점을 통해 다시금 검토해 볼 필요가 있다. 왜냐하면 '공정사회'라는 화두가 전달하는 우리 사회의 문제점들과 해결책들이 대부분 극히 협소한 자유주의의 틀 안에서만 논의되는 경향을 보이기 때문이다. 크게 두 가지 측면에서 그렇다. 첫째, '기회의 균등'이 공정성을 판단하는 가장 중요한 잣대로 거론되고 있다는 사실이다. 사실 '개천에서

용이 날 수 없는 사회'라는 불만은 오래전부터 우리 사회의 빈곤 대물림과 경제 양극화를 온건하게 대변하고 있었다. 그러나 이러한 불만을 초래한 문제들은 '기회의 균등'만으로는 해결할 수 없다. 균등하게 주어진 '기회'를 선택하고 향유할 수 있는 '최소한의 능력' 또는 '가능성의 평등'이 동시에 요구된다. 둘째, '공정성' 회복을 위한 방법의 하나로 개인의 '자선적 희생'이 강조된다는 것이다. 이를 두고 일각에서는 반시장적이고 반자유주의적이라고까지 비난한다. 그러나 개인적 자선에 대한 기대는 자유주의를 넘어선 것이 아니라 자유주의적이다. 그렇기에 센과 같은 자유주의자들도 '가능성의 평등'을 보장하기 위해 사회 안전망의 구축을 역설했다는 점은 '공정사회'에 대한 다양한 접근들이 검토될 수 있는 토양을 형성하는 데에 이바지할 것이다.

이런 맥락에서, 최초로 '공화국'을 정치적 삶의 내용으로 구체화했던 로마공화정의 경험으로부터 우리는 새로운 정치적 전망을 얻게 된다. 그 첫 번째가 로마공화정이 상정했던 '공중(populus)'의 의미다. 즉 '공중의 것'이 '공화국'이라면, 로마공화정에서는 무엇을 '공중'이라고 불렀느냐는 것이다. 키케로의 서술을 따르면, 로마인들은 '공중'을 단순한 '군집(coetus)'과 구별된 '결속(societus)'으로 이해했다. 아울러 이러한 결속은 정의에 대한 합의와 공유된 이익을 통해 형성되고, 공중의 관심사를 토론할 심의기구와 서로 간의 신뢰가 기초할 공통의 법적 토대가 필요하다고 믿었다.[28] 즉 로마인들에게 '공중'은 '법과 공통의 관심사를 심의할 수 있는 자격을 갖춘 자유로운 시민들의 결속'이었던 것이다. 이러한 '공중'에 대한 정의로부터 신(新)공화주의자들은 로마 시민들의 자유에 관심을 갖게 되었고, 시민으로서 향유해야 할 최소 조건으로 '비지배 자유'를 우리의 시야 안으로 다시 끌어들인 것이다.[29]

두 번째는 로마공화정이 구현하려 했던 공유되는 '것(res)'의 내용이다. 일반적으로 우리는 '공유되는 것'을 권리의 총체로 이해하려는 경향을 강하게 갖고 있다. 개인의 절대적 자유를 신봉하는 자유방임주의자들이 '공중의 것'이라는 표현을 통해 사적 영역의 보호를 위한 어떤 제도적 장치를 기획하는 것도, 넓게 보면 권리에 초점을 맞추는 우리의 습관에서 비롯된 것일지도 모른다. 반면 로마공화정의 시민들은 '공중의 것'을 권리만큼이나 의무의 측면에서 바라보려고 노력했다. '공중의 것'을 누구에게도 속하지 않는 모두의 것으로 해석하고, 이를 위한 책임을 서로 나누고 의무를 교환하는 것을 '공유'의 내용으로 이해했던 것이다. 센이 타자와의 관계를 도덕적 판단으로 내면화시킨 '책무(commitment)'에 큰 기대를 갖고 있듯이,[30] 이것으로부터 서로에 대한 의무의 교환에 등가적 대가와는 구별되는 '시민적 연대가 가능한 새로운 토대로서의 시민성(civility)'을 꿈꾸게 된다.

세 번째는 '공동체'와 구별되는 '공화국'의 특징이다. 일반적으로 로마인들은 후자를 '정치적 삶을 구성하는 법적 장치 또는 헌정체제'로 이해했고, 전자는 '서로에게 부과된 의무의 교환에서 비등가적 상호성을 감당하도록 요구하는 도덕적 지침'으로 이해했다. 물론 후자도 전자가 강조하는 의무의 상호교환이나 구성원들 사이의 상호성에 기초한 연대를 강조한다. 그러나 공동체에 대한 헌신이나 공동체에 대한 소속감을 이유로 '비지배 자유'라는 조건을 포기할 이유도 없고, 전자에서 보이듯 구성원이면 누구나 직관적으로 인지할 수 있는 공동선이 있다거나 전체적 지침과 개인의 선호가 갈등할 때에는 주저 없이 전체를 선택하라는 암시도 없다. 여기에서 조정 원칙으로서 '비지배 자유'는 '간섭으로부터의 자유'보다는 훨씬 부담스럽지만, '공동체에 대한 무조건적인 헌신'보다는 덜 부담스러운 관계적 개념이다. 공동의 적이 있어야만 협력한다는 자유주의의 비관적 전망보다는 포괄적이지만, 인간은 정치적 동물일 뿐만 아니라 공동체 안에 있을 때에만 그 본성이 발현된다는 공동체주의의 요구보다 법적·정치적 차원에 더 관심을 기울인 것이다.

'가능성의 평등'과 '비지배 자유'는 변화에 대한 열망을 차분하게 삶의 세계로 돌려놓을 수 있으리라 생각한다. 로마공화정의 시민들이 '비지배 자유'를 향한 열정을 제도적 구상을 위한 진지한 토론으로 전환시켰듯이, '가능성의 평등'은 지배와 피지배라는 권력관계로 세상을 바라보려는 비관적 전망을 비지배의 실현을 위한 기대로 되돌릴 수 있으리라 기대하는 것이다. 아울러 '가능성의 평등'과 '비지배 자유'의 결합은 운동에 선재하는 사려, 사람에 대한 애정을 상실하지 않는 변혁, 그리고 말하기만큼이나 듣는 것이 민주주의에 중요하다는 점을 모두에게 확인시켜 줄 것이다. '다중(multitude)'의 운동성을 파괴하지 않으면서도, 무분별한 분노의 표출에 정의감을 소진시키지 않는 새로운 방향성을 제공할 것으로 기대하는 것이다.

정치와 수사

설득의 정치는 가능할까?

민주주의가 위기에 처할 때마다 집단지성에 대한 회의와 새로운 리더에 대한 기대가 커져 간다. 전자는 반민주적이고 후자는 민주적이라고 말할지도 모른다. 그러나 두 현상은 동전의 양면과 같다. 집단지성에 대한 회의는 탁월한 집단 또는 개인의 판단에 미래를 맡기자는 입장과 맞물려 있고, 새로운 리더에 대한 기대도 그 정치 지도자가 무엇을 대표하고 대변하든 집단으로서 시민이 아니라 한 사람의 판단에 변화의 축을 두기 때문이다. 사실 민주주의의 유지와 개선이라는 측면에서 볼 때, 후자도 전자만큼이나 위험하다. '낙인찍기'와 '우상화'가 대상에 대해 갖는 감정은 정반대이지만 동일한 집단적 행동 양식이듯, 시민들의 결집된 의견이라고 하더라도 '한 사람' 또는 '한 방향'에 전체가 가야 할 미래가 걸려 있다는 입장에는 민주적 심의를 회피하거나 생략할 수 있다는 생각이 잠재되어 있기 때문이다.

사실 대의제도와 민주주의의 긴장에 대한 정치철학적 고민은 민주주의의 역사만큼이나 오래되었다. 다만 시민들이 자유롭게 정부를 임명하고 면직시킴으로써 얻어지는 혜택만으로 민주주의를 설명할 수 없다는 주장이 지배적인 지금, 대의제와 관련된 두 가지 논쟁을 한번 살펴볼 필요가 있다.[1] 첫째는 '시민들의 일상 속에서 나타나는 정치적 무관심이 자연적인 것이냐 아니면 인위적인 것이냐.'는 질문과 관련된 논쟁이다. '선거를 통한 대표 선출'의 불가피성을 강조하는 입장에서, 시민들의 정치적 무관심은 다분히 자발적이다.[2] 경제행위와 개인 복리에 치중하는 일상 속에서, 시민들은 전문가들로 구성된 대표들을 선출해서 그들에게 정치적 결정을 맡기려는 경향을 갖는다는 것이다. 반면 민주주의를 변화를 의도하는 혁명적 동기로 설명하는 입장에서 '정치적 무관심'은 참여를 통해 새로운 정치체제를 창출하려는 시민들의 정치적 의지가 차단당해 나타나는 결과일 뿐이다.[3]

둘째는 '즉흥적이고 무정형적인 대중들의 요구를 어느 정도까지 용인할 수 있는가.'와 관련한 논쟁이다. 다양한 의견이 자유롭게 토론될 수 있는 조건이 구비된다면, 전문가가 아닌 대중들의 토론도 '집단적 지혜(collective wisdom)'에 다다를 수 있다는 점에 대해서는 큰 이견이 없다. 그러나 제도 밖에서 형성되는 집단적 의사가 초래하는 '제도적 불확정성'을 민주주의의 본질적 요소로 볼 수 있는지에 대해서는 상반된 의견이 존재한다. 아울러 다수의 집단의사가 초래할 수 있는 '다수의 전제'에 대한 우려도 여전하다. 자유주의 정치 이론가들은 대부분 이러한 불확정성과 다수의 전제 가능성을 제도로 규제해야 한다는 입장을 견지한다.[4] 그러나 선험적 규범이나 항구적 원칙을 거부하는 급진적 민주주의자들은 '제도적 불확정성'을 민주주의의 역동성으로 이해하고, '다수의 전제'도 민주주의를 경험한 시민들 스스로의 자정 능력을 통해 충분히 제어 또는 방지할 수 있다고 본다.[5]

이런 맥락에서 민주주의의 자기 전복적 속성을 억제시키지 않으면서도 안정적인 변화를 가능하게 할 수 있는 '민주적 리더십'에 대한 연구가 관심을 끌고 있다. 한편으로는 다수의 의사를 무조건 대변하는 수동적 태도를 취하지 않는 리더십의 민주적 정당성을 찾고, 다른 한편으로는 대중으로부터 분출된 의사를 민주적 심의로 전환시킬 수 있는 리더십의 새로운 모델을 모색하는 것이다. 특히 대중의 의사 또는 일반적 상식에서 출발해서 대중들의 사고 전환과 정치적 행동을 유발하려는 목적에서 기술되거나 설파되는 '정치적 수사'에 대한 연구는 우리의 주목을 끌기에 충분하다. 대중의 다양한 의견들이 형성해 놓은 정치적 불확정성 속에서 정치가가 대중을 설득하는 데 필요한 정치적·철학적 판단 기준, 그리고 적절한 시점(kairos)에 대중을 설득하는 수사적 기법이 그 어느 때보다 필요하기 때문이다.

정치적 수사[6]

최근 정치철학 영역에서 아리스토텔레스의 수사학에 대한 관심이 증폭된 것도 동일한 맥락에서 이해될 수 있다. 아리스토텔레스의 수사학이 후기 산업사회가 형성해 놓은 정치적 환경에서 적실성을 가지고 있다는 생각이 일반적 동의를 얻게 된 것이다. 사실 심리학과 정치커뮤니케이션 분야에서는 일찍부터 아리스토텔레스의 수사학 분류나 감성을 통한 설득을 부분적으로 언급하거나 응용해 왔다. 물론 아리스토텔레스에 대한 관심이 증가한 것은 과학적 이성주의와 기계론적 세계관에 대한 반발과 결코 무관하지 않다. 그러나 리더십 연구에 있어 아리스토텔레스 수사학의 직간접적인 영향은 크게 두 가지다. 첫째는 어떤 전형(eidos)을 제시하기보다 개연성에 기초한 아리스토텔레스의 정치적 리더십에 대한 논의, 둘째는 감정 영역을 수사의 핵심 기술로 포괄한 유연한 태도 때문이다. 이러한 영향은 수사보다 행동으로 리더십의 핵심적인 내용을 구성하는 학자들에게도 인정받고 있는 부분이고, 정치와 수사의 관계에서 본다면 크게 세 가지 측면이 부각된다.

첫째는 인식론(epistemological)적 측면이다. 기존의 철학과 수사, 도덕과 정치의 대립을 우회할 수 있는 대중적 수사의 독립적인 인식론적 기초를 제공함으로써, 대중적 설득에 대해 플라톤 이후 지속된 일반적 편견을 극복할 수 있도록 도와준다는 것이다.[7] 아리스토텔레스의 수사학(Rhetorikē)은 "수사학은 철학적 변증과 유사한 것(antistrophos)"이라는 말로 시작한다.[8] 이 말은 수사를 지식에 이르는 철학적이고 교육적인 변증(dialectic)과 논쟁의 수단적 성격이 강조되는 궤변적 논변(sophistry)의 중간에 위치시키려는 의도를 담고 있다.

그러나 좀 더 엄밀하게 살펴보면 이 말은 단순히 수사적 의도만을 갖고 있는 것은 아니다. 이 말의 이면에는 "인간은 자연적으로 지식을 갈망한다."는 아리스토텔레스의 인식론적 낙관론이 배어 있다.[9] 즉 배운다는 것 자체는 모두에게 즐거움을 주는 것이기 때문에 진리와 정의는 허구보다 더 잘 전달될 수 있다는 것이다.[10]

이러한 진리와 정의의 설득 가능성에 대한 낙관론은 대중에 대한 낙관론도 함께 담고 있다. 플라톤의 소크라테스는 선(善, dikaiosynē)을 대중의 의견(doxai)과 대립시킴으로써 대중의 의견을 원칙적으로 불신한다면, 아리스토텔레스는 비철학적 대중의 의견도 부분적으로나마 진리를 반영할 수 있다는 입장을 견지하고 있는 것이다.[11] 즉 수사가가 대중의 의견에 기초해서 자신의 논리를 피력하는 것이 항상 진리나 정의를 위반하는 것은 아니며, 개인적 대화가 아니라 대중적 수사를 통해서도 진리와 정의는 설득될 수 있고, 만약 설득되지 않았다면 그것은 수사가의 기술 부족 때문이지 결코 진리와 정의가 대중적 수사를 통해 전달되기 어렵다는 점의 반증은 아니라는 것이다.[12] 여기에서 설득으로서의 수사는 더 이상 기만술이 아니라 반복된 경험을 통해 얻어지는 능력이며, 동일한 이유에서 체계적으로 가르치고 배울 수 있고, 진리와 정의를 전달하려는 사람들이 반드시 익혀야 할 기술(technē)이 된다.[13]

두 번째는 정치적(political) 측면이다. 아리스토텔레스의 수사학은 대중적 수사가 갖는 비대칭적 교감이라는 조건을 잘 파악하고, 수사가가 대중의 의견에서 출발해야 하지만, 대중의 의견을 넘어설 수밖에 없는 불가피한 이유가 정치적 사려(phronesis)의 내용으로 재구성되고 있다. 실제로 아리스토텔레스는 수사란 대중이 갖고 있는 검증된 의견(endoxa)에 종속될 수밖에 없음을 인정하고 있다. 그러나 동시에 그는 수사가, 특히 입법 과정과 관련된 정치적 심의와 대중적 수사는 검증된 의견을 초월해야 할 필요성이 있다고 강조하고 있다.[14] 그 이유는 바로 다양성에 있다. 즉 대중은 다양한 요소로 구성되어 있기 때문에 대중의 의견은 동질적일 수 없으며, 서로 대립되거나 부분적으로 반영하는 진리가 각양각색일 수 있다는 것이다.

따라서 아리스토텔레스에게 정치가는 대중들의 다양하고 이질적인 의견들을 포괄할 수 있는 전체적인 조망을 가져야 한다. 그리고 대중의 의견으로부터 시작하지만 대중의 의견을 극복해야 한다는 정치적 측면에서 수사가 갖는 비대칭적 쌍방관계에 대해 충분히 인지하고 있어야만 한다.

마치 개별 기능공의 행위를 조정하고 통합하는 능력이 요구되는 건축가(architektōn)와 같이, 대중적 수사는 입법 과정에 참여하는 다양한 의견들을 종합하고 전체적인 의사를 형성할 수 있는 능력이 요구된다. 여기에서 아리스토텔레스의 대중적 수사는 단순히 '설득의 기술'이 아니라 "주어진 상황에서 가장 가능한 설득의 수단을 찾는 기술"로 승화되고, 이때 주어진 상황에서 가장 적절한 언어와 태도, 그리고 설득의 수단을 찾는 수사가가 가져야 할 덕목은 다름 아닌 정치적 사려가 된다.[15] 즉 아리스토텔레스의 대중적 수사는 대중 의견의 이질성이 형성해 놓은 정치적 불확정성에서 가장 적절한 수단을 찾는 개연성(probability)에 초점을 맞춘 정치적 기술이고, 대중의 취향에 아부하는 기만적 선동과 분리되며, 또한 절대성을 추구하는 과학적 논증과도 구별되는, 이른바 정치적 실천에서 필요한 '가능성의 미학(the art of the possible)'을 지향했던 것이다.

세 번째는 기술적(technical) 측면이다. 여기에서 가장 중요한 것은 아리스토텔레스가 설득에 있어 감정(pathōs)에 호소하는 것을 허용했다는 점이다. 플라톤이 수사가 이성이 아닌 감정을 통해 설득한다고 비판했다면, 아리스토텔레스는 만약 의도와 결과가 자신의 주장의 합리성을 설득하려는 데 초점이 맞추어져 있다면 청중의 감정에 호소할 수 있다는 입장을 견지한 것이다. 감정과 연관시켜 볼 때, 기술적 측면은 크게 두 가지 점에서 우리의 주목을 끈다. 첫째는 감정이 행위를 유발하는 수단적 의미만을 가지는 것이 아니라, 진리와 가치에 대한 이성적 판단 그 자체라는 것을 밝혀 준 점이다.

아리스토텔레스에게 감정은 자기를 둘러싼 세계를 평가하는 우리의 능력을 조건 짓는 핵심 요소다.[16] 사람들은 상황마다 각기 같거나 다른 감정을 갖게 되고, 자기 주변에 있는 것에 대한 자신의 감정을 기초로 판단하며, 이러한 판단이 행동으로 귀결되고, 궁극적으로는 감정이 한 사회의 신념체계를 구성하기 때문이다.[17] 따라서 이때 감정은 더 이상 육체적 감각이나 내면적 느낌이 아니다. 감정은 이성적 판단과 연관된 사회적 현상이다. 동일한 이유에서 대중적 수사를 통해 감정을 불러일으키는 행위는 사회적으로 구성된 감정에 호소하는 동시에 새로운 감정을 사회적으로 구성하는 필수적인 정치적 행위인 것이다. 궁극적으로 감정이 한 사회의 신념체계를 구성하는 이성적이며 정치적인 설득의 핵심적인 대상으로 인식되어야 하는 것이다.

둘째는 대중적 수사의 핵심적인 요소로 화자의 개인적 특성 (ethos)을 부각시켰다는 점이다. 아리스토텔레스에게 기술적 증거 (entechnai pisteis)는 화자의 특성(ethos), 청자의 감정(pathōs), 그리고 수사의 내용으로서 논리(logos)의 적절한 합이다.[18] 소피스트에게 수사의 핵심이 감정을 조작하는 논리라면, 그리고 플라톤의 수사에 대한 비판이 화자의 도덕성에 초점을 맞추고 있다면, 아리스토텔레스는 이 두 가지 입장 모두를 전적으로 수용하지는 않는다. 그에게 개인적 특성은 내면적 기질을 의미하는 것이 아니라 화자에게 인지된 개인의 성격이다. 즉 청자에게 화자의 성격이 신중하고, 덕이 있으며, 호의가 있는 것으로 판단되면 설득이 더욱 용이하다. 이러한 이유에서 아리스토텔레스의 개인적 특성의 강조는 다름이 아니라 대중적 수사가는 스스로를 청자의 특성에 순응하는 방법으로 표현해야 한다는 기술적인 충고다.[19] 이때 감정에 호소하는 것은 감정의 조작이 아니라 감정이입이며, 청자에게 인지되지 못한 화자의 도덕성과 진정성은 정치적으로 의미가 없다. 청자의 판단과 행동에 영향력을 끼치지 못하는 개인적 덕성은 정치적 사려의 부재와 다름없기 때문이다.

요약하면, 아리스토텔레스가 밝힌 수사의 유용성은 다음과 같다. 첫째는 수사적 기술을 모른다는 이유로 진리와 정의를 옹호하는 사람이 변론에서 패배하지 않게 함으로써, 진리와 정의의 허구에 대한 자연적 우위를 더욱 공고하게 만들 수 있다는 확신을 제공하는 '인식론적 측면'이다. 둘째는 대중의 의견으로부터 시작해서 대중들의 이 질성을 전체적으로 조명할 수 있는 정치적 수사의 기술을 설명함으로써, 과학적 논증이나 철학적 변증으로 대중을 가르칠 때 나타나는 실패를 반복하지 않는 방법을 모색하는 '정치적 측면'이다. 셋째는 감정에 대한 호소를 이성적 설득으로 해석할 수 있는 근거를 제공함으로써, 감정을 통한 설득에 사회적 신념의 재구성이라는 적극적인 역할을 부여하고, 대중에게 인지되지 않고 개인의 내면에 머물러 있는 도덕성과 진정성은 정치적으로 무의미하다는 점을 확인시켜 주는 '기술적 측면'이다. 세 가지 측면들은 모두 후기 산업사회가 형성해 놓은 정치적 환경에서 최근 새롭게 주목받고 있으며, 정치와 수사의 새로운 관계 정립에 필수적인 요소들이다.

설득의 정치

아리스토텔레스의 수사 분류 중 가장 정치적인 것은 '심의적 (deliberative)' 수사다. 여기에서 '심의'의 원어(原語)적 의미는 충고 (symbouleuein) 또는 조언자(symboulos)다. 따라서 표면적으로는 정치적 행위와 관련이 없는 수사의 형태도 포함된다. 그러나 아리스토텔레스의 심의적 수사는 공적 영역에서 행해지는 정치적 심의와 연관된 수사를 말한다. 왜냐하면 아테네에서 'symbouleuein'이나 'symboulos' 는 민회에서 회중에게 설득을 하는 사람을 지칭하는 것으로 사용되었기 때문이다. 즉 '어떤 정치적 선택을 내리는 것이 좋으냐.'는 논쟁이 민회에서 벌어지고 있을 때, 회중에게 어떤 방향의 선택이 좋다고 조언을 하는 수사를 구체적으로 지칭하고 있다.

아리스토텔레스는 수사를 크게 '심의적(symbouleutikon)', '법률적(dikanikon)', '의례적(epideiktikon)' 수사로 나눈다. 이 분류는 청자의 종류, 청중의 판단과 관련된 화자의 행위, 수사가 지향하는 시점, 그리고 수사의 본질적인 목적이라는 네 가지 기준을 통해 구성되었다.[20] 첫 번째 기준에 따르면, 그 대상이 심의적 수사는 민회의 구성원, 법률적 수사는 법정의 배심원, 의례적 수사는 의례에서 행해지는 연설의 구경꾼으로 분류된다. 두 번째 기준에서 청자는 모두 어떤 종류의 판단에 개입하게 되며, 이러한 판단의 대상이 심의적 수사에서는 화자가 권고하고 간언하는 것, 법률적 수사에서는 기소하거나 변호하는 것, 의례적 수사에서는 장례식에서와 같이 칭찬하거나 비난하는 것으로 달라진다.

세 번째 기준은 시점으로, 심의적 수사는 앞으로 행해질 미래의 것을 판단하고, 법률적 수사는 과거에 행한 바를 판단하며, 의례적 수사는 현재의 것을 판단한다. 네 번째로 심의적 수사는 유익한 것과 해로운 것을 구분하고, 법률적 수사는 정당한 것과 부당한 것을 심판하며, 의례적 수사는 고귀한 것과 수치스러운 것을 구분하는 목적을 가지고 있다. 이 모든 기준을 적용하면, 심의적 수사는 민회의 구성원을 청중으로 하고, 앞으로 있을 미래의 일과 관계된 화자의 권고 또는 간언에 대해 유익한지 해로운지를 판단하는 것이다.

그러나 아리스토텔레스 자신도 종종 혼란을 일으키듯 정치적 수사로서 심의적 수사의 내용은 이 네 가지 기준으로 범주화하기에는 매우 복잡하다. 무엇보다 수사의 시점과 목적이 항상 뚜렷하게 구분되지 않는다는 점이 심의적 수사를 곧 정치적 수사로 받아들이기 어렵게 만든다. 우선 심의적 수사에서 다루는 유용한 것과 해로운 것의 판단 기준을 제공하는 주체가 개인이 아니라 공동체 또는 민회에 모인 회중이라는 점에서, 정치적으로 유용하다는 말이 대중이 정의라고 생각하는 바와 뚜렷하게 구분될 수 있을지 의구심이 생긴다. 아리스토텔레스 자신도 정의와 유익함은 정치적 행위를 판단하는 데 상호 보완적이라고 말했기에 더욱 그렇다.[21]

　　또한 심의적 수사가 지향하는 시점이 항상 미래로 고정되어 있는지도 불확실하다. 종종 민회에서 다루어지는 정치적 심의가 현재의 사실 또는 사건에 대한 판단을 요구할 때도 있으며, 심의적 수사에서도 화자의 선택에 따라 과거와 현재와 미래가 모두 판단의 시점이 될 수도 있기 때문이다. 의례적 수사에서 과거 행적에 대한 비난과 칭찬이 미래의 행동을 유발하듯, 소크라테스의 변론이 과거 행적에 대한 변호에 그치지 않고 현재와 미래의 철학적 자성을 촉구하듯, 심의적 수사에서도 여러 시점과 여러 목적이 동시에 선택될 수 있는 것이다. 만약 아리스토텔레스의 구분에 따른다면, 아테네 민주정의 역사를 통해 정치적 수사의 가장 대표적인 전형으로 손꼽히는 페리클레스의 장례식 연설은 심의적 수사가 아니라 의례적 수사일 뿐이다. 즉 정치적 수사로서 심의적 수사는 청중의 특성과 의견과 감정에 대한 화자의 판단에 따라, 화자가 청자를 설득하려고 선택하는 수단에 따라 다양하게 구성될 수밖에 없지 않겠느냐는 것이다.

이런 점에서 조지 케네디(George Kennedy)의 수사 분류는 하나의 대안으로 검토해볼 만하다. 그는 르네상스 시기까지 지속된 수사학을 '기술(技術)적', '논변(論辨)적', '철학(哲學)적' 수사로 분류했다.[22] 이 분류는 수사의 구성 요소를 화자(the speaker), 청자(the audience), 말(the speech)이라는 세 가지로 나누고, 이 구성 요소 중 어디에 수사의 초점을 두느냐에 따라 수사의 종류를 구분한 것이다. 첫째, '기술적 수사'는 말 자체에 초점을 둔다. 즉 말의 논리가 얼마나 정연한가, 말이 얼마나 설득력을 갖고 있느냐가 초점이다. 둘째, '논변적 수사'는 화자에 초점을 두는 것이다. 소피스트의 궤변이 대표적인 경우로, 말의 내용보다 변론에서 승리함으로써 청중으로부터 얻는 화자의 평판에 초점을 둔다. 셋째, '철학적 수사'는 청자에 초점을 둔다. 청자에 초점을 둔다는 것은 수사의 목적이 청자의 본성을 변화시켜 바람직하게 성장하도록 인도한다는 의미를 담고 있다. 소크라테스의 개인적 담화가 여기에 속하며, 질문과 대답을 통해 청자의 자기반성을 유도하고, 궁극적으로는 청자의 도덕적·철학적 완성을 목적으로 하는 것이다.

이 분류는 아리스토텔레스의 시점과 목적에 기초한 분류보다 정교할 수는 있지만, 정치적 수사를 설명하기에는 여전히 부족하다. 굳이 정치적 수사의 위치를 찾는다면 기술적 수사와 논변적 수사의 종합 정도이고, 결과적으로 전통적인 철학과 정치, 그리고 철학과 수사의 대립을 극복하지 못한다. 가장 큰 이유는 교육적(instructive)인 측면을 철학적 논증에 국한시켰기 때문이다. 사실 아리스토텔레스의 대중적 수사가 갖는 정치적 측면은 이미 대중의 의사로부터 출발하지만 대중의 의사를 초월하는 정치적 사려를 요구하고 있다. 그리고 감정에 호소하는 행위가 이성적 설득의 핵심적인 대중적 수사 기술이듯이, 한 사회의 신념체계를 구성하는 대중 정치인에게 무엇보다 중요한 기능 중 하나는 청자의 삶의 방식을 전환시키는 것이다. 주어진 정치적 환경을 해석하고, 이러한 해석을 통해 당면한 문제를 해결할 수 있는 계획을 설명하며, 대중의 판단을 이끌어 내 행동으로 옮기도록 유도함으로써 정치적 수사는 청자의 삶의 방식을 변형시키는 교육적 측면을 가지고 있다는 것이다.

만약 아리스토텔레스의 인식론적 측면을 전적으로 수용한다면, 정치적 수사는 케네디의 철학적 수사가 내포하는 요구까지도 충족시킬 수 있을 것이다. 비록 소크라테스의 개인적 담화와 철학적 변증에 기초한 교육적 완성은 기대할 수 없지만, 정치적 수사는 대중 정치인과 청중이 상호작용을 통해 서로의 행동과 전망을 수정하는 정도의 교육적 효과는 충분히 기대할 수 있다는 것이다.

민주적 리더십

최근까지 '민주적 리더십'에 대한 다양한 모델들이 제시되었지만, '민주적 리더십'이라는 말 자체가 모순어법(oxymoron)으로 이해되는 일반적 편견을 불식시키기에는 여전히 불충분하다. 오랫동안 민주주의를 경험한 나라에서도 민주주의의 '평등적 지향'과 정치권력의 '비대칭적' 특성이 상호 배타적이라는 인식이 팽배하기 때문이기도 하겠지만, 민주주의가 보편화되면서 '지도자'와 '피지도자' 또는 '통치자'와 '피통치자' 사이의 불평등한 권력 또는 영향력의 배분을 정당화하는 그 어떤 리더십 연구도 크게 환영받지 못했기 때문이다. 그 결과 '민주적 리더십'이 무엇인지에 대한 합의된 개념조차 아직 도출하지 못한 상태이고, '민주적 리더십'에 대한 연구는 그 자체의 존재 이유보다 기능적 역할에 주로 초점을 맞추고 있다. 민주적 리더십 연구가 '평등'에 대한 강박관념에 사로잡혀 있는 것이다.

엄밀하게 말하자면, '민주적 리더십'은 지도자와 구성원이 비대칭적인 영향력을 갖는 절차와 불평등한 힘의 행사가 정당성을 인정받는 근거가 다른 것이지, 그 어떤 모델도 '지도자'와 '피지도자' 또는 '통치자'와 '피통치자' 사이의 불평등하고 비대칭적인 영향력의 부재를 전제하거나 목적으로 할 수는 없다. 오히려 민주적 리더십과 관련된 논의들은 지도자와 피지도자의 비대칭적 관계의 소멸이 아니라, 지도자와 피지도자 사이의 불평등한 관계를 정당화하는 원칙과 이러한 원칙을 규제하고 고칠 수 있는 제도를 일차적으로 고민해야 한다.[23] 따라서 '민주적 리더십'은 탁월성이나 도덕성과 같이 대중들의 신뢰를 획득하는 지도자의 일반적 자질에 대한 연구를 넘어서는 정치철학적 고민이 수반될 수밖에 없고, 지도자의 피지도자에 대한 비대칭적이고 불평등한 영향력이 어떤 정치적·윤리적 판단근거를 가져야 하는지에 대해 진지한 토론을 요구할 수밖에 없다.

이런 맥락에서 볼 때, 민주적 리더십과 관련된 연구에서 무엇보다 시급한 과제는 크게 두 가지다. 첫째는 권위주의적 후견과 민중주의적 선동과 구별되는 '민주적 리더십'을 제시하는 것이다. 물론 이런 노력이 전혀 없었던 것은 아니다. 심의 민주주의에 대한 관심이 증폭되었던 1990년대부터, 영미 학계에서 활발하게 논의되었던 '소통'과 '토론' 중심의 리더십 모델들도 '민주적 리더십'에 대한 연구의 일환으로 볼 수 있다. 문제는 심의 민주주의 이론들은 시민의 정치적 참여를 이끌어 낼 수 있는 제도적 장치와 '민주적 심의'의 필요성을 부각시키는 데는 성공했지만, 민주적 심의에서 민주적 리더십의 존재 이유와 역할에 대해서는 큰 진전을 만들어 내지 못했다는 것이다. 즉 민주적 심의에서도 정치 지도자의 역할은 매우 중요하며, 동일한 이유에서 '민주적 리더십'이 기초해야 할 정치사회적·윤리적 판단근거가 절실하게 필요하다는 것이다.

둘째는 '정치 없는 민주주의'로 귀결되고 있는 급진적 민주주의 이론을 보완하는 일이다. '급진적 민주주의 이론'이란 민주주의의 자기 전복적 속성, 즉 시민들로부터 수렴된 변화의 요구를 지속적으로 반영함으로써 제도의 개혁과 지배, 그리고 피지배 관계의 해소를 민주주의의 이상으로 제시하는 이론들이다.[24] 이런 입장에서 볼 때, 민주적 리더십은 구시대적인 발상에 불과할지도 모른다. 무엇보다 어떤 원칙 또는 어떤 방향성을 누군가가 제시한다면 민주주의가 갖고 있는 '제도적 불확정성'을 훼손할 가능성이 있기 때문이고, 민주적 리더십이 요구하는 정치적·철학적 판단의 근거 또한 '공동체 의식'이나 '인권'과 마찬가지로 민주주의를 통한 창조적 변화를 방해할 수 있다고 판단할 가능성이 크기 때문이다.

특히 사안마다 즉흥적으로 형성되는 대중의 집단적 의사가 갖는 역동성과 반정초주의적 성격에 주목하기 때문에, 급진적 민주주의자들은 '시민적 연대'나 '시민적 신뢰'와 같은 지속되지 않을 매개를 구성함으로써 갈등을 조정하려는 정치적 리더십에 대한 강한 불신을 드러낼 수밖에 없다. 문제는 '공유된 나약함에 대한 자각'만으로 민주주의 사회의 모든 갈등이 '반민주적' 또는 '비민주적'으로 해소되는 것을 방지할 수 있다고 본 것이다. 다시 말해 지배를 회피하기 위해 즉흥적으로 형성되는 '상호 방어적 연대(an alliance of mutual defense)'만으로 어떻게 모든 전투적인 대치를 민주적 심의를 통한 조정으로 승화시킬 수 있겠느냐는 우려가 생긴다는 것이다.

두 가지 과제를 종합하면, 정치인의 자질이나 사회경제적 조건에 천착하던 전통적인 연구에서 벗어나 민주적 절차를 따라가면서 정치적 환경을 스스로 구성하는 '민주적 리더십'을 재고해 볼 필요가 있다. 특히 정치 지도자들을 대중의 선호를 선취하는 수동적 행위자가 아니라 대중의 선호 또는 의사를 형성하는 적극적 행위자로 재규정함으로써, 민주주의의 자기 전복적 속성을 제도적 변화로 귀결시킬 수 있는 민주적 리더십에 대한 연구가 필요하다. 엄밀하게 말하자면, 민주주의 사회일수록 정치 지도자에게는 대중으로부터 수렴된 의사를 대변하는 능력과 함께 대중들이 필요한 것을 적극적으로 설득해 내는 능력이 요구된다. 또한 민주주의 사회일수록 대중의 의사를 대변하기만 하는 선동적 리더십과는 구분되고, 대중을 선도만 하는 계몽적 설득과는 구별되는 '민주적 리더십'이 제시되어야 한다.

주(註)

5부

27 살루타티

1   Giovanni Dominici, *Regola del governo di cura familiare*, edited and noted by Donato Salvi (Firenze: Angiolo Garinei, 1860), 178.

2   Peter Stacey, *Roman Monarchy and the Renaissance Prince* (New York: Cambridge University Press, 2007), 75-170.

3   Seneca, *De Clementia*, in *Seneca, Moral Essays*, trans. John W. Basore (New York: G. P. Putnam's Sons, 1928), I.2.3.

4   ibid.,I.12.I; 1.19.I; 2.34.I-5; 3.14.I-3.I5.3.

5   Dante Alighieri, *Divine Comedy of Dante Alighieri*, Vol. I. Inferno, edited and trans. Robert M. Durling (New York: Oxford University, 1996), I.34.64-66.

6   Manfredi Piccolomini, *The Brutus Revival, Parricide and Tyrannicide During the Renaissance* (Carbondale, IL: Southern Illinois University Press, 1991), 48-94.

7   Berthold L. Ullman, *The Humanism of Coluccio Salutati* (Padova: Editrice Antenore, 1963),

3-16.

8   Paul O. Kristeller, *Renaissance Thought* (New York: harper & Row, 1961), 92-119.

9   Anthony Grafton, "Humanism and political theory," in *The Cambridge History of Political Thought 1450-1700*, edited by James H. Burns (New York: Cambridge University Press, 1991), 9-29.

10 Francesco Petrarca, *Rerum familiarium libri*, 24.3.

11 Francesco Petrarca, *Mia Italia*, 128.84-89.

12 Eugin Garin, *L'Umanesimo Italiano: filosofia e vita civile nel rinascimento* (Bari: Laterza, 1952), 20-32.

13 Jerrold E. Seigel, *Rhetoric and Philosophy in Renaissance Humanism* (Princeton, NJ: Princeton University Press, 1968), 63-98.

14 Coluccio Salutati, *Epistolario*, 1.20-21; 2.83-98; 3.285-308; 3.634-640.

15 Aquinas, *De regimine principum*, 1.3.

16 Cicero, *De Officiis*, 1.124.

17 Coluccio Salutati, *De Tyranno*, 5.1-8.

18 Coluccio Salutati, *De Tyranno*, 1.6 & 4.14; Coluccio Salutati, *Epistolario*, 1.88-91 & 2.31-33.

19 Coluccio Salutati, *Epistolario*, 2.387-393.

20 Daniela De Rosa, *Coluccio Salutati: il cancelliere e il pensatore politico* (Firenze: La Nuova Italia, 1980), 164-165.

21 Coluccio Salutati, *De Tyranno*, 3.4-12.

22 Ronald Witt, "The De tyranno and Coluccio Salutati's View of Politics and Roman History," in *Renaissance Thought, A Reader*, edited by Robert Black (New York: Routledge, 2001), 161-186.

28 브루니

1 Philip Jones, *The Italian City-State, from Commune to Signoria* (New York: Oxford University Press, 1997), 152-332.

2 ibid., 331.

3 Dale Kent, "The Power of the elites: family, patronage, and the state," in *Italy in the Age of the Renaissance* (New York: Oxford University Press, 1994), 165-183.

4 Pier Paolo Vergerio, "De Republica veneta." Appended to D. Robey and J. Law, "Venetian Myth and the 'De republica veneta' of Pier Paolo Vergerio." *Rinascimento*, 2nd series, Vol. 15(1975), 38-50.

5 Matteo Palmieri, *Vita Civile*, edited by Gino Belloni (Firenze: Sansoni, 1982), 131-136.

6 Poggio Bracciolini, "De laude Venetiarum," trans. Martin Davies, in *Cambridge Translations of Renaissance Philosophical Texts* Vol. 2, edited by Jill Kraye (New York: Cambridge University Press, 1997), 135-145.

7 Leonardo Bruni, *History of the Florentine People* Vol. 3, trans. James Hankins (Cambridge, MA: Harvard University Press, 2001), 9.1-6.

8 Leonardo Bruni, *History of the Florentine People* Vol. I, trans. James Hankins (Cambridge, MA: Harvard University Press, 2001), 1.13-14.

9 Leonardo Bruni, *Rerum suo tempore gestarum commentarius*, edited by Emilio Santini & Carmine di Pierro (Cittàdi Castello: S. Lapi, 1926), 431-432.

10 Coluccio Salutati, "Letter to Pope Innocent VII," In *The Humanism of Leonardo Bruni, Selected Texts*, edited by Gordon Griffiths, James Hankins, David Tompson (Binghamton, NY: State University of New York, 1987), 47-48.

11 Coluccio Salutati, *De Tyranno*, 5.1-8.

12 Leonardo Bruni, *De tyranno*, In *Sulla perfetta traduzione*, edited by Paolo Viti (Napoli: Liguori Editore, 2004), 231-232.

13 Hans Baron, *The Crisis of the Early Italian Renaissance* Vol. I (Princeton, NJ: Princeton University Press, 1955), viii-xiv.

14   ibid., 163-189.

15   Jacob Burckhardt, *The Civilization of the Renaissance in Italy*, trans. Samuel G. C. Middlemore (Vienna: the Phaidon Press, 1950), 1-145.

16   Hans Baron, *The Crisis of the Early Italian Renaissance* Vol. 2 (Princeton, NJ: Princeton University Press, 1955), 379-390.

17   Ronald Witt, *'In the Footsteps of the Ancients': The Origins of Humanism from Lovato to Bruni* (Leiden, Netherland: Bril, 2001), 392-442.

18   Genaro Sasso, "Florentina libertas e rinascimento italiano nell' opera di Hans Baron," *Rivista storica italiana* 69(1957), 250-276.

19   John Najemy, "Civic humanism and Florentine Politics," In *Renaissance Civic Humanism*, edited by James Hankins (New York: Cambridge University Press, 2000), 75-104.

20   Leonardo Bruni, *Laudatio Florentinae urbis*. edited by Stefano U. Baldassarri (Firenze: Sismel-Edizioni del Galluzzo, 2000), 51.22.

21   James Hankins, "Rhetoric, history, and ideology: the civic panegyrics of Leonardo Bruni," In *Renaissance Civic Humanism*, edited by James Hankins (New York: Cambridge University Press, 2000), 143-178.

22   Leonardo Bruni, *Ad Petrum Paulum Histrum Dialogus*, In *Prosatori Latini del Quattrocento*, edited by Eugenio Garin (Milano: Riccardo Ricciardi Editore, 1952), 54-55.

23   Leonardo Bruni, *Cicero Novus*, In *Opere Letterarie e Politiche*, edited by Paolo Viti (Torino: Unione Tipografico-Editrice Torinese, 1996), 468-470.

24   Leonardo Bruni, *Vite di Dante e del Petrarca*, In *Opere Letterarie e Politiche*, edited by Paolo Viti (Torino: Unione Tipografico-Editrice Torinese, 1996), 559.

25   Leonardo Bruni, *Difesa contro i reprehensori del popolo di Firenze nella impresa di Lucca*, edited by Paolo Viti (Torino: Unione Tipografico-Editrice Torinese, 1996), 757-758 & 763-768.

26   Nicolai Rubinstein, "The Beginnings of Political Thought in Florence," *Journal of the Warburg and Courtauld Institutes* 5(1942), 198-227.

27   Gary Ianziti, *Writing History in Renaissance Italy* (Cambridge, MA: Harvard University Press, 2012), 7-23.

28 Leonardo Bruni, *History of the Florentine People* Vol. I, trans. James Hankins (Cambridge, MA: Harvard University Press, 2001), 1.13-14.

29 Hanna Gray, "Renaissance Humanism: The Pursuit of Eloquence," *Journal of the History of Ideas* 24/4(1963), 497-154.

30 Nicolai Rubinstein, "Florentina libertas," *Rinascimento* 26(1986), 3-26.

31 John G. A. Pocock, *Machiavellian Moment* (Princeton, NJ: Princeton University Press, 1975), 83-113.

32 Mikael Hörnqvist, "The two myths of civic humanism," In *Renaissance Civic Humanism*, edited by James Hankins (New York: Cambridge University Press, 2000), 105-142.

33 Leonardo Bruni, *History of the Florentine People* Vol. I, trans. James Hankins (Cambridge, MA: Harvard University Press, 2001), 4.29.

34 ibid., 4.30.

35 Leonardo Bruni, *History of the Florentine People* Vol. I, trans. James Hankins (Cambridge, MA: Harvard University Press, 2001), 4.28.

36 Leonardo Bruni, *History of the Florentine People* Vol. 3, trans. James Hankins (Cambridge, MA: Harvard University Press, 2001), 11.12-24. & 12.1-4.

37 Leonardo Bruni, *Orazione Funebre per Nanni Strozzi*, in *Opere Letterarie e Politiche*, edited by Paolo Viti (Torino: Unione Tipografico-Editrice Torinese, 1996), 716.

38 Demetrio Marzi, *La Cancelleria della Repubblica fiorentina* (Rocca S. Casciano: Licinio Cappelli Editore, 1910), 192-193.

39 Niccolò Machiavelli, *Istorie fiorentine*, In *Opere di Niccolò Machiavelli* Volume 2. edited by Alessandro Montevecchi (Torino: Unione Tipografico-Editrice Torinese, 1986), 7.6.

40 Leonardo Bruni, *Sulla Costituzione Fiorentina*, in *Opere Letterarie e Politiche*, edited by Paolo Viti (Torino: Unione Tipografico-Editrice Torinese, 1996), 781.

41 Cicero, *De Officiis*, trans. Walter Miller (Cambridge, MA: Harvard University Press, 2001[1913]), 2.41.

29 사보나롤라

1 Cesare Guasti, *Le feste di San Giovanni Batista in Firenze* (Firenze: Giovanni Cirri Editore, 1884), 4-9.

2 Piero Parenti, *Storia fiorentina* Volume I, edited by Andrea Matucci (Firenze: Leo S. Olschki Editore, 1994), 245.

3 Pasquale Villari, *Life and Times of Girolamo Savonarola*, trans. Linda Villari (New York: Charles Scribner's Sons, 1918), 228-324.

4 ibid., 353-480.

5 Machiavelli, *Il Principe*, 6(21)-(23).

6 Machiavelli, *Discorsi*, I.45(9)-(11).

7 John M. Najemy, *A History of Florence, 1200-1575* (Malden, MA: Blackwell Publishing, 2006), 390-407.

8 Lauro Martines, *Fire in the City, Savonarola and the Struggle for the Soul of Renaissance Florence* (New York: Oxford University Press, 2006), 85-110.

9 Luca Landucci, *Diario fiorentino dal 1450 al 1516 di Luca Landucci, continuato da un anonimo fino al 1542*, noted by Iodoco Del Badia (Firenze: G.C. Sansoni Editore, 1883), 173.

10 Pasquale Villari, *Life and Times of Girolamo Savonarola*, trans. Linda Villari (New York: Charles Scribner's Sons, 1918), 13-14.

11 Girolamo Savonarola, 「De ruina Mundi」, In *Scelta di Prediche e Scritti di Fra Girolamo Savonarola*, edited by Pasquale Villari & Ernesto. Casanova (Firenze: G.C.Sansoni Editore, 1898), 400.

12 ibid., 「Lettere A Suo Padre, 25 Aprile 1475」, 419-422.

13 ibid., 「Sermo, I Novembre 1494」, 52-65.

14 Lorenzo Polizzotto, *The Elect Nation, the Savonarolan Movement in Florence 1494-1545* (New York: Oxford University Press, 1994), 8-53.

15 Girolamo Savonarola, Trattato circa il reggimento e governo della cittàdi Firenze, In *Del reggimento degli stati di Fra Girolamo Savonarola* (Pisa: Niccolo Capurro, 1818), I.I.6-9.

16   Augustine, *De civitate Dei*, 19.14-17.

17   Girolamo Savonarola, Trattato circa il reggimento e governo della cittàdi Firenze, In *Del reggimento degli stati di Fra Girolamo Savonarola* (Pisa: Niccolo Capurro, 1818), I.1.7.

18   ibid., I.3.15.

19   Leonardo Bruni, *Laudatio Florentinae urbis*. edited by Stefano U. Baldassarri (Firenze: Sismel-Edizioni del Galluzzo, 2000), 43.19-76.30.

20   Girolamo Savonarola, Trattato circa il reggimento e governo della cittàdi Firenze, In *Del reggimento degli stati di Fra Girolamo Savonarola* (Pisa: Niccolo Capurro, 1818), I.2.12.

21   John Pocock, *The Machiavellian Moment* (Princeton, NJ: Princeton University Press, 1975), 99-103.

22   Girolamo Savonarola, Trattato circa il reggimento e governo della cittàdi Firenze, In *Del reggimento degli stati di Fra Girolamo Savonarola* (Pisa: Niccolo Capurro, 1818), 3.1.47-49.

23   Donald Weinstein, *Savonarola, the rise and fall of a renaissance prophet* (New Haven, NJ: Yale University Press, 2011), 115-131.

24   Girolamo Savonarola, Trattato circa il reggimento e governo della cittàdi Firenze, In *Del reggimento degli stati di Fra Girolamo Savonarola* (Pisa: Niccolo Capurro, 1818), I.3.16.

25   ibid., 2.1.21-2.3.45.

26   ibid., 2.3.42.

27   ibid., 3.3.58-65.

28   Pasquale Villari, *Life and Times of Girolamo Savonarola*, trans. Linda Villari (New York: Charles Scribner's Sons, 1918), 557-575.

29   Piero Parenti, *Storia fiorentina* Volume I, edited by Andrea Matucci (Firenze: Leo S. Olschki Editore, 1994), 208-209.

30   Machiavelli, *Lettere a Ricciardo Becchi, 9 Marzo 1498*, In *Opere di Niccolò Machiavelli* Volume 3, edited by Franco Gaeta (Torino: Unione Tipografico-Editrice Torinese, 2000), 70.

31   Mark Jurdjevic, *Guardians of Republicanism, The Valori family in the Florentine Renaissance* (New York: Oxford University Press, 2007), 63-95.

32   Donald Weinstein, *Savonarola and Florence, Prophecy and Patriotism in the Renaissance* (Princ-

eton, NJ: Princeton University Press, 1970), 317-377.

30 에라스뮈스

1 Constance M. Furey, *Erasmus, Contarini, and the Religious Republic of Letters* (New York: Cambridge University Press, 2006), 1-85.

2 Anthony Grafton, *Worlds Made by Words, Scholarship and Community in the Modern West* (Cambridge, MA: Harvard University Press, 2009), 9-34.

3 Desiderius Erasmus, *Stultitae Laus*, praefatio.

4 Desiderius Erasmus, *The Correspondence of Erasmus: Letters 1-141*, Vol. I, edited and translated by Roger A. B. Mynors & Douglas F. Thomson (Toronto: University of Toronto Press, 1974), 5-6.

5 James Tracy, *Erasmus, the Growth of a Mind* (Geneva: Librairie Droz, 1972), 21-29.

6 ibid., 31.

7 Desiderius Erasmus, *The Correspondence of Erasmus: Letters 1-141*, Vol. I, edit. & trans. Roger A. B. Mynors & Douglas F. Thomson (Toronto: University of Toronto Press, 1974), 83-84.

8 Desiderius Erasmus, *The Correspondence of Erasmus: Letters 446-593*, Vol. 4, edit. & trans. Roger A. B. Mynors & Douglas F. Thomson (Toronto: University of Toronto Press, 1974), 5.

9 Johan Huizinga, *Erasmus and the Age of Reformation*, trans. Frederick Hopman (New York: Harper Torchbooks, 2011), 29-39.

10 Desiderius Erasmus, *The Christian Manual*, trans. Philip W. Crowther (London: F.C. and J. Rivington, 1816), 225.

11 Desiderius Erasmus, *The Correspondence of Erasmus: Letters 1122-1251*, Vol. 8, edit. & trans. P. G. Bietenholz & Roger A. B. Mynors (Toronto: University of Toronto Press, 1988), 49-52.

12 Desiderius Erasmus, *De libero arbitrio*, In *Luther and Erasmus*, edit. & trans. E. Gordon Rupp and Philip S. Watson (Philadelphia; The Westminster Press, 1969), 42-46 & 49-54.

13 ibid., 91-95.

14 Plutarch, *De liberis educandis*, in *Plutarch: Moralia* Vol. I, trans. Frank C. Babbitt (Cambridge, MA: Harvard University Press, 1986[1927]), 2b-d; Isocrates, *Areopagiticus*, in *Isocrates* Vol. 2, tans. George Norlin (London: Wiliam Heinemann, 1928), 37-40.

15 곽준혁,『지배와 비지배: 마키아벨리「군주」읽기』(파주: 민음사, 2013), 431-442.

16 Machiavelli, *Il Principe.* cura. Giorgio Inglese (Torino: Einaudi, 1995), 18.(14); Desiderius Erasmus, *The Education of a Christian Prince*, trans. Lisa Jardin (New York: Cambridge University Press, 1997), 1.40.22 & 5.3.79.

17 Machiavelli, *Il Principe.* 14.(I); Erasmus, *The Education of a Christian Prince*, 3.1.65 & 9.4.97.

18 Machiavelli, *Il Principe.* 9.(3)&(16), 10(6), 19(18)&(19); Erasmus, *The Education of a Christian Prince*, 1.39.21 & 1.46.23.

19 Erasmus, *The Education of a Christian Prince*, 1.59.27-28.

20 ibid., 1.27.16.

21 ibid., 1.25.15.

31 마키아벨리

1 Ovid, *Heroides*, in *Heroides and Amores*, trans. Grant Showerman (New York: The Macmillan Co., 1914), 2.85.

2 ibid., 2.86.

3 Niccolò Machiavelli, *Il Principe*, edited by Mario Martelli (Roma: Salerno Editrice, 2006), 18.17-18.

4   Michel de Montaigne, *The Complete Essays of Montaigne*, trans. Donald M. Frame (Stanford, CA: Stanford University Press, 1958), 3.1.

5   Niccolò Machiavelli, *Lettere a Francesco Vettori 10 giugo 1514*, in *Opere di Niccolò Machiavelli* Vol. 3 edited by Fanco Gaeta (Torino: Unione Tipografico-Editrice Torinese, 2000), 461-462.

6   Francesco Bausi, *Machiavelli* (Roma: Salerno Editrice, 2005), 27.

7   Roberto Ridolfi, *Vita di Niccolò Machiavelli* (Roma: Angelo Belardetti Editore, 1954), 3-22.

8   Catherine Atkinson, *Debts, Dowries, Donkeys* (Frankfurt: Peter Lang, 2002), 43.

9   Bernardo Machiavelli, *Libro di Ricordi*, edited by Cesare Olschki (Fireze: F. Le Monnier, 1954), 31-138.

10 Bartolomeo Scala, "De Legibus et Iudiciis Dialogus." in *Bartolomeo Scala, Humanistic and Political Writings*, edited by Alison Brown (Tempe, AZ: Arizona State University Press, 1977), 354.

11 Roberto Ridolfi, *Vita di Niccolò Machiavelli* (Roma: Angelo Belardetti Editore, 1954), 22.

12 Filippo Casavecchia, "Lettere di Casavecchia a Niccolò Machiavelli, 17 Giugno 1519," in *Opere di Niccolò Machiavelli* Vol. 3 edited by Fanco Gaeta (Torino: Unione Tipografico-Editrice Torinese, 2000), 309.

13 Niccolò Machiavelli, *Dell'arte della guerra*, in *Opere di Niccolò Machiavelli* Vol. 1-Tomo secondo, edited by Rinaldo Rinaldi (Torino: Unione Tipografico-Editrice Torinese, 1999),1.1256-1257.

14 Niccolò Machiavelli, "Lettere di Machiavelli a Francesco Vettori, 18 Marzo 1513," in *Opere di Niccolò Machiavelli* Vol. 3 edited by Fanco Gaeta (Torino: Unione Tipografico-Editrice Torinese, 2000), 363.

15 Niccolò Machiavelli, "Lettere di Machiavelli a Francesco Vettori, 10 Dicembre 1513," in *Opere di Niccolò Machiavelli* Vol. 3 edited by Fanco Gaeta (Torino: Unione Tipografico-Editrice Torinese, 2000), 428.

16 Niccolò Machiavelli, *Relazione di una vista fatta per fortificare firenze*, in *Opere di Niccolò Machia-*

velli Vol. 2, edited by Alessandro Montevecchi (Torino: Unione Tipografico-Editrice Torinese, 1986), 233-239.

17 Roberto Ridolfi, *Vita di Niccolò Machiavelli* (Roma: Angelo Belardetti Editore, 1954), 323.

18 Niccolò Machiavelli, "Lettere di Machiavelli a Francesco Vettori, 16 Aprile 1527," in *Opere di Niccolò Machiavelli* Vol. 3 edited by Fanco Gaeta (Torino: Unione Tipografico-Editrice Torinese, 2000), 629.

19 Benedetto Croce, "Una questione che forse non si chiuderàmai: La questione del Machiavelli," *Quaderini della critica*, 5:14(1949), 1-9.

20 곽준혁, 『지배와 비지배』(파주: 민음사, 2013), 21-34.

21 Niccolò Machiavelli, *Il Principe*, edited by Giorgio Inglese (Torino: Einaudi, 1995), 16.9.

22 Niccolò Machiavelli, *Il Principe*, edited by Mario Martelli (Roma: Salerno Editrice, 2006), 16.10.

23 Niccolò Machiavelli, *Discorsi sopra la prima deca di Tito Livio Tomo. 1*, edited by Francesco Bausi (Roma: Salerno Editrice, 2001), I.18.29.

24 Niccolò Machiavelli, *Il Principe*, edited by Mario Martelli (Roma: Salerno Editrice, 2006), 9.3 & 15-16; 19.62.

25 ibid., 25.25-27.

26 Niccolò Machiavelli, *Discorsi sopra la prima deca di Tito Livio Tomo. 1*, edited by Francesco Bausi (Roma: Salerno Editrice, 2001), I.11.8-16; I.12.2-14; 2.2.26-36.

27 Niccolò Machiavelli, *Il Principe*, edited by Mario Martelli (Roma: Salerno Editrice, 2006), 18.13-15.

28 Niccolò Machiavelli, *Discorsi sopra la prima deca di Tito Livio Tomo. 1*, edited by Francesco Bausi (Roma: Salerno Editrice, 2001), I.4.2-12; 1.5.2-14; 1.6.2-38; 1.37.22.

29 Cicero, *De Re Publica*, in *De Re Publica & De Legibus*, trans. Walker Keys (Cambridge, MA: Harvard University Press, 2000[1928]), I.51.

30 Niccolò Machiavelli, *Il Principe*, edited by Mario Martelli (Roma: Salerno Editrice,

2006), 9.2.

31   Gennaro Sasso, *Machiavelli e gli antichi e altri saggi, Tomo 1* (Milano: R. Ricciardi, 1987), 67-118.

32   Gabriele Pedullà, *Machiavelli in tumulto, Conguista, cittadinanza e conflitto nei <DISCORSI sopra la prima deca di Tito Livio>* (Roma: Bulzoni Editore, 2011), 87-216.

32 모어

1   David Marsh, *Lucian and the Latins: Humor and Humanism in the Early Renaissance* (Ann Arbor, MI: University of Michigan Press, 1998), 1-41.

2   Gerard B. Wegemer, *Young Thomas More and the Arts of Liberty* (New York: Cambridge University Press, 2011), 53-69.

3   Bracht Branham, "Utopian Laughter: Lucian and Tomas More," *Moreana* 86(1985), 23-43.

4   Richard Marius, *Thomas More* (Cambridge, MA; Harvard University Press, 1999), 3-13.

5   Paul Oskar Kristeller, *Renaissance Thought and its Sources* (New York: Columbia University Press, 1979), 17-31.

6   Thomas More, *The Correspondence of Sir Thomas More*, edited by Elizabeth Frances Rogers (Princeton, NJ: Princeton University Press, 1947), 4-5.

7   Desiderius Erasmus, *The Correspondence of Erasmus: Letters 993-1121*, Vol. 7, by P. G. Bietenholz & Roger A. B. Mynors (Toronto: University of Toronto Press, 1987), 15-25.

8   Richard Rex, "Thomas More and the Heretics: Statesman or Fanatic?," In *The Cambridge Companion to Thomas More*, edited by George M. Logan (New York: Cambridge University Press, 2011), 93-115.

9   Stephen Greenblat, *Renaissance Self-Fashioning, From More to Shakespeare* (Chicago: University

of Chicago Press, 1980), 11-73.

10 Thomas More, *The Yale Edition of the Complete Works of St. Thomas More:* Vol. 9, *The Apology,* edited by Joseph B. Trapp (New Heaven: Yale University Press, 1979), 126-127.

11 Thomas More, *The Yale Edition of the Complete Works of St. Thomas More:* Vol. 3, *part II, Latin Poems,* edited by Clarence H. Miller, Leicester Bradner, and Charles A. Lynch (New Heaven: Yale University Press, 1984), 39, 120, 201, 206, 243, 244.

12 ibid., 121.

13 ibid., 198.

14 Thomas More, "Petition for Freedom of Speech," In *A Thomas More Source Book,* edited by Gerad B. Wegemer and Stephen W. Smith (Washington D.C.: The Catholic University of America Press, 2004), 240-241.

15 Thomas More, *The Yale Edition of the Complete Works of St. Thomas More:* Vol. 3, *part II, Latin Poems,* edited by Clarence H. Miller, Leicester Bradner, and Charles A. Lynch (New Heaven: Yale University Press, 1984), 111.

16 ibid., 112, 114, & 115.

17 Thomas More, *The Yale Edition of the Complete Works of St. Thomas More:* Vol. 3, *part I,* Translations of Lucian, edited by Craig R. Thompson (New Heaven: Yale University Press, 1974), 109 & 121-124.

18 Cicero, *De Re Publica,* in *De Re Publica & De Legibus,* trans. Clinton Walker Keyes (Cambridge, MA: Harvard University Prses, 2000[1928]). 3.43.

19 ibid., 1.51, 1.68 & 70, 3.87.

20 ibid., 3.29-32.

21 Quentin Skinner, "Sir Thomas More's Utopia and the language of Renaissance humanism," In *The Languages of Political Theory in Early-Modern Europe,* edited by Anthony Pagden (New York: Cambridge University Press, 1987), 123-158.

22 Cicero, *De Officiis,* trans. Walter Miller (Cambridge, MA: Harvard University Press, 2001[1913]), 1.6, 1.9, 1.20, 1.22, 1.26, 1.41-45.

23 Thomas More, *The Utopia of Sir Thomas More,* translated by Ralph Robynson and edited

by Joseph H. Lupton (Oxford, UK: Oxford University Press, 1895), 37.

24 Cicero, *De Officiis*, trans. Walter Miller (Cambridge, MA: Harvard University Press, 2001[1913]), 3.4 & 3.22.

25 Thomas More, *The Utopia of Sir Thomas More*, trans. Ralph Robynson and edited by Joseph H. Lupton (Oxford, UK: Oxford University Press, 1895), 98.

26 ibid., 308.

27 ibid., 109-110.

33 귀치아르디니

1 Niccolò Machiavelli, "Lettere di Machiavelli a Francesco Vettori, 16 Aprile 1527," in *Opere di Niccolò Machiavelli* Vol. 3, edited by Franco Gaeta (Torino: Unione Tipografico-Editrice Torinese, 2000), 629.

2 Francesco Guicciardini, *Considerazione sui <discorsi>del Machiavelli*, In *Opere di Francesco Guicciardini* Vol. I. edited by Emanuella Lugnaani Scarano (Torino: Unione Tipografico-Editrice Torinese, 1970). I.5.618.

3 Niccolò Machiavelli, *Discorsi sopra la prima deca di Tito Livio*, intro. Gennaro Sasso, note. Giorgio Inglese (Milano: Rizzoli Editore, 1996), I.44; 2.22.

4 Francesco Guicciardini, *Ricordanze*, in *Opere inedite di Francesco Guicciardini*, Vol. 10, edited by Giuseppe Canestrini and published by Piero & Luigi Guicciardini (Firenze: Presso M. Cellini e Comp, 1867), 68.

5 Mark Phillips, *Francesco Guicciardini: The Historian's Craft* (Toronto: University of Toronto Press, 1977), 4-7.

6 Francesco Guicciardini, *Ricordanze*, in *Opere inedite di Francesco Guicciardini*, Vol. 10, edited by Giuseppe Canestrini and published by Piero & Luigi Guicciardini (Firenze: Presso M. Cellini e Comp, 1867), 71.

7 Athanasios Moulakis, *Republican Realism in Renaissance Florence* (Lanham, MD: Rowman

& Littlefield, 1998), 28-29.

8   Matteo Palumbo, *Francesco Guicciardini, Materiali per lo studio della letteratura italiana* (Napoli: Liguori Editore, 1988), 36-46.

9   Felix Gilbert, "The Venetian Constitution," In *Florentine Studies, Politics and Society in Renaissance Florence*, edited by Nicolai Rubinstein (Evanston, IL: Northwestern University Press, 1968), 463-500.

10   Francesco Guicciardini, *Discorso di Logrogno*, In *Opere di Francesco Guicciardini*, Vol. I, cura. Emanuella Lugnaani Scarano (Torino: Unione Tipografico-Editrice Torinese, 1970), 258.

11   Girolamo Savonarola, *Trattato circa il reggimento e governo della cittàdi Firenze*, In *Del reggimento degli stati di Fra Girolamo Savonarola* (Pisa: Niccolo Capurro, 1818), 3.1.47-49.

12   Francesco Guicciardini, *Discorso di Logrogno*, In *Opere di Francesco Guicciardini*, Vol. I, cura. Emanuella Lugnaani Scarano (Torino: Unione Tipografico-Editrice Torinese, 1970), 276-285.

13   Cicero, *De Re Publica*, in *De Re Publica & De Legibus*, trans. Clinton Walker Keyes (Cambridge, MA: Harvard University Prses, 2000[1928]), 3.43.

14   Francesco Guicciardini, *Discorso di Logrogno*, In *Opere di Francesco Guicciardini*, Vol. I, cura. Emanuella Lugnaani Scarano (Torino: Unione Tipografico-Editrice Torinese, 1970), 276.

15   Leonardo Bruni, *Sulla Costituzione Fiorentina*, In *Opere Letterarie e Politiche*, edited by Paolo Viti (Torino: Unione Tipografico-Editrice Torinese, 1996), 781.

16   Francesco Guicciardini, *Discorso di Logrogno*, In *Opere di Francesco Guicciardini*, Vol. I, cura. Emanuella Lugnaani Scarano (Torino: Unione Tipografico-Editrice Torinese, 1970), 271-274.

17   Felix Gilbert, *Machiavelli and Guicciardini* (Princeton, NJ: Princeton University Press, 1973), 7-152.

18   Niccolò Machiavelli, *Discorsi sopra la prima deca di Tito Livio*, intro. Gennaro Sasso, note. Giorgio Inglese (Milano: Rizzoli Editore, 1996), 1.6; 1.58; 2.3.

19 Francesco Guicciardini, *Considerazione sui <discorsi> del Machiavelli*, In *Opere di Francesco Guicciardini* Vol. I. edited by Emanuella Lugnaani Scarano (Torino: Unione Tipografico-Editrice Torinese, 1970). I.58.655-658.

20 Niccolò Machiavelli, *Discorsi sopra la prima deca di Tito Livio*, intro. Gennaro Sasso, note. Giorgio Inglese (Milano: Rizzoli Editore, 1996), I.12.

21 Francesco Guicciardini, *Considerazione sui <discorsi> del Machiavelli*, In *Opere di Francesco Guicciardini* Vol. I. edited by Emanuella Lugnaani Scarano (Torino: Unione Tipografico-Editrice Torinese, 1970). I.12.629-630.

22 Francesco Guicciardini, *Discorso di Logrogno*, In *Opere di Francesco Guicciardini*, Vol. I, cura. Emanuella Lugnaani Scarano (Torino: Unione Tipografico-Editrice Torinese, 1970), 254.

23 Francesco Guicciardini, *Ricordi B*, In *Opere di Francesco Guicciardini*, Vol. I, cura. Emanuella Lugnaani Scarano (Torino: Unione Tipografico-Editrice Torinese, 1970), 24.734-735, 48.742, 66.747, 88.753, 108.759, 134.766.

24 Francesco Guicciardini, *Ricordi C*, In *Opere di Francesco Guicciardini*, Vol. I, cura. Emanuella Lugnaani Scarano (Torino: Unione Tipografico-Editrice Torinese, 1970), 124.829.

34 루터

1 Eric Voegelin, *History of Political Ideas* Vol. 4, *Renaissance and Reformation* (Columbia, MI: University of Missouri, 1998), 217-291.

2 Quentin Skinner, *The Foundations of Modern Political Thought*, Vol. 2 *The Age of Reformation* (New York: Cambridge University Press, 1978), 20-64.

3 Lauro Martines, *Fire in the City, Savonarola and the Struggle for the Soul of Renaissance Florence* (New York: Oxford University Press, 2006), 85-110.

4 Lucien Febvre & Henri-Jean Martin, *The Coming of the Book, The Impact of Printing 1450-1800*, trans. David Gerard (London: NLB, 1976), 288-290.

5   Elizabeth L. Eisenstein, *The Printing Revolution in Early Modern Europe* (New York: Cambridge University Press, 2005), 164-208.

6   Matthew 16:18-19, *The Interlinear Bible: Hebrew-Greek-English*, edited by Jay Green (Peabody, MA: Hendrickson Publisher, 2005).

7   Constant Fasolt, "Religious Authority and Ecclesiastical Governance," In *The Renaissance World*, edited by John Jeffries Martin (New York: Routledge, 2007), 364-380.

8   Eric Voegelin, *History of Political Ideas* Vol. 4, *Renaissance and Reformation* (Columbia, MI: University of Missouri, 1998), 220-223.

9   Robert N. Swanson, *Universities, Academics and the Great Schism* (New York: Cambridge University Press, 1979), 5-69.

10 Erick H. Erikson, *Young Man Luther: A Study in Psychoanalysis and History* (New York: W.W.Norton & Company, 1993[1958]), 223-250.

11 Augustine, *The City of God against the Pagans* Vol. 4, trans. William C. Greene (Cambridge, MA: Harvard University Press. 1960), 14.3-5 & 28, 15.2.

12 Martin Marty, *Martin Luther* (New York: Viking Penguin, 2004), 1-51.

13 Richard Marius, *Martin Luther: The Christian between God and Death* (Cambridge, MA: Harvard University Press, 2000), 19-42.

14 ibid., 44.

15 Girolamo Savonarola, *Exposito in Psalmum 'Miserere Mei, Deus,"* In *Prison Meditations on Psalms 51 & 31*, trans. John Patrick Donnelly (Milwaukee, WI: Marquette University Press, 1994), 128.

16 Martin Luther, *Ninety-Five Theses*, in *Martin Luther's Basic Theological Writing*, edited & translated by Timothy F. Lull (Minneapolis, MN: Fortress Press, 1989), 12.22, 20.23, 21.23, 27.23-24, 32.24, 33.24, 41.25, 42.25, 48.25, 50.26, 51,26, 52,26, 53.26, 54.26, 57.26.

17 ibid., 2.21, 3.21, 36.24, 37.25.

18 ibid., 6.22.

19 ibid., 62.27.

20   ibid., 37.25.

21   Martin Luther, "An open letter to Pope Leo X," in *Martin Luther's Basic Theological Writing*, edited & translated by Timothy F. Lull (Minneapolis, MN: Fortress Press, 1989), 588 & 594.

22   Thomas Aquinas, *Summa contra gentiles*, edited by P. Marc, C. Pera and Petri Caramello (Torino: Marietti, 1961), 3.116.

23   Martin Luther, "The Freedom of a Christian," in *Martin Luther's Basic Theological Writing*, edit. & trans. Timothy F. Lull (Minneapolis, MN: Fortress Press, 1989), 601-605.

24   ibid., 596-597.

25   ibid., 606-607.

26   ibid., 600-601.

27   ibid., 607.

28   ibid., 596 & 623.

29   Desiderius Erasmus, *De libero arbitrio*, In *Luther and Erasmus*, edited and translated by E. Gordon Rupp and Philip S. Watson (Philadelphia; The Westminster Press, 1969), 42-46 & 49-54.

30   ibid., 91-95.

31   Martin Luther, *De Servo Arbitrio*, edited by Sebastiano Schmidt (Strassburg: Nagel, 1664), 210-215.

32   ibid., 14-17.

33   Martin Luther, "An Appeal to the Ruling Class of German Nationality," In *Martin Luther, Selections From His Writings*, edited by John Dillenberger (New York: Anchor Books, 1961), 407.

34   Matthew 18:20, *he Interlinear Bible: Hebrew-Greek-English*, edited by Jay Green (Peabody, MA: Hendrickson Publisher, 2005).

35   Martin Luther, "An Appeal to the Ruling Class of German Nationality," In *Martin Luther, Selections From His Writings*, edited by John Dillenberger (New York: Anchor Books, 1961), 407-408.

36   ibid., 408-409.

37   ibid., 410-411 & 451-453.

38   Martin Luther, "Temporal Authority: To What Extent It Should Be Obeyed," In *Martin Luther, Selections From His Writings*, edited by John Dillenberger (New York: Anchor Books, 1961), 664-666.

6부

35 보댕

1   Charles Tilly, *Coercion, Capital, and European States, AD 990-1990* (Cambridge, MA: Basil Blackwell, 1990), 20-28.

2   Michael Mann, *States, War, & Capitalism* (New York: Basil Blackwell, 1988), 73-123.

3   Hendrik Spruyt, *The Sovereign State and Its Competitors* (Princeton, NJ: Princeton University Press, 1994), 77-108.

4   James B. Collins, *Fiscal Limits of Absolutism, Direct Taxation in Early Seventeenth-Century France* (Berkeley, CA: University of California Press, 1988), 18-62.

5   Jean Bodin, *The Six Books of a Commonweale*, trans. Richard Knolles (London: Impensis G. Bishop, 1606), I.2.10.

6   ibid., I.8.88-99.

7   Marion Leathers Kuntz, "Religion in the Life of Jean Bodin," In *Bodin's Colloquium of the Seven about Secrets of the Sublime*, trans. Marion Leathers Kuntzs (University Park, PA: The Pennsylvania State University, 2008), xv-xxviii.

8   Mark Holt, *The French Wars of Religion, 1562-1629* (New York: Cambridge University Press, 2005), 50-75.

9   ibid., 76-98.

10   Quentin Skinner, *Foundations of Modern Political Thought* Vol. 2 (New York: Cambridge

University Press, 1978), 284-301.

11 Julian Franklin, *Jean Bodin and the Rise of Absolutist Theory* (New York: Cambridge University Press, 1973), 102 & 108-109.

12 Jean Bodin, *The Six Books of a Commonweale*, trans. Richard Knolles (London: Impensis G. Bishop, 1606), 1.1.1 (저자 부분수정)

13 Jean Bodin, ibid., 2.1.183-197.

14 Cicero, *De Re Publica*, in *De Re Publica & De Legibus*, trans. Clinton Walker Keyes (Cambridge, MA: Harvard University Press, 2000[1928]), 1.39.

15 Aristotle, *Politics*, trans, H. Rackham (Cambridge, MA: Harvard University Press, 1932), 1293b33-34.

16 Jean Bodin, *The Six Books of a Commonweale*, trans. Richard Knolles (London: Impensis G. Bishop, 1606), 1.9.

17 ibid., 1.8.84.

18 Jean Bodin, *Ioannis Bodini Andegavensis, De republica libri sex* (Parisiis: Apud Iacobum Du-Puys sub signo Samaritanae, 1591), 1.8.78.

19 Jean Bodin, *The Six Books of a Commonweale*, trans. Richard Knolles (London: Impensis G. Bishop, 1606), 1.8.86.

20 Blandine Kriegel, "The Rule of the State and Natural Law," in *Natural Law and Civil Sovereignty*, edited by Ian Hunter and David Saunders (New York: Palgrave Macmillan, 2002), 13-26.

21 Jean Bodin, *The Six Books of a Commonweale*, trans. Richard Knolles (London: Impensis G. Bishop, 1606), 2.4.210.

22 ibid., 2.2.197-204.

23 ibid., 1.2.9-10.

24 Jean Bodin, *On Sovereignty*, edit. & trans. Julian H. Franklin (New York: Cambridge University Press, 1992), 1.8.1-8 & 1.10.49.

25 ibid., 1.8.8.

26 ibid., 1.8.11-14.

27 ibid., I.8.1-2.

28 ibid., I.10.50.

29 Jean Bethke Elshtain, *Sovereignty, God, State, and Self* (New York: Basic Books, 2008), 91-117.

36 그로티우스

1   Robert W. Lee, "Hugo Grotius," *Proceedings of the British Academy*, No. 16, 219-279.

2   Michel de Montaigne, *The Complete Essays of Montaigne*, trans. Donald M. Frame (Stanford, CA: Stanford University Press, 1958), 3.1.

3   Cicero, *De Officiis*, trans. Walter Miller (Cambridge, MA: Harvard University Press, 2001[1913]), I.35, 3.28, 3.49.

4   Aquinas, *Summa Theologiae*, Ia2ae.94.2.

5   Cicero, *De Officiis*, trans. Walter Miller (Cambridge, MA: Harvard University Press, 2001[1913]), 3.23.

6   Francisco Suàrez, *De legibus*, In *Tractatus De legibus ac Deo legislatore* (Neapoli: Ex typis Fibrenianis, 1872) 2.18.150-153.

7   Alberici Gentilis, *De iure belli*, edited by Thomas Erskine Holland (Oxford: Clarendon Press, 1877), I.I.1-10.

8   Grotius to William de Groot, April 11, 1643, quoted from Renée Jeffery, *Hugo Grotius in International Thought* (New York: Palgrave Macmillan, 2006), 54.

9   Aristotle, *Nicomachean Ethics*, trans. H. Rackham (Cambridge, MA: Harvard University Press, 1926), 1098b1-1098b12.

10 Hendrick van Eikema Hommes, "Grotius on Natural and International Law," In *Grotius* Vol. 2, edited by John Dunn and Ian Harris (Lyme, NH: Edward Elgar, 1997), 283-293.

11 Hugo Grotius, *Prolegomena to De Jure Belli ac Pacis*, In *The Rights of War and Peace Book III*,

edit. Richard Tuck & trans. Jean Barbeyrac (Indianapolis: Liberty Fund, 2005), 11.1748.

12 Hugo Grotius, *Commentary on the Law of Prize and Booty*, edited by Martine Julia van Ittersum and trans. Gwladys Williams (Indianapolis, IN: Liberty Fund, 2006), 2.23.

13 ibid., 2.24.

14 Richard Tuck, *The Rights of War and Peace, Political Thought and the International Order from Grotius to Kant* (New York: Oxford University Press, 1999), 78-108.

15 Benedict Kingsbury and Adam Roberts, "Introduction: Grotian Thought in International Relations," In *Hugo Grotius and International Relations*, edited by Hedley Bull, Benedict Kinsbury, and Adam Roberts (New York: Oxford University Press, 1990), 1-64, especially 3.

16 Hedley Bull, "The Importance of Grotius," In *Hugo Grotius and International Relations*, edited by Hedley Bull, Benedict Kinsbury, and Adam Roberts (New York: Oxford University Press, 1990), 65-93.

17 Hugo Grotius, *Commentary on the Law of Prize and Booty*, edited by Martine Julia van Ittersum and trans. Gwladys Williams (Indianapolis, IN: Liberty Fund, 2006), 2.25.

18 Hugo Grotius, *Prolegomena to De Jure Belli ac Pacis*, In *The Rights of War and Peace Book III*, edit. Richard Tuck & trans. Jean Barbeyrac (Indianapolis: Liberty Fund, 2005), 16.1749.

19 Hugo Grotius, *Prolegomena to De Jure Belli ac Pacis*, In *The Rights of War and Peace Book II*, edit. Richard Tuck & trans. Jean Barbeyrac (Indianapolis: Liberty Fund, 2005), 2.1.2-2.395.

20 ibid., 2.22.5-1.1102.

21 ibid., 2.22.9.1104.

22 ibid., 2.5.31.631. & 2.22.11.1105-1106.

23 Onuma Yasuaki, "War," In *A Normative Approach to War, Peace, War, and Justice in Hugo Grotius*, edited by Onuma Yasuaki (New York: Clarendon Press, 1993), 57-121.

37 홉스

1 플라톤, 『국가』, 박종현 옮김(1997, 서울: 서광사), 126-127쪽.

2 Plato, *The Republic I*, trans. Paul Shorey (Cambridge: Harvard University Press, 1930), 359a-b.

3 Thomas Hobbes, "Thomas Hobbes malmesburiensis Vita, Scripta Anno MD-CLXXII," in *Thomas Hobbes Malmesburiensis Opera Philosophica Quae Latine Scripsit Omnia* Vol. I, edited by Gulielmi Molesworth (Londini: Apud Joannem Bohn, 1741), lxxxvi.

4 John Aubrey, *Brief Lives* (Oxford: Clarendon Press, 1898), 323.

5 ibid., 328-329.

6 Noel Malcolm, "A Summary biography of Hobbes," in *The Cambridge Companion of Hobbes*, edited by Tom Sorell (New York: Cambridge University Press, 1996), 14-17.

7 ibid., 27-28.

8 Richard Tuck, *Hobbes* (New York: Oxford University Press, 1989), 34-36.

9 Leo Strauss, *The Political Philosophy of Hobbes* (Chicago: University of Chicago Press, 1963), 129-170.

10 곽준혁, 『마키아벨리 다시 읽기』(파주: 민음사, 2014), 175-212.

11 Vickie Sullivan, *Machiavelli, Hobbes, & the Formation of a Liberal Republicanism in England* (New York: Cambridge University Press, 2004), 80-110.

12 Thomas Hobbes, *On The Citizen*, edited & translated by Richard Tuck & Michael Silverthorne (New York: Cambridge University Press, 1998), Epistle dedicatory.3-6 & 13.14.149-150.

13 곽준혁, 『지배와 비지배』(파주: 민음사, 2013), 181-197.

14 Thomas Hobbes, *Elements of Law, Human Nature & De Corpore Politico*, edited by John C.A. Gaskin (New York: Oxford University Press, 1999), 1.9.1; Thomas Hobbes, *On The Citizen*, 1.2.21-25.

15 Thomas Hobbes, *Leviathan*, edited by Richard Tuck (New York: Cambridge University Press, 1991), 8.52-53.

16 Niccolò Machiavelli, *Il Principe*, edited by Mario Martelli (Roma: Salerno Editrice, 2006), 9.10-22, 18.16-17; Niccolò Machiavelli, *Discorsi sopra la prima deca di Tito Livio Tomo. 1*, edited by Francesco Bausi (Roma: Salerno Editrice, 2001), 1.5.2-14, 1.6.17-23.

17 Thomas Hobbes, *Leviathan*, 29.221.

18 Philip Pettit, *Made with Words* (Princeton, NJ: Princeton University Press, 2008), 114-140.

19 Grotius to William de Groot, April 11, 1643, quoted from Renée Jeffery, *Hugo Grotius in International Thought* (New York: Palgrave Macmillan, 2006), 54.

20 Thomas Hobbes, *Elements of Law*, 2.2.1; Thomas Hobbes, *On The Citizen*, 2.1.32-34; Thomas Hobbes, *Leviathan*, 5.32-37 & 15.103-104.

21 Thomas Hobbes, *Leviathan*, 13.91-92 & 15.109.

22 Thomas Hobbes, *Leviathan*, 11.70 & 13.86-90.

23 Thomas Hobbes, *Leviathan*, 14.91.

24 ibid., 14.92-94.

25 ibid., 17.117-121 & 25.180 ; Thomas Hobbes, *On The Citizen*, 13.1-13.142-149.

26 Leo Strauss, *The Political Philosophy of Hobbes* (Chicago: University of Chicago Press, 1963), 157.

27 Noberto Bobbio, *Thomas Hobbes and the Natural Law Tradition*, trans. Daniela Gobetti (Chicago: University of Chicago Press, 1993), 132-136.

28 Thomas Hobbes, *Leviathan*, 18.121-129.

29 Thomas Hobbes, *On The Citizen*, 1.2-3.

30 David Runciman, *Political Hypocrisy, The Mask of Power from Hobbes to Orwell and Beyond* (Princeton, NJ: Princeton University Press, 2008), 16-44.

31 Thomas Hobbes, *Leviathan*, 4.24-30.

32 John Finnis, *Natural Law & Natural Right* (New York: Oxford University Press, 2011), 205-210.

33 Thomas Hobbes, *Leviathan*, 27.208.

34 Susanne Sreedhar, *Hobbes on Resistance, Defying the Leviathan* (New York: Cambridge Uni-

versity Press, 2010), 7-52.

35 Quentin Skinner, *Hobbes and Republican Liberty* (New York: Cambridge University Press, 2008), 178-210.

36 Jack Donnelly, *Realism and International Relations* (New York: Cambridge University Press, 2004), 6-42.

37 Carl Schmitt, *Political Theology*, trans. George Schwab (Chicago: University of Chicago Press, 1985), 36-52.

38 Carl Schmitt, *The Leviathan in the State Theory of Thomas Hobbes*, trans. George Scwab and Erna Hilfstein (London: Greenwood Press, 1996), 53-64.

39 Thomas Hobbes, *Leviathan*, 21.149.

38 로크

1 John Locke, *A Letter concerning Toleration*, in *Locke on Toleration*, edited by Richard Vernon (New York: Cambridge University Press, 2010), 6-7.

2 John Dunn, *Locke* (New York: Oxford University Press, 2003), 3.

3 J. R. Milton, "Locke's life and times," in *Cambridge Companion of Locke*, edited by Vere Chappell (New York: Cambridge University Press, 1994), 7-8.

4 John Locke, "The Epistle to the Reader," in *The Works of John Locke*, Vol. I. (London: Printed C and J. Rivington, 1824), xliii-vli.

5 G. A. J. Rogers, "The Intellectual Setting and Aims of the Essay," in *Cambridge Companion to Locke's "Essay Concerning Human Understanding,"* edited by Lex Newman (New York: Cambridge University Press, 2007), 7-32.

6 Peter Laslett, "Introduction," in *Two Treatises of Government*, edited by Peter Laslett (New York: Cambridge University Press, 1988[1960]), 45-66.

7 Thomas Hobbes, *Leviathan*, edited by Richard Tuck (New York: Cambridge University Press, 1991), 5.32-37 & 15.103-104.

8   John Locke, *Questions Concerning the Law of Nature*, trans. Robert Horwitz, Jenny S. Clay, and Diskin Clay (Ithaca, NY: Cornell University Press, 1990), 95 & 101; John Locke, *Two Treatises of Government*, edited by Peter Laslett (New York: Cambridge University Press, 2007), 2.2.5.270.

9   John Dunn, *The Political Thought of John Locke* (New York: Cambridge University Press, 1982[1960]), 25-26.

10 John Locke, *Two Treatises of Government*, 5.25.285-5.26.287.

11 Thomas Hobbes, *Leviathan*, 31.91-92 & 15.109.

12 John Locke, *Two Treatises of Government*, 2.6.270-2.7.272.

13 ibid., 2.13.275-2.14.277.

14 Thomas Hobbes, *Leviathan*, 14.92-94 & 18.121-129.

15 John Locke, *Two Treatises of Government*, 2.8.121.349.

16 ibid., 2.9.123.350-2.9.126.351, 2.11.134.355-2.11.135.358, 2.13.149.366-367.

17 ibid., 2.8.95.350-2.8.100, 2.8.106.337-338, 2.11.135.357-2.11.142.363.

18 ibid., 1.12.4.150-151 & 2.8.98.332-333.

19 Peter Laslett, "Introduction," in *Two Treatises of Government*, edited by Peter Laslett (New York: Cambridge University Press, 1988[1960]), 72-75.

20 John Locke, *The Essays of Human Understanding*, in *The Works of John Locke*, Vol. 2 (London: C and J. Rivington, 1824), 4.19.1.271-4.19.16.282.

21 John Locke, *A Letter concerning Toleration*, in *Locke on Toleration*, edited by Richard Vernon (New York: Cambridge University Press, 2010), 12-21.

22 Michael Zuckert, *Natural Rights and the New Republicanism* (Princeton, NJ: Princeton University Press, 1994), 216-246; Leo Strauss.

23 Leo Strauss, *Natural Right and History* (Chicago: University of Chicago Press, 1965), 202-251.

24 John Locke, *The Essays of Human Understanding*, in *The Works of John Locke*, Vol. 1 (London: C and J. Rivington, 1824), 2.20.1.215-2.21.73.274.

25 John Locke, *Two Treatises of Government*, 2.13.149.367.

26 ibid., 2.6.58.306-2.6.66.312.

27 ibid., 2.19.222.412-414.

28 ibid., 2.2.6.271.

29 ibid., 2.9.123.350.

30 ibid., 2.5.27.287-289.

31 ibid., 2.5.31.290,

32 ibid., 2.5.47.300-2.5.49.301.

33 James Tully, *A Discourse on Property, John Locke and his adversaries* (New York: Cambridge University Press, 2006[1980]), 131-154.

34 John Locke, *Two Treatises of Government*, 1.4.41.169-1.4.42.170, 2.5.50.301-302.

35 ibid., 2.2.6.270-271.

36 ibid., 2.14.168.379-380 & 2.19.211.406-2.19.243.428.

37 John Locke, *Some Thoughts Concerning Education*, in *The Works of John Locke*, Vol. 8 (London: C and J. Rivington, 1824), 40.33-99.92.

38 Nathan Tarcov, *Locke's Education for Liberty* (Chicago: University of Chicago Press, 1984), 1-8 & 128-141.

39 루소

1 Rousseau, *The Confessions*, in *The Confessions and Correspondence, The Collected Writings of Rousseau*, Vol. 5, trans. Christopher Kelly, edited by Christopher Kelly, Roger Masters, and Peter G. Stillman (Hanover, NH: Dartmouth College Press, 1995), 1.2.3.6.

2 ibid., 1.3.10.11.

3 Rousseau, *Emile*, trans. Allan Bloom (New York: Basic books, 1979), 1.37-39.

4 Rousseau, *Second Discourse*, in *The Discourses and other early political writings*, edit. & trans. Victor Gourevitch (New York: Cambridge University Press, 1997), note15.1.218.

5 Rousseau, *The Confessions*, 3.86-92.

6   Rousseau, *First Discourse*, in *The Discourses and other early political writings*, edited and translated by Victor Gourevitch (New York: Cambridge University Press, 1997), 2.48.21-2.55.24.

7   Rousseau, *On the Social Contract*, in *The Collected Writings of Rousseau*, Vol. 4., trans. Judith R. Bush, Roger Masters, and Christopher Kelly, edited by Roger Masters and Christopher Kelly (Hanover, NH: Dartmouth College Press, 1994), 1.1.131.

8   Rousseau, *On the Social Contract*, 1.7.141.

9   ibid., 1.6.139.

10   ibid., 1.6.138; Rousseau, *Second Discourse*, 1.35.151-152.

11   ibid., 1.6.138-1.7.141, 2.4.148-150.

12   ibid., 1.4.135.

13   ibid., 1.4.137, 2.4.150.

14   Rousseau, *Second Discourse*, note15.1.218.

15   ibid., 2.19.167 & 2.27.170-171.

16   ibid., 1.35.151-152, 1.38.154-1.48.157, 2.18.166-167.

17   Rousseau, *Emile*, 4.223-226.

18   Joshua Cohen, *Rousseau, A Free Community of Equals* (New York: Oxford University Press, 2010), 97-130.

19   Rousseau, *On the Social Contract*, 1.6.139, 1.7.140-141.

20   ibid., 2.3.147-148.

21   ibid., 1.6.139.

22   ibid., 2.3.147.

23   ibid., 2.6.152-2.7.157.

24   Jürgen Habermas, *The Structural Transformation of the Public Sphere* (Cambridge, MA: MIT Press, 1991[1962]), 89-140.

25   Rousseau, *On the Social Contract*, 4.2.199-4.3.203.

26   Bernard Manin, "On Legitimacy and Political Deliberation," *Political Theory*, Vol. 15, No. 3, (1987), 338-368.

27 Maurizio Viroli, *For Love of Country, And Essay on Patriotism and Nationalism* (New York: Oxford University Press, 2003[1995]), 76-94.

40 버크

1 Edmund Burke, 'Edmund Burke to the Earl of Charlemont, August 9, 1789,' in *Selected Letters of Edmund Burke*, edited by Harvey Mansfield, Jr. (Chicago: University of Chicago Press, 1984), 251.

2 ibid., 251.

3 James Prior, *A life of Edmund Burke* (London: George Bell & Sons, 1891), 1-32.

4 Frank M. Turner, "Introduction Edmund Burke: The Political Actor Thinking," in *Reflections on the Revolution in France*, edited by Frank M. Turner (New Haven: Yale University, 2003), xi-xliii.

5 Isaac Kramnick, *The Rage of Edmund Burke: Portrait of an Ambivalent Conservative* (New York: Basic Books, 1977), 152-154.

6 Terry Eagleton, *The Ideology of the Aesthetic* (Malden, MA: Blackwell, 1990), 31-69.

7 Neal Wood, "The Aesthetic Dimension of Burke's Political Thought," *Journal of British Studies*, Vol. 4, No.1 (1964), 41-64.

8 Tom Furniss, *Edmund Burke's Aesthetic Ideology* (New York: Cambridge University, 1993), 115-137.

9 Edmund Burke, *A Philosophical Enquiry into the Origin of Our ideas of the Sublime and Beautiful*, edited by Adam Phillips (New York: Oxford University Press, 1990), I.2.30-I.5.35.

10 ibid.,I.9.38, 2.1.53, 3.7.97-99, 5.1.149.

11 ibid., 1.6.35-I.19.50 & 4.1.117-4.25.145.

12 ibid., intro.11-26.

13 ibid., 2.3.54-2.4(2).59.

14 ibid., I.12.40-1.17.47.

15 ibid., 2.1.53 & 4.3.119-4.7.123.

16 Niccolò Machiavelli, *Il Principe*, edited by Mario Martelli (Roma: Salerno Editrice, 2006), 7.27-28.

17 Edmund Burke, *A Philosophical Enquiry*, 2.2.53-54 & 2.5.59-65.

18 ibid., 4.24.141-144.

19 ibid., 3.10.100-101.

20 ibid., 3.11.101-102.

21 ibid., 2.17.75-76.

22 Edmund Burke, *Reflections on the French Revolution*. introduction by A. J. Grieve (London: J.M. Dent & Sons, 1951), 1.30.

23 ibid., 1.29-39.

24 Edmund Burke, "A Letter to Sir Hercules Langrishe, January 3, 1792," in *The Works and Correspondence of the Right Honourable Edmund Burke*, Vol. 4 (London: Francis & John Rivington, 1852), 509-548; Edmund Burke, "Second Letter to Sir Hercules Langrishe, May 26, 1795," in *The Works and Correspondence of the Right Honourable Edmund Burke*, Vol. 6 (London: Francis & John Rivington, 1852), 47-51.

25 Edmund Burke, *A Philosophical Enquiry*, 1.17.46-47, 4.6.122-123, 5.1.149.

26 Peter Stanlis, *Edmund Burke & the Natural Law* (London: Transaction Publishers, 2003[1958]), 233-250.

27 Leo Strauss, *Natural Right and History* (Chicago: The University of Chicago Press, 1953), 294-323.

28 W. W. Buckland & Arnold D. McNair, *Roman Law and Common Law* (New York: Cambridge University Press, 1974), 60-126.

29 Edmund Burke, *Reflections*, 1.58-60.

30 ibid., 2.180-181.

31 ibid., 2.164-168.

32 Thomas Paine, *Rights of Man*, in *Thomas Paine: Political Writings*, edited by Bruce Kuklick (New York: Cambridge University Press, 2000), 1.61-71.

41 칸트

1   Allen Wood, *Kant* (Malden, MA: Blackwell Publishing, 2005), 17-18.

2   Hannah Arendt, *Lectures on Kant's Political Philosophy*, edited by Ronald Beiner (Chicago: The University of Chicago Press, 1992), 16-22.

3   Immanuel Kant, "Idea for a Universal History with a Cosmopolitan Aim," in *Kant's Idea for a Universal History with a Cosmopolitan Aim, A Critical Guide*, edited by Amélie Oksenberg Rorty & James Schmidt (New York: Cambridge University Press, 2009), 4.13.

4   Immanuel Kant, *Critique of Pure Reason*, trans. Paul Guyer & Allen Wood (New York: Cambridge University Press, 1998), A316/B373.397.

5   Immanuel Kant, *Groundwork for the Metaphysics of Morals*, trans. Allen W. Wood (New Haven, NJ: Yale University Press, 2002), Ak4:397.13.

6   ibid., Ak4:397.13-Ak4:398.14.

7   ibid., Ak4:446.63-Ak4:447.64.

8   Immanuel Kant, *Critique of Practical Reason*, trans., Werner S. Pluhar (Indianapolis, IN: Hackett Publishing Co., 2002), 5:63.84-5:67.89.

9   Paul Guyer, *Kant on Freedom, Law, and Happiness* (New York: Cambridge University Press, 2000), 129-171.

10 Immanuel Kant, *Critique of the Power of Judgment*, trans. Paul Guyer & Eric Matthews (New York: Cambridge University Press, 2002), 5:167.55-5:170.58.

11 ibid., 5:176.64-5:179.66.

12 ibid., 5:179.66-5:181.68.

13 ibid., 5:291.171-5.296.176 & 5:355.228-5:356.230.

14 ibid., 5:385.257-5:401.271.

15 ibid., 5:192.78-5:194.80.

16 ibid., 5:195.80-5:198.83.

17 Cf. Immanuel Kant, *Critique of Pure Reason*, trans. Paul Guyer & Allen Wood (New

York: Cambridge University Press, 1998), A509/B537.520-521.

18 Jane Mansbridge with James Bohman, Simone Chambers, David Estlund, Andreas Føllesdal, Archon Fung, Christina Lafont, Bernard Manin, and JoséLuis Martí, "The Place of Self-Interest and the Role of Power in Deliberative Democracy," *Journal of Political Philosophy* 18:1 (2010), 64-100.

19 Jürgen Habermas, *On the Pragmatics of Communication*, edited by Maeve Cooke (Cambridge, MA: MIT Press, 1998), 22-103.

20 Immanuel Kant, "Toward Perpetual Peace: A Philosophical Sketch," in *Toward Perpetual Peace and Other Writings on Politics, Peace, and History*, trans. David Colclasure (New Haven, NY: Yale University Press, 2006), 8:350.74-8:353.78.

21 Nadia Urbinati, *Representative Democracy, Principles and Genealogy* (Chicago: the University of Chicago Press, 2006), 101-137.

22 Immanuel Kant, *Groundwork for the Metaphysics of Morals*, Ak4:437.55-Ak4:440.58.

23 Immanuel Kant, "Toward Perpetual Peace: A Philosophical Sketch," 8:372.96-8-:373.97.

24 ibid., 8:374.97.

25 Bruce Russett, *Grasping the Democratic Peace* (Princeton, NJ: Princeton University Press, 1993), 3-42.

26 Immanuel Kant, "Toward Perpetual Peace: A Philosophical Sketch," 8:354.78-8-:357.81.

27 ibid., 8:356.80.

28 ibid., 8:357.82-8:360.85.

29 John Rawls, *The Law of Peoples* (Cambridge, MA: Harvard University Press, 2001), 37.

42 헤겔

1 G. W. F. Hegel, *Aesthetics, Lectures on Fine Art*, Vol. I., trans. Thomas M. Knox (New

York: Oxford University Press, 1988[1975]), 2.2.1.464.

2   James G. Finlayson, "Conflict and Reconciliation in Hegel's Theory of the Tragic," *Journal of the History of Philosophy*, Vol. 37, No. 3 (1999), 493-520.

3   G. W. F. Hegel, *Aesthetics, Lectures on Fine Art*, Vol. 2., trans. Thomas M. Knox (New York: Oxford University Press, 1988[1975]), 3.3.3.1208-1237.

4   ibid., 3.3.3.1215-1216.

5   Axel Honneth, *The Struggle for Recognition, The Moral Grammar of Social Conflict*, trans. Joel Anderson (Cambridge, MA: MIT Press, 1995), 3-63.

6   Charles Taylor, *Hegel* (New York: Cambridge University Press, 1999[1975]), 365-388.

7   G. W. F. Hegel, *The Encyclopaedia of Philosophical Sciences*, trans. T. F. Geraets, W. A. Suchting, and H. S. Harris (Indianapolis, IN: Hackett Publishing Co. 1991), 41.81-83.

8   ibid., 85.135-136.

9   G. W. F. Hegel, *Phenomenology of Spirit*, trans. Arnold V. Miller (New York: Oxford University Press, 2004[1977]), 4.3-10.6. & 16.9-23.13.

10 Immanuel Kant, *The Metaphysics of Morals*, trans. Mary Gregor (New York: Cambridge University Press, 1991), E.331.140-E.337.145.

11 ibid., E.331.140.

12 G. W. F. Hegel, *Elements of the Philosophy of Right*, trans. H. Barry Nisbet (New York: Cambridge University Press, 1991), 102.130 & 101.129-130.

13 ibid., 95.121-99.126.

14 Immanuel Kant, *Groundwork for the Metaphysics of Morals*, trans. Allen W. Wood (New Haven, NJ: Yale University Press, 2002), Ak4:397.13-Ak4:398.14.

15 G. W. F. Hegel, *Elements of the Philosophy of Right*, 100.126.

16 ibid., 104.131-132.

17 ibid., 34.67-40.72.

18 G. W. F. Hegel, *Phenomenology of Spirit*, 25.14.

19 ibid., 18.10-23.13 & 78.49-80.52.

20 ibid., 82.52-88.56.

21 ibid., 89.56-57 & 672.410-684.416.

22 G. W. F. Hegel, *Elements of the Philosophy of Right*, Vorrede.12-21.

23 ibid., Vorrede.21-23.

24 ibid., 21.52.

25 ibid., 260.282-261.285.

26 G. W. F. Hegel, "Konstitution," in *Hegel and the Human Sprit, A Translation of the Jena Lectures on the Philosophy of Spirit (1805-6) with commentary*, trans. Leo Rauch (Detroit, MI: Wayne State University Press, 1983), F.254.151.-F.257.154.

27 G. W. F. Hegel, *Elements of the Philosophy of Right*, 142.189-146,191 & 257.275-259.282.

28 ibid., 340.371-347.375.

29 Alan Patten, *Hegel's Idea of Freedom* (New York: Oxford University Press, 1999), 43-103 & 163-201.

30 Charles Taylor, *Hegel and Modern Society* (New York: Cambridge University Press, 1995[1979]), 69-134.

31 G. W. F. Hegel, "Konstitution," F.258.155-156.

32 Niccolò Machiavelli, *Il Principe*, edited by Mario Martelli (Roma: Salerno Editrice, 2006), 6.21; Niccolò Machiavelli, *Discorsi sopra la prima deca di Tito Livio Tomo. 1*, edited by Francesco Bausi (Roma: Salerno Editrice, 2001), 1.18.29.

33 Shlomo Avineri, *Hegel's Theory of the Modern State* (New York: Cambridge University Press, 1972), 81-114.

34 G. W. F. Hegel, "Konstitution," F.258.156-F.265.162.

35 G. W. F. Hegel, *The Philosophy of History*, trans. John Sibree (London: G. Bell and Sons Ltd, 1914), 256 & 438-457.

36 G. W. F. Hegel, *Elements of the Philosophy of Right*, 268.288-289.

37 G. W. F. Hegel, *The Philosophy of History*, 103-110; G. W. F. Hegel, *Elements of the Philosophy of Right*, Vorrede.20.

38 G. W. F. Hegel, *Phenomenology of Spirit*, 166.104-230.138.

39 G. W. F. Hegel, "Der Geist nach seinem Begriffe," in *Hegel and the Human Sprit, A Translation of the Jena Lectures on the Philosophy of Spirit (1805-6) with commentary*, trans. Leo Rauch (Detroit, MI: Wayne State University Press, 1983), F.202.99.-F.222.118.

40 ibid., F.213.110-F.217-113.

41 G. W. F. Hegel, *Phenomenology of Spirit*, 191.116.

42 G. W. F. Hegel, "Introduction: Berlin, Winter Semester 1818-1819," in *Lectures on Natural Right and Political Science*, trans. J. Michael Stewart and Peter C. Hodgson (Berkeley, CA: University of California Press, 1995), I.319-6.325.

43 Charles Taylor, "Politics of Recognition," in *Multiculturalism, Examining the Politics of Recognition*, edited by Amy Gutmann (Princeton, NJ: Princeton University Press, 1994), 25-73.

44 Nancy Fraser & Axel Honneth, *Redistribution or Recognition?* (New York: Verso, 2004), 110-197.

45 ibid., 7-109.

43 밀

1 John Stuart Mill, *Autobiography*, edited by Jack Stillinger (Boston: Houghton Mifflin Company, 1969), 4-6, 15-16, 22-23, 25-27.

2 ibid., 40.

3 ibid., 9-13.

4 John Skorupski, "Introduction: The fortunes of liberal naturalism," in *The Cambridge Companion to Mill*, edited by John Skorupski (New York: Cambridge University Press, 1998), 1-34.

5 John Stuart Mill, *Autobiography*, edited by Jack Stillinger (Boston: Houghton Mifflin Company, 1969), 80-110.

6 ibid., 98.

7   Jeremy Bentham, *Principles of Morals and Legislation* (Oxford: Clarendon Press, 1889[1823]), I.I.1-2.

8   ibid., 1.3.2, 4.1.29-4.8.32, 7.1.70-7.27.81.

9   ibid., 2.1.8-2.19.23, 6.1.43-6.46.69, 8.1.82-8.13.88, 10.1.97-10.46.130.

10   John Stuart Mill, *Utilitarianism*, in *Utilitarianism and On Liberty*, edited by Mary Warnock (Malden, MA: Blackwell Publishing, 2003), 2.4.187.

11   Jeremy Bentham, *Principles of Morals and Legislation*, 4.3.29-30.

12   John Stuart Mill, *Utilitarianism*, 2.4.187.

13   ibid., 4.1.210-4.12.215.

14   William H. Shaw, "Contemporary Criticisms of Utilitarianism: a Response," in *The Blackwell Guide to Mill's Utilitarianism*, edited by Henry West (Malden, MA: Blackwell Publishing, 2006), 201-216.

15   Richard M. Hare, *Freedom and Reason* (New York: Oxford University Press, 2003[1963]), 112-136.

16   John Rawls, *A Theory of Justice* (Cambridge, MA: Harvard University Press, 1999[1971]), 19-24.

17   John Stuart Mill, *On Liberty*, in *On Liberty in focus*, edited by John Gray & G. W. Smith (London: Routledge, 1991), 1.23.

18   ibid., 1.26 & 30.

19   ibid., 1.30.

20   ibid., 2.39.

21   ibid., 2.40.

22   ibid., 1.33, 2.36-71.

23   James Mill, *Government*, in *James Mill's Political Writings*, edited by Terence Ball (New York: Cambridge University Press, 1992), 1.3-6.

24   ibid., 5.17-10.42.

25   John Stuart Mill, *Considerations on Representative Government*, in *Collected Works of John Stuart Mill* Vol. 19, edited by John. M. Robson (London: Routledge & Kegan Paul, 1977),

2.383 & 2.390.

26 ibid., 3.401.

27 ibid., 3.399-3.412 & 5.422-434.

28 ibid., 6.435-7.466.

29 ibid., 6.438-447 & 8.467-481.

30 ibid., 9.482-487, 13.513-14.533.

31 ibid., 16.546-552.

32 John Stuart Mill, *The Subjection of Women*, in *Collected Works of John Stuart Mill* Vol. 21, edited by John. M. Robson (London: Routledge & Kegan Paul, 1984), 1.262-282.

33 John Stuart Mill, *Principles of Political Economy*, in *Collected Works of John Stuart Mill* Vol. 3, edited by John. M. Robson (London: Routledge & Kegan Paul, 1965), 4.7.1.758-4.7.7.796.

44 마르크스

1 Isaiah Berlin, *Karl Marx, His Life and Environment* (New York: Oxford University Press, 1996[1978/1939]), xi.

2 Isaiah Berlin, *Four Essays on Liberty* (New York: Oxford University Press, 1969), 122-131.

3 Isaiah Berlin, *The Power of Ideas*, edited by Henry Hardy (Princeton, NJ: Princeton University Press, 2000), 4.

4 Isaiah Berlin, *Karl Marx, His Life and Environment*, 61-88 & 105-116.

5 Etienne Balibar, *The Philosophy of Marx*, trans. Christ Turner (New York: Verso, 2007[1995]), 1-11.

6 Rodney. G. Peffer, *Marxism, Morality, and Social Justice* (Princeton, NJ: Princeton University Press, 1990), 35-79.

7 Karl Marx, *Contribution to the Critique of Hegel's Philosophy of Law*, in *Collected Works of Karl Marx*

& *Frederick Engels* Vol. 3:1843-1844 (New York: International Publishers, 2005), 75.

8   G. W. F. Hegel, *Elements of the Philosophy of Right*, trans. H. Barry Nisbet (New York: Cambridge University Press, 1991), 142.189-146.191 & 257.275-261.285.

9   Jean Cohen & Andrew Arato, *Civil Society and Political Theory* (Cambridge, MA: The MIT Press, 1992), 91-102.

10   G. W. F. Hegel, *Elements of the Philosophy of Right*, trans. H. Barry Nisbet (New York: Cambridge University Press, 1991), 182.220-221.

11   ibid., 185.222-215.247.

12   ibid., 258.275-281.

13   Karl Marx, *Contribution to the Critique of Hegel's Philosophy of Law*, in *Collected Works of Karl Marx & Frederick Engels* Vol. 3:1843-1844 (New York: International Publishers, 2005), 78-79 & 113-114.

14   Karl Marx, *On the Jewish Question*, in *Collected Works of Karl Marx & Frederick Engels* Vol. 3:1843-1844 (New York: International Publishers, 2005), 154-155.

15   Karl Marx, *Contribution to the Critique of Hegel's Philosophy of Law*, in *Collected Works of Karl Marx & Frederick Engels* Vol. 3:1843-1844 (New York: International Publishers, 2005), 119-129.

16   Karl Marx, *The German Ideology*, in *Collected Works of Karl Marx & Frederick Engels* Vol. 5:1845-1847 (New York: International Publishers, 2005), 87-92.

17   G. W. F. Hegel, *Elements of the Philosophy of Right*, trans. H. Barry Nisbet (New York: Cambridge University Press, 1991), 187.224-226, 189.227-192.230, 196.231-198.233.

18   G. W. F. Hegel, *Phenomenology of Spirit*, trans. Arnold V. Miller (New York: Oxford University Press, 2004[1977]), 487.296-595.363.

19   Karl Marx, *Economic and Philosophic Manuscripts of 1844*, in *Collected Works of Karl Marx & Frederick Engels* Vol. 3:1843-1844 (New York: International Publishers, 2005), 235-246.

20   ibid., 290-322.

21   Axel Honneth, *The Struggle for Recognition, The Moral Grammar of Social Conflict*, trans. Joel

Anderson (Cambridge, MA: MIT Press, 1995), 145-159.

22 Karl Marx, *The Eighteenth Brumaire of Louis Bonaparte*, in *Collected Works of Karl Marx & Frederick Engels* Vol. 11:1851-1853 (New York: International Publishers, 2005), 99.

23 G. W. F. Hegel, *The Philosophy of History*, trans. John Sibree (London: G. Bell and Sons Ltd, 1914), 3.2.325.

24 Karl Marx, "Contribution to the Critique of Hegel's Philosophy of Law. Introduction," in *Collected Works of Karl Marx & Frederick Engels* Vol. 3:1843-1844 (New York: International Publishers, 2005), 179.

25 Karl Marx, *The 18th Brumaire of Louis Bonaparte* (New York: International Publishers, 1991[1869]), 8-9.

26 Terrell Carver, "Marx's Eighteenth Brumaire of Louis Bonaparte: Democracy, Dictatorship, and the Politics of Class Struggle," in *Dictatorship in History and Theory*, edited by Peter Baehr and Melvin Richter (New York: Cambridge University Press, 2004), 103-127.

27 Karl Marx, *The Eighteenth Brumaire of Louis Bonaparte*, 109-119, 186-193.

28 ibid., 112-120, 124-125, 181-183.

29 ibid., 119.

30 ibid., 125.

45 니체

1 Friedrich Nietzsche, *The Will to Power*, trans. Walter Kaufmann & R. J. Hollingdale (New York: Vintage Books, 1968), 868.465.

2 Robert Paxton, *The Anatomy of Fascism* (New York: Alfred Knopf, 2004), 24-54.

3 Jacob Golomb & Robert S. Wistrich, "Introduction," *Nietzsche, Godfather of Fascism?*, edited by Jacob Golomb & Robert S. Wistrich (Princeton, NJ: Princeton University Press, 2002), 1-16.

4 Robert C. Solomon, *Living with Nietzsche* (New York: Oxford University Press, 2003),

137-174.

5   Friedrich Nietzsche, *The Birth of Tragedy and Other Writings*, trans. Ronald Speirs, edited by Raymond Geuss & Ronald Speirs (New York: Cambridge University Press, 2007[1999]), 16.80.

6   ibid., 1.14-5.33.

7   ibid., 7.36-14.71.

8   ibid., 12.59-13.67, 14.69-15.75.

9   ibid., "An Attempt at Self-Criticism," in *The Birth of Tragedy and Other Writings*, trans. Ronald Speirs, edited by Raymond Geuss & Ronald Speirs (New York: Cambridge University Press, 2007[1999], 5.9.

10   Friedrich Nietzsche, *Twilight of the Idols*, in *The Anti-Christ, Ecce Homo, Twilight of the Idols*, edited by Aaron Ridley and Judith Norman (New York: Cambridge University Press, 2005), Reason.1.166-6.170 & Skirmishes.10.196-11.198.

11   ibid., Skirmishes.38.213-214.

12   Friedrich Nietzsche, *Human, All Too Human*, trans. R. J. Hollingdale (New York: Cambridge University Press, 1996[1986]), Vorrede.2.6.

13   Rousseau, *On the Social Contract*, in *The Collected Writings of Rousseau*, Vol. 4., trans. Judith R. Bush, Roger Masters, and Christopher Kelly, edit. Roger Masters and Christopher Kelly (Hanover, NH: Dartmouth College Press, 1994), I.I.131.

14   Friedrich Nietzsche, *Human, All Too Human*, 2.96.51-2.98.53.

15   ibid., 5.281.131, 7.417.155, 8.472.170-8.476.176.

16   Friedrich Nietzsche, *Beyond Good and Evil*, trans. Kate Sturge, and edited by Rüdiger Bittner (New York: Cambridge University Press, 2003), 6.208.99-102.

17   Friedrich Nietzsche, *Writings from the Late Notebooks*, trans. Kate Sturge, and edited by Rüdiger Bittner (New York: Cambridge University Press, 2003), Notebooks.7.60.

18   Friedrich Nietzsche, *Human, All Too Human*, 2.107.58.

19   Keith Ansell-Pearson, *Nietzsche contra Rousseau* (New York: Cambridge University Press, 1996), 1-18 & 102-151.

20 Friedrich Nietzsche, *Beyond Good and Evil*, 6.211.106.

21 Leo Strauss, "Note on the Plan of Nietzsche's Beyond Good and Evil," in *Leo Strauss and Nietzsche*, appended by Laurence Lampert (Chicago: University of Chicago Press, 1996), 21.196-22.197, 33.203.

22 Robert C. Solomon, *Living with Nietzsche* (New York: Oxford University Press, 2003), 89-115.

23 Friedrich Nietzsche, *On the Genealogy of Morality*, trans. Carol Diethe, and edited by Keith Ansell-Pearson (New York: Cambridge University Press, 2006), ibid., 2.1.35.

24 Friedrich Nietzsche, *Beyond Good and Evil*, 6.212.106-107, 7.230.121-123.

25 Friedrich Nietzsche, *On the Genealogy of Morality*, 1.10.20.

26 ibid., 1.11.22-1.17.34.

27 ibid., 2.2.36-2.7.45.

28 ibid., 1.7.16-18, 1.9.19, 1.16.31-33; Friedrich Nietzsche, *Beyond Good and Evil*, 5.195.145.

29 Friedrich Nietzsche, *Twilight of the Idols*, Ancients.2.225.

30 ibid., Ancients.44.217-218 & Ancients.49.222-223.

31 ibid., Germans.1.186.

32 Friedrich Nietzsche, *Thus Spoke Zarathustra*, trans. Adrian Del Caro, edited by Adrian Del Caro & Robert B. Pippin (New York: Cambridge University Press, 2006), 1.3.5-1.5.11.

33 Friedrich Nietzsche, *Twilight of the Idols*, Humanity.1.182-Humanity.5.186.

34 ibid., Skirmishes.37.211-Skirmishes.43.217.

35 Tamin Shaw, *Nietzsche's Political Skepticism* (Princeton, NJ: Princeton University Press, 2007), 1-25 & 109-136.

36 Friedrich Nietzsche, *Beyond Good and Evil*, 9.257.151

37 Friedrich Nietzsche, *Twilight of the Idols*, Skirmishes.38.213-214.

38 ibid., Skirmishes.39.214-215.

7부

감정과 정치

1 Corey Robin, *Fear: The History of a Political Idea* (New York: Oxford University Press, 2004), 1-30.

2 Edmund Burke, *A Philosophical Enquiry into the Origin of Our ideas of the Sublime and Beautiful*, edited by Adam Phillips (New York: Oxford University Press, 1990), 2.2.53.

3 ibid., 1.2.30-1.9.38. & 2.1.53-2.6.65.

4 Niccolò Machiavelli, *Il Principe*, edited by Mario Martelli (Roma: Salerno Editrice, 2006), 7.27-28.

5 Martha Nussbaum, *Political Emotions* (Cambridge, MA: Belknap Press, 2013), 1-24 & 314-377.

6 Benedictus de Spinoza, *Ethics*, in *Spinoza, Complete Works*, trans. Samuel Shirley, edited by Michael L. Morgan (Indianapolis, IN: Hackett Publishing Co., 2002), 3.DEF.3.278.

7 Brian Massumi, *Politics of Affect* (Malden, MA: Polity Press, 2015), 204-215.

8 Benedictus de Spinoza, *Ethics*, 3.PRO9.Scho.284.

9 Gilles Deleuze, *Nietzsche and Philosophy*, trans. Hugh Tomlinson (New York: Continuum, 2002[1986]), 1.3.6-1.11.27, 2.6.49-52, 2.11.61-13.68, 3.4.79-3.7.89.

10 Gilles Deleuze, *Spinoza: Practical Philosophy*, trans. Robert Hurley (San Francisco, CA: City Lights Books, 1988), 2.1.17-2.3.29.

11 John Rawls, *A Theory of Justice* (Cambridge, MA: Harvard University Press, 1999), 102-168; Jürgen Habermas, *The Inclusion of the Other*, edited by Ciaran Cronin and Pablo De Greiff (Cambrige, MA: MIT Press, 1998), 105-127 & 239-252.

12 Alasdair MacIntyre, "Is Patriotism a Virtue?," edited by Igor Primoratz (Amherst, NY: Humanity Books, 2002), 43-58.

13 곽준혁, 「심의 민주주의아 비지배적 상호성」, 『국가전략』, Vol. 11, No. 2(2015), 141-168.

14 Chantal Mouffe, *The Return of the Political* (New York: Verso, 1993), 41-59.

15 Cheryl Hall, *The Trouble with Passion: Political Theory beyond the Reign of Reason* (New York: Routledge, 2005), 1-11 & 21-38.

16 Seyla Benhabib, "Toward a Deliberative Model of Democratic Legitimacy," in *Democracy and Difference*, edited by Seyla Benhabib (Princeton, NJ: Princeton University Press, 1996), 67-94.

17 Iris Young, *Justice and the Politics of Difference* (Princeton, NJ: Princeton University Press, 1990), 96-121.

18 Nancy Fraser, *Justice Interruptus: Critical Reflections on the "Post-Socialist" Condition* (New York: Routledge, 1997), 69-98.

19 Michael L. Frazer, "Sentimentalism without Relativism," in *Passions and Emotions*, edited by James E. Fleming (New York: New York University Press, 2013), 19-37.

20 Adam Smith, *The Theory of Moral Sentiments*, edited by D. D. Raphael and A.L.Macfie (Indianapolis, IN: Liberty Fund, 1984), I.I.I.2.9.

21 ibid., I.I.I.3.10-I.I.3..10.19.

22 Jesse J. Prinz, *The Emotional Construction of Morals* (New York: Oxford University Press, 2007), 1-86.

23 Plato, Phaedrus, in *Euthyphro, Apology, Crito, Phaedo, Phaedrus.* trans. W. R. M. Lamb (Cambridge: Harvard University Press, 2001), 271a-272b.

24 Aristotle. *The Art of Rhetoric*, trans. John Henry Freese (Cambridge: Harvard University Press, 1926), 1355a29-35 & 1354a3-11.

25 John M. Cooper, *Reason and Emotion* (Princeton, NJ: Princeton University Press, 1999), 118-149, 237-252, 390-423.

26 Aristotle, *Politics*, trans. H. Rackham (Cambridge, MA: Harvard University Press, 1932), 3.1281a42-b10.

27 Marlene K. Sokolon, *Political Emotions* (Dekalb, IL: Northern Illinois University Press, 2006), 11-32.

28 Aristotle, *Nicomachean Ethics*, trans. H. Rackham (Cambridge, MA: Harvard University

Press, 1926), 1102b-1106b, 1112b.

29   Martha Nussbaum, *Love's Knowledge* (New York: Oxford University Press, 1990), 54-
     105.

일상과 정치

1   Peter Mair, *Ruling the Void: The Hollowing of Western Democracy* (New York: Verso, 2013),
    1-73.

2   Colin Crouch, *Post-Democracy* (Malden, MA: Polity Press, 2004), 4.

3   Giorgio Agamben, "Introductory Note on the Concept of Democracy," in *Democracy
    in What State?*, trans. William McCuaig, Giorgio Agamben et al. (New York: Columbia
    University Press, 2011), 4.

4   Giorgio Agamben, *La comunitàche viene* (Torino: Giulio Einaudi editore, 1990), 53-54.

5   Alain Badiou, *The Century*, trans. Alberto Toscano (Malden, MA: Polity, 2012), 1-10.

6   Étienne Balibar, "Violence and Civility: On the Limits of Political Anthropology,"
    Differences, Vol.20, No. 2/3(2009), 9-35.

7   Giorgio Agamben, *La comunitàche viene*, 42-44.

8   Alain Badiou, *The Century*, 26-38.

9   Giorgio Agamben, *Mezzi senza fine: Note sulla politica* (Torino: Bollati Boringhieri, 1996),
    92-93.

10 Giorgio Agamben, *Homo sacer, Il Potere sovrano e la nuda vita* (Torino: Einaudi,
    2005[1995]), 202.

11 Carl Schmitt, *Politische Theologie, Vier Kapitel zur Lehre von der Souveränität* (Berlin: Duncker &
    Humblolt, 2004), 13-14.

12 Giorgio Agamben, *Homo sacer*, 19-35.

13 ibid., 21-22.

14 ibid., 11-12.

15 ibid., 90-96.

16 ibid., 131-201.

17 ibid., 3.

18 ibid., 52-53.

19 ibid., 13.

20 Aristotle, *Metaphysics*, trans. Hugh Tredennick (Cambridge: Harvard University Press, 1933), 1046a1-32 & 1050b10.

21 Giorgio Agamben, *Homo sacer*, 15 & 69-70.

22 Leland de la Durantaye, *Giorgio Agamben, A Critical Introduction* (Stanford, CA: Stanford University Press, 2009), 200-246.

23 Giorgio Agamben, *Potentiality, Collected Essays in Philosophy*, translated & edited by Daniel Heller-Roazen (Stanford, CA: Stanford University Press, 1999) 182-183.

24 Giorgio Agamben, *La comunitàche viene*, 3-4.

25 ibid., 58-60.

26 한병철, 『피로사회』, 김태환 옮김(파주: 문학과 지성사, 2012), 12.

27 ibid., 23.

28 ibid., 32.

29 Hannah Arendt, *Human Condition* (Chicago: the University of Chicago Press, 1958), 7-17.

30 곽준혁, 「왜 그리고 어떤 공화주의인가」, 『아세아연구』, Vol. 51, No. 1(2008), 133-163.

31 Thomas Hurka, *Perfectionism* (New York: Oxford University Press, 1993), 3-51.

32 Mark Halfon, *Integrity: A Philosophical Inquiry* (Philadelphia, PA: Temple University Press, 1989), 37.

33 Martha Nussbaum, *Hiding from Humanity: Disgust, Shame, and the Law* (Princeton, NJ: Princeton University Press, 2004), 172-319.

34 Niccolò Machiavelli, *Discorsi sopra la prima deca di Tito Livio Tomo. 1*, edited by Francesco Bausi (Roma: Salerno Editrice, 2001), 1.46.

35 Niccolò Machiavelli, *Il Principe*, edited by Mario Martelli (Roma: Salerno Editrice, 2006), 9.2.

법과 정치

1 박은정, 『왜 법의 지배인가』(파주: 돌베개, 2010), 32-37.

2 Andrew Venn Dicey, *Introduction to the Study of the Law of the Constitution* (New York: Macmillan, 1889), 175-189.

3 ibid., 175.

4 ibid., 189.

5 Noberto Bobbio, *L'età dei Diritti* (Torino: Einaudi, 1990), 5-16 & 59-61.

6 곽준혁, 「공화주의와 인권」, 『정치사상연구』, 15집 1호(2009), 33-55.

7 John Witte, *The Reformation of Rights* (New York: Cambridge University Press, 2007), 39-80.

8 Jean Calvin, *Institutes of the Christian Religion*, Vol. 1, trans. Ford Lewis Battles, edited by John T. McNeill (Louisville, KC: the Westminster Press, 2006[1960]), 2.2.13.272.

9 Seneca, *De Clementia*, in *Seneca, Moral Essays*, trans. John W. Basore (New York: G. P. Putnam's Sons, 1928), 1.3.2.

10 Jean Calvin, *Institutes of the Christian Religion*, Vol. 1, 2.2.13.273 & 2.2.22.281-282.

11 Jean Calvin, *Institutes of the Christian Religion*, Vol. 2, trans. Ford Lewis Battles, edited by John T. McNeill (Louisville, KC: the Westminster Press, 2006[1960]), ibid., 4.20.1.1485-4.32.1521.

12 ibid., 4.20.31.1518-1519.

13 ibid., 4.3.1.1053-4.3.16.1068.

14 Jean Calvin, *Institutes of the Christian Religion*, Vol. 1, 2.2.22.281-2.2.26.287.

15 Maimonides, *Maimonides' Commentary on the Mishnah, Tractate Sanhedrin*, trans. Fred Rosner (New York: Sepher Hermon Publisher, 1981), 10.

16 John Finnis, *Natural Law & Natural Rights* (New York: Oxford University Press, 2011), 198-226.

17 Martha Nussbaum, "In Defense of Universal Values," *Idaho Law Review* 36(2000), 411-426.

18 Jürgen Habermas, "Private and Public Autonomy, Human Rights and Popular Sovereignty," in *The Politics of Human Rights*, edited by Obrad Savic (New York: Verso, 1999), 50-66.

19 곽준혁, 「사법적 검토의 재검토: 헌법재판과 비지배적 상호성」, 『한국정치학회보』, 40집 5호(2006), 81-110.

20 Leonard W. Levy, "Judicial Review, History, and Democracy: An Introduction," in *Judicial Review and the Supreme Court*, edited by Leonard W. Levy (New York: Harper & Row, 1967), 1-42.

21 Christopher J. Peters & Neal Devins, "Alexander Bickel and the New Judicial Minimalism," in *Judiciary and American Democracy*, edited by Kenneth D. Ward & Cecilia R. Castillo (Albany, NY: State University of New York Press, 2005), 45-70.

22 Christopher F. Zurn, *Deliberative Democracy and the Institutions of Judicial Review* (New York: Cambridge University Press, 2007), 31-67.

23 Ronald Dworkin, *Freedom's Law* (New York: Oxford University Press, 1996), 1-38.

24 Ronald Dworkin, *Taking Rights Seriously* (Cambridge, MA: Harvard University Press, 1978), 131-149.

25 Jeremy Waldron, "Judicial Review and the Conditions of Democracy," *The Journal of Political Philosophy*, Vol. 6, No.4, 350.

26 Tamir Moustafa and Tom Ginsburg, "Introduction: The Functions of Courts in Authoritarian Politics," in *Rule by Law, The Politics of Courts in Authoritarian Regimes*, edited by Tom Ginsburg and Tamir Moustafa (New York: Cambridge University Press, 2008), 1-22.

27 Jeremy Waldron, "The Core of the Case Against Judicial Review," *The Yale Law Journal*, 115 (2006), 1347-1406.

28 Michael Walzer, *Thick and Thin: Moral Argument at Home and Abroad* (Notre Dame, IN:

449

University of Notre Dame Press, 1994), 9-10.

29 Philip Pettit, *Just Freedom: A Moral Compass for a Complex World* (New York: W. W. Norton, 2014), 150-187.

자유와 평등

1 Steven Erlanger, "Taking On Adam Smith(and Karl Marx)," *The New York Times*, April 19 2014.

2 Zygmunt Bauman, *Does the Richness of the Few Benefits Us All* (Malden, MA: Polity Press, 2013), 6-19.

3 Thomas Piketty, *Capital in the Twenty-First Century* (Cambridge, MA: Belknap Press, 2014), 2-3.

4 Paul Krugman, "Why We're in a New Gilded Age," *The New York Review of Books*, May 8 (2014), www.nybooks.com 2015년 12월 19일 검색.

5 Thomas Piketty, *Capital in the Twenty-First Century*, 39-71.

6 ibid., 493-514.

7 ibid., 377-429.

8 Ronald Dworkin, *Sovereign Virtue, The Theory and Practice of Equality* (Cambridge, MA: Harvard University Press, 2002), 320-350.

9 Paul L. Caron, "Thomas Piketty and Inequality: Legal Causes and Tax Solution," *Emory Law Journal Online*, Vol. 64, 2073 (2015), 2073-2083.

10 Amartya Sen, *Development as Freedom* (New York: Alfred A. Knope, 1999), 74.

11 Amartya Sen, *The Idea of Justice* (Cambridge, MA: the Belknap Press, 2009), 5-18 & 52-86.

12 ibid., 225-317.

13 Aristotle, *Nicomachean Ethics*, trans. H. Rackham (Cambridge, MA: Harvard University Press, 1926), 1097b22-1097b27.

14   Plato, *The Republic* I, trans. Paul Shorey (Cambridge: Harvard University Press, 1930), 352b-354b.

15   Aristotle, *Nicomachean Ethics*.

16   Aristotle, *Metaphysics*, trans. Hugh Tredennick (Cambridge: Harvard University Press, 1933), 1046a1-32 & 1050b10.

17   Martha Nussbaum, "Nature, Function, and Capability: Aristotle on Political Distribution," in *Oxford Studies in Ancient Philosophy, Supplementary Volume 1988*, edited by Julia Annas (New York: Oxford University Press, 1988), 145-184.

18   Amartya Sen, *Development as Freedom*, 54-86.

19   Amartya Sen, *Poverty and Famines, An Essay on Entitlement and Deprivation* (New York: Oxford University Press, 1982), 1-3.

20   ibid., 154-156.

21   Amartya Sen, *Development as Freedom*, 87-110.

22   ibid., 150.

23   Amartya Sen, *The Idea of Justice*, 321-387.

24   ibid., 5-8 & 15-18.

25   ibid., 106.

26   ibid., 87-113.

27   John Stuart Mill, *On Liberty*, in *On Liberty in focus*, edited by John Gray & G. W. Smith (London: Routledge, 1991), 2.39-2.40.

28   Cicero, *De Re Publica*, in *De Re Publica & De Legibus*, trans. Clinton Walker Keyes (Cambridge, MA: Harvard University Prses, 2000[1928]), 1.39, 1.41, 3.43.

29   Philip Pettit, *Just Freedom* (New York: W. W. Norton, 2014), 1-27.

30   Amartya Sen, *The Idea of Justice*, 174-193.

정치와 수사

1 곽준혁, 「비지배적 리더십: 마키아벨리의 『군주』에 내재된 교육적 수사」, 『한 국정치학회보』, Vol. 47, No. 5(2013), 27-50.

2 Bruce Ackerman, *We the People: Foundations* (Cambridge, MA: Harvard University Press, 1991), 6-8 & 266-264.

3 Sheldon Wolin, "Norm and Form: The Constitutionalizing of Democracy," in *Athenian Political Thought and the Reconstruction of American Democracy.* Peter Euben et. al (Ithaca, NY: Cornell University Press, 1994), 29-58.

4 Jürgen Habermas, "On the Internal Relation between the Rule of Law and Democracy," *European Journal of Philosophy*, Vol.3, No.1 (1995), 12-20.

5 Claude Lefort, *Democracy and Political Theory*, trans. David Macey (Minneapolis, MN: University of Minnesota Press, 1988), 7-55.

6 이 부분은 2007년 『국가전략』에 게재된 「정치적 수사와 민주적 리더십: 아리 스토텔레스 수사학의 재구성」(13장 1호)의 일부를 수정·보완했음을 밝힘.

7 Eugene Garver, *Aristotle's Rhetoric, An Art of Character* (Chicago: University of Chicago Press, 1994), 3-17.

8 Aristotle. *The Art of Rhetoric*, trans. John Henry Freese (Cambridge: Harvard University Press, 1926), 1354a1.

9 Aristotle, *Metaphysics*, trans. Hugh Tredennick (Cambridge: Harvard University Press, 1933), 930a22.

10 Aristotle. *The Art of Rhetoric*, 1355a20-23 & 35-28.

11 Larry Arnhart, *Aristotle on Political Reasoning: A Commentary on the 'Rhetoric'* (DeKalb, IL: Northen Illinois University Press, 1986), 28-32.

12 Aristotle. *The Art of Rhetoric*, 1355a29-35.

13 ibid., 1354a3-11.

14 ibid., 1354a7-1354b7.

15 ibid., 1355b25-27 & 1359b9-16.

16 ibid., 1378a21.

17 ibid., 1382a & 1384a22-36.

18 ibid., 1356a3-15 & 1375a24.

19 ibid., 1378a5-19 & 1390a25-27).

20 Aristotle. *The Art of Rhetoric*, 1358a36-1359a6.

21 ibid., 1375b3-4.

22 George A. Kennedy, *Classical Rhetoric & Its Christian and Secular Tradition* (Chapel Hill, NC: The University of North Carolina Press, 1999), 13-15 & 226-258.

23 Isaiah Berlin, *Concepts and Categories*, edited by Henry Hardy (London: Random House. 1999), 81-102.

24 Steven Bilakovics, *Democracy without Politics* (Cambridge, MA: Harvard University Press, 2012), 1-27.

참고 문헌

5부

27 살루타티

Aquinas, Thomas. 2002. *Political Writings*. edited & translated by R. W. Dyson. New York: Cambridge University Press.

Cicero. 2001[1913]. *De Officiis*. trans. Walter Miller. Cambridge, MA: Harvard University Press.

Dante Alighieri, 1996. *Divine Comedy of Dante Alighieri*, Vol. I. Inferno, edit. & trans. Robert M. Durling. New York: Oxford University.

De Rosa, Daniela. 1980. *Coluccio Salutati: il cancelliere e il pensatore politico*. Firenze: La Nuova Italia.

Dominici, Giovanni. 1860. *Regola del governo di cura familiare*, edited and noted by Donato Salvi. Firenze: Angiolo Garinei.

Grafton, Anthony. 1991. "Humanism and political theory," in *The Cambridge History of Political Thought 1450-1700*, edited by James H. Burns. New York: Cambridge University Press.

Kristeller, Paul O. 1961. *Renaissance Thought.* New York: harper & Row.

Petrarch, Francesco. 2005. *Letters on Familiar Matters*, Vol. 3. trans. Aldo S. Bernardo. New York: Italica Press.

Petrarch, Francesco. 1996. *Petrarch: Canzoniere.* trans. Mark Musa. Bloomington, IN: Indiana University Press.

Piccolomini, Manfredi. 1991. *The Brutus Revival, Parricide and Tyrannicide During the Renaissance.* Carbondale, IL: Southern Illinois University Press.

Salutati, Coluccio. 2014. *Political Writings.* edited by Stefano U. Baldassarri & trans. Rolf Bagemihl. Cambridge, MA: Harvard University Press.

Salutati, Coluccio. 1891. *Epistolario di Coluccio Salutati.* Volume 1-3. edited by Francesco Novati. Roma: Forzani E C. Tipografi del Senato.

Seneca. 1928. *Seneca, Moral Essays*, trans. John W. Basore. New York: G. P. Putnam's Sons.

Stacey, Peter. 2007. *Roman Monarchy and the Renaissance Prince.* New York: Cambridge University Press.

Ullman, Berthold L. 1963. *The Humanism of Coluccio Salutati.* Padova: Editrice Antenore.

Witt, Ronald. 2001. "The De tyranno and Coluccio Salutati's View of Politics and Roman History," in *Renaissance Thought, A Reader.* edited by Robert Black. New York: Routledge, 161-186.

28 브루니

Baron, Hans. 1955. *The Crisis of the Early Italian Renaissance* Vol. 1 & 2. Princeton, NJ: Princeton University Press.

Bracciolini, Poggio. 1997. "De laude Venetiarum." trans. by Martin Davies. In *Cambridge Translations of Renaissance Philosophical Texts* Vol. 2. edited by Jill Kraye. New York: Cambridge University Press, 135-145.

Bruni, Leonardo. 2004. *Sulla perfetta traduzione*, edited by Paolo Viti. Napoli: Liguori Editore.

Bruni, Leonardo. 2001. *History of the Florentine Peoples* Vol. 1-3. trans. James Hankins. Cambridge, MA: Harvard University Press.

Bruni, Leonardo. 2000. *Laudatio Florentinae urbis.* edited by Stefano U. Baldassarri. Firenze: Sismel-Edizioni del Galluzzo.

Bruni, Leonardo. 1996. *Opere Letterarie e Politiche,* edited by Paolo Viti. Torino: Unione Tipografico-Editrice Torinese.

Bruni, Leonardo. 1952. *Ad Petrum Paulum Histrum Dialogus.* In *Prosatori Latini del Quattrocento.* edited by Eugenio Garin. Milano: Riccardo Ricciardi Editore.

Bruni, Leonardo. 1926. *Historiarum florentini populi libri XII e Rerum suo tempore gestarum commentarius.* edited by Emilio Santini & Carmine di Pierro. Cittàdi Castello: S. Lapi.

Burckhardt, Jacob. 1950. *The Civilization of the Renaissance in Italy.* trans. by Samuel G.C. Middlemore. Vienna: the Phaidon Press.

Cicero. 2001 [1913]. *De Officiis.* trans. Walter Miller. Cambridge, MA: Harvard University Press.

Gray, Hanna. 1963. "Renaissance Humanism: The Pursuit of Eloquence." *Journal of the History of Ideas.* 24/4: 497-154.

Hankins, James. 2000. "Rhetoric, history, and ideology: the civic panegyrics of Leonardo Bruni." In *Renaissance Civic Humanism,* edited by James Hankins. New York: Cambridge University Press. 143-178.

Hörnqvist, Mikael. 2000. "The two myths of civic humanism," In *Renaissance Civic Humanism.* edited by James Hankins. New York: Cambridge University Press, 105-142.

Ianziti, Gary. 2012. *Writing History in Renaissance Italy.* Cambridge, MA: Harvard University Press.

Jones, Philip. 1997. *The Italian City-State, from Commune to Signoria.* New York: Oxford University Press.

Machiavelli, Niccolò. 1984. *Opere di Niccolò Machiavelli* Volume 2. edited by Alessandro Montevecchi. Torino: Unione Tipografico-Editrice Torinese.

Marzi, Demetrio. 1910. *La Cancelleria della Repubblica fiorentina.* Rocca S. Casciano: Licinio

457

Cappelli Editore.

Najemy, John. 2000. "Civic humanism and Florentine Politics," In *Renaissance Civic Humanism*. edited by James Hankins. New York: Cambridge University Press, 75-104.

Pocock, John G. A. 1975. *Machiavellian Moment*. Princeton, NJ: Princeton University Press.

Palmieri, Matteo. 1982. *Vita Civile*. edited by Gino Belloni. Firenze: Sansoni.

Rubinstein, Nicolai. 1986. "Florentina libertas." *Rinascimento* 26: 3-26.

Rubinstein, Nicolai. 1942. "The Beginnings of Political Thought in Florence." *Journal of the Warburg and Courtauld Institutes*. 5: 198-227.

Salutati, Coluccio. 2014. *Political Writings*. edited by Stefano U. Baldassarri & trans. Rolf Bagemihl. Cambridge, MA: Harvard University Press.

Salutati, Coluccio. 1987. "Letter to Pope Innocent VII." In *The Humanism of Leonardo Bruni, Selected Texts*, edited by Gordon Griffiths, James Hankins, David Tompson. Binghamton, NY: State University of New York, 47-48.

Sasso, Genaro. 1957. "Florentina libertas e rinascimento italiano nell' opera di Hans Baron." *Rivista storica italiana* 69, 250-276.

Vergerio, Pier Paolo. 1975. "De Republica veneta." Appended to D. Robey and J. Law, "Venetian Myth and the 'De republica veneta' of Pier Paolo Vergerio." *Rinascimento*, 2nd series(15), 38-50.

Witt, Ronald. 2001. *'In the Footsteps of the Ancients': The Origins of Humanism from Lovato to Bruni*. Leiden, Netherland: Bril. Leiden, Netherland: Bril.

29 사보나롤라

Augustine. 1960. *City of God, Vol. VI: Books 18.36-20*, trans. William Chase Greene. Cambridge, MA: Harvard University Press.

Bruni, Leonardo. 2000. *Laudatio Florentinae urbis*. edited by Stefano U. Baldassarri. Firenze: Sismel-Edizioni del Galluzzo.

Guasti, Cesare. 1884. *Le feste di San Giovanni Batista in Firenze*. Firenze: Giovanni Cirri Editore.

Jurdjevic, Mark. 2007. *Guardians of Republicanism, The Valori family in the Florentine Renaissance*. New York: Oxford University Press.

Landucci, Luca. 1883. *Diario fiorentino dal 1450 al 1516 di Luca Landucci, continuato da un anonimo fino al 1542*. Note by Iodoco Del Badia. Firenze: G.C. Sansoni Editore.

Machiavelli, Niccolò. 2000. *Opere di Niccolò Machiavelli* Vol. 3. edited by Franco Gaeta. Torino: Unione Tipografico-Editrice Torinese.

Machiavelli, Niccolò. 1996. *Discorsi sopra la prima deca di Tito Livio*, intro. Gennaro Sasso, note. Giorgio Inglese. Milano: Rizzoli Editore.

Machiavelli, Niccolò. 1995. *Il Principe*. cura. Giorgio Inglese. Torino: Einaudi.

Martines, Lauro. 2006. *Fire in the City, Savonarola and the Struggle for the Soul of Renaissance Florence*. New York: Oxford University Press.

Najemy, John M. 2006. *A History of Florence, 1200-1575*. Malden, MA: Blackwell Publishing.

Parenti, Piero. 1994. *Storia fiorentina* Volume I. edited by Andrea Matucci. Firenze: Leo S. Olschki Editore.

Pocock, John. 1975. *The Machiavellian Moment, Florentine Political Thought and the Atlantic Republican Tradition* (Princeton, NJ: Princeton University Press, 1975), 99-103.

Polizzotto, Lorenzo. 1994. *The Elect Nation, the Savonarolan Movement in Florence 1494-1545*. New York: Oxford University Press.

Savonarola, Girolamo. 1898. *Scelta di Prediche e Scritti di Fra Girolamo Savonarola*, edited by Pasquale Villari & Ernesto. Casanova. Firenze: G.C.Sansoni Editore.

Savonarola, Girolamo. 1818. *Del reggimento degli stati di Fra Girolamo Savonarola*. *Volume Secondo della Collezione di ottimi Scrittori Italiani in supplemento ai Classici Milanesi*. Pisa: Niccolo Capurro.

Villari, Pasquale. 1918. *Life and Times of Girolamo Savonarola*, trans. Linda Villari. New York: Charles Scribner's Sons.

Weinstein, Donald. 2011. *Savonarola, the rise and fall of a renaissance prophet*. New Haven, NJ: Yale University Press.

Weinstein, Donald. 1970. *Savonarola and Florence, Prophecy and Patriotism in the Renaissance*. Princeton, NJ: Princeton University Press.

30 에라스뮈스

곽준혁. 2013. 『지배와 비지배: 마키아벨리 「군주」 읽기』. 파주: 민음사.

Erasmus, Desiderius. 2002. *Stultitae Laus*. Charleston, SC: Nabu Press.

Erasmus, Desiderius. 1997. *The Education of a Christian Prince*. trans. by Lisa Jardin. New York: Cambridge University Press.

Erasmus, Desiderius. 1988. *The Correspondence of Erasmus: Letters 1122-1251*, Vol. 8, edit. & trans. P. G. Bietenholz & Roger A. B. Mynors. Toronto: University of Toronto Press.

Erasmus, Desiderius. 1974. *The Correspondence of Erasmus: Letters 1-141*, Vol. 1. edited and translated by Roger A. B. Mynors & Douglas F. Thomson. Toronto: University of Toronto Press.

Erasmus, Desiderius. 1974. *The Correspondence of Erasmus: Letters 446-593*, Vol. 4. edited and translated by Roger A. B. Mynors & Douglas F. Thomson. Toronto: University of Toronto Press.

Erasmus, Desiderius. 1969. *De libero arbitrio*. In *Luther and Erasmus*. edit. & trans. E. Gordon Rupp and Philip S. Watson. Philadelphia; The Westminster Press.

Erasmus, Desiderius. 1816. *The Christian Manual*. trans. Philip W. Crowther. London: F.C. and J. Rivington.

Furey, Constance M. 2006. *Erasmus, Contarini, and the Religious Republic of Letters*. New York: Cambridge University Press, 2006.

Grafton, Anthony. 2009. *Worlds Made by Words, Scholarship and Community in the Modern West*. Cambridge, MA: Harvard University Press.

Huizinga, Johan. 2011. *Erasmus and the Age of Reformation*, trans. Frederick Hopman. New York: Harper Torchbooks.

Isocrates. 1928. *Areopagiticus.* In *Isocrates* Vol. 2. tans. George Norlin. London: Wiliam Heinemann.

Plutarch. 1986[1927]. *De liberis educandis.* In *Plutarch: Moralia* Vol. I, trans. Frank C. Babbitt. Cambridge, MA: Harvard University Press.

Tracy, James. 1972. *Erasmus, the Growth of a Mind.* Geneva: Librairie Droz.

31 마키아벨리

곽준혁. 2013. 『지배와 비지배: 마키아벨리 「군주」 다시읽기』. 파주: 민음사.

Atkinson, Catherine. 2002. *Debts, Dowries, Donkeys.* Frankfurt: Peter Lang.

Bausi, Francesco. 2005. *Machiavelli.* Roma: Salerno Editrice.

Cicero. 2000[1928]. *De Re Publica & De Legibus.* trans. Walker Keys. Cambridge, MA: Harvard University Press.

Croce, Benedetto. 1949. "Una questione che forse non si chiuderàmai: La questione del Machiavelli." *Quaderini della critica.* 5:14, 1-9.

Machiavelli, Bernardo. 1954. *Libro di Ricordi,* edited by Cesare Olschki. Firenze: F. Le Monnier.

Machiavelli, Niccolò. 2006. *Il Principe.* cura. Mario Martelli. Roma: Salerno Editrice.

Machiavelli, Niccolò. 2001. *Discorsi sopra la prima deca di Tito Livio Tomo. 1.* cura. Francesco Bausi. Roma: Salerno Editrice.

Machiavelli, Niccolò. 2000. *Opere di Niccolò Machiavelli* Vol. 3. cura. Fanco Gaeta. Torino: Unione Tipografico-Editrice Torinese.

Machiavelli, Niccolò. 1999. *Opere di Niccolò Machiavelli* Vol. 1-Tomo secondo. cura. Rinaldo Rinaldi. Torino: Unione Tipografico-Editrice Torinese.

Machiavelli, Niccolò. 1995. *Il Principe.* cura. Giorgio Inglese. Torino: Einaudi.

Machiavelli, Niccolò. 1986. *Opere di Niccolò Machiavelli* Vol. 2. cura. Alessandro Montevecchi. Torino: Unione Tipografico-Editrice Torinese.

Montaigne, Michel de. 1958. *The Complete Essays of Montaigne*, trans. Donald M. Frame. Stanford, CA: Stanford University Press.

Ovid. 1914. *Heroides and Amores*. trans. Grant Showerman. New York: The Macmillan Co.

Pedullà, Gabriele. 2011. *Machiavelli in tumulto, Conguista, cittadinanza e conflitto nei <Discorsi sopra la prima deca di Tito Livio>*. Roma: Bulzoni Editore.

Ridolfi, Roberto. 1954. *Vita di Niccolò Machiavelli*. Roma: Angelo Belardetti Editore.

Sasso, Gennaro. 1987. *Machiavelli e gli antichi e altri saggi, Tomo 1*. Milano: R. Ricciardi.

Scala, Bartolomeo. 1977. *Bartolomeo Scala, Humanistic and Political Writings*. edited by Alison Brown. Tempe, AZ: Arizona State University Press.

32 모어

Branham, Bracht. 1985. "Utopian Laughter: Lucian and Tomas More." *Moreana* 86: 23-43.

Cicero. 2001[1913]. *De Officiis*. trans. Walter Miller. Cambridge, MA: Harvard University Press.

Cicero, 2000[1928]. *De Re Publica*, in *De Re Publica & De Legibus*. trans. Clinton Walker Keyes. Cambridge, MA: Harvard University Press.

Erasmus, Desiderius. 1987. *The Correspondence of Erasmus: Letters 993-1121*, Vol. 7, by P. G. Bietenholz & Roger A. B. Mynors. Toronto: University of Toronto Press.

Greenblat, Stephen. 1980. *Renaissance Self-Fashioning, From More to Shakespeare*. Chicago: University of Chicago Press.

Kristeller, Paul Oskar. 1979. *Renaissance Thought and its Sources*. New York: Columbia University Press.

Marius, Richard. 1999. *Thomas More*. Cambridge, MA; Harvard University Press.

Marsh, David. 1998. *Lucian and the Latins: Humor and Humanism in the Early Renaissance*. Ann Arbor, MI: University of Michigan Press.

More, Thomas. 2004. *A Thomas More Source Book*, edited by Gerad B. Wegemer and Stephen

W. Smith. Washington D.C.: The Catholic University of America Press.

More, Thomas. 1984. *The Yale Edition of the Complete Works of St. Thomas More:* Vol. 3, *part II, Latin Poems.* edited by Clarence H. Miller, Leicester Bradner, and Charles A. Lynch. New Heaven: Yale University Press.

More, Thomas. 1979. *The Yale Edition of the Complete Works of St. Thomas More:* Vol. 9, *The Apology.* edited by Joseph B. Trapp. New Heaven: Yale University Press.

More, Thomas. 1974. *The Yale Edition of the Complete Works of St. Thomas More:* Vol. 3, *part I,* Trans. Lucian. edited by Craig R. Thompson. New Heaven: Yale University Press.

More, Thomas. 1947. *The Correspondence of Sir Thomas More,* edited by Elizabeth Frances Rogers. Princeton, NJ: Princeton University Press.

More, Thomas. 1985. *The Utopia of Sir Thomas More.* trans. Ralph Robynson and edited by Joseph H. Lupton. Oxford: Oxford University Press.

Rex, Richard. 2011. "Thomas More and the Heretics: Statesman or Fanatic?." In *The Cambridge Companion to Thomas More.* edited by George M. Logan. New York: Cambridge University Press.

Skinner, Quentin. 1987. "Sir Thomas More's Utopia and the language of Renaissance humanism," In *The Languages of Political Theory in Early-Modern Europe,* edited by Anthony Pagden. New York: Cambridge University Press.

Wegemer, Gerard B. 2011. *Young Thomas More and the Arts of Liberty.* New York: Cambridge University Press.

33 귀치아르디니

Bruni, Leonardo. 1996. *Opere Letterarie e Politiche,* edited by Paolo Viti. Torino: Unione Tipografico-Editrice Torinese.

Cicero. 2000[1928]. *De Re Publica & De Legibus,* trans. Clinton Walker Keyes. Cambridge, MA: Harvard University Press.

Gilbert, Felix. 1973. *Machiavelli and Guicciardini*. Princeton, NJ: Princeton University Press.

Gilbert, Felix. 1968. "The Venetian Constitution," In *Florentine Studies, Politics and Society in Renaissance Florence*. edited by Nicolai Rubinstein. Evanston, IL: Northwestern University Press.

Guicciardini, Francesco. 1970. *Opere di Francesco Guicciardini*, Vol. 1-3. cura. Emanuella Lugnaani Scarano. Torino: Unione Tipografico-Editrice Torinese.

Gucciardini, Franccesco. 1867. *Opere inedite di Francesco Guicciardini*, Vol. 10, edited by Giuseppe Canestrini and published by Piero & Luigi Guicciardini. Firenze: Presso M. Cellini e Comp.

Machiavelli, Niccolò. 2000. *Opere di Niccolò Machiavelli* Vol. 3. edited by Franco Gaeta. Torino: Unione Tipografico-Editrice Torinese.

Machiavelli, Niccolò. 1996. *Discorsi sopra la prima deca di Tito Livio*, intro. Gennaro Sasso, note. Giorgio Inglese. Milano: Rizzoli Editore.

Moulakis, Athanasios. 1998. *Republican Realism in Renaissance Florence*. Lanham, MD: Rowman & Littlefield.

Palumbo, Matteo. 1988. *Francesco Guicciardini, Materiali per lo studio della letteratura italiana*. Napoli: Liguori Editore.

Phillips, Mark. 1977. *Francesco Guicciardini: The Historian's Craft*. Toronto: University of Toronto Press.

Savonarola, Girolamo. 1818. *Del reggimento degli stati di Fra Girolamo Savonarola*. Pisa: Niccolo Capurro.

34 루터

Augustine. 1960. *The City of God against the Pagans* Vol. 4. trans. William C. Greene. Cambridge, MA: Harvard University Press.

Aquinas, Thomas. 1961. *Summa contra gentiles 3 vols.* edited by P. Marc, C. Pera and Petri

Caramello. Torino: Marietti.

Eisenstein, Elizabeth L. 2005. *The Printing Revolution in Early Modern Europe*. New York: Cambridge University Press.

Erasmus, Desiderius. 1969. *De libero arbitrio*. In *Luther and Erasmus*. edit. & trans. E. Gordon Rupp and Philip S. Watson. Philadelphia; The Westminster Press.

Erikson, Erick H. 1993[1958]. *Young Man Luther: A Study in Psychoanalysis and History*. New York: W. W. Norton & Company.

Fasolt, Constant. 2007. "Religious Authority and Ecclesiastical Governance," In *The Renaissance World*, edited by John Jeffries Martin. New York: Routledge, 364-380.

Febvre, Lucien. & Henri-Jean Martin. 1976. *The Coming of the Book, The Impact of Printing 1450-1800*. trans. David Gerard. London: NLB.

Green, Jay eds. 2005. *The Interlinear Bible: Hebrew-Greek-English*. Peabody, MA: Hendrickson Publisher.

Luther, Martin. 1989. *Martin Luther's Basic Theological Writing*. edit. & trans. Timothy F. Lull. Minneapolis, MN: Fortress Press.

Luther, Martin. 1961. *Martin Luther, Selections From His Writings*, edit. John Dillenberger. New York: Anchor Books.

Luther, Martin. 1664. *Beati Patris Martini Lutheri Liber De Servo Arbitrio*. edited by Sebastiano Schmidt. Strassburg: Nagel.

Marius, Richard. 2000. *Martin Luther: The Christian between God and Death*. Cambridge, MA: Harvard University Press.

Martines, Lauro. 2006. *Fire in the City, Savonarola and the Struggle for the Soul of Renaissance Florence*. New York: Oxford University Press.

Marty, Martin. 2004. *Martin Luther*. New York: Viking Penguin.

Savonarola, Girolamo. 1994. *Prison Meditations on Psalms 51 & 31*. trans. John Patrick Donnelly. Milwaukee, WI: Marquette University Press.

Skinner, Quentin. 1978. *The Foundations of Modern Political Thought*, Vol. 2 The Age of Reformation. New York: Cambridge University Press.

Swanson, Robert N. 1979. *Universities, Academics and the Great Schism*. New York: Cambridge University Press.

Voegelin, Eric. 1998. *History of Political Ideas* Vol. 4, *Renaissance and Reformation*. Columbia, MI: University of Missouri, 1998.

6부

35 보댕

Aristotle. 1932. *Politics*. trans. H. Rackham. Cambridge, MA: Harvard University Press.

Bodin, Jean. 2008. *Colloquium of the Seven about Secrets of the Sublime*, trans. Marion Leathers Kuntzs. University Park, PA: The Pennsylvania State University.

Bodin, Jean. 1992. *On Sovereignty*. edit. & trans. Julian H. Franklin. New York: Cambridge University Press.

Bodin, Jean. 1606. *The Six Books of a Commonweale*, trans. Richard Knolles. London: Impensis G. Bishop.

Bodin, Jean. 1591. *Ioannis Bodini Andegavensis, De republica libri sex*. Parisiis: Apud Iacobum Du-Puys sub signo Samaritanae.

Cicero. 2000[1928]. *De Re Publica & De Legibus*, trans. Clinton Walker Keyes. Cambridge, MA: Harvard University Press.

Collins, James B. 1988. *Fiscal Limits of Absolutism, Direct Taxation in Early Seventeenth-Century France*. Berkeley, CA: University of California Press.

Elshtain, Jean Bethke. 2008. *Sovereignty, God, State, and Self*. New York: Basic Books.

Holt, Mark. 2005. *The French Wars of Religion, 1562-1629*. New York: Cambridge University Press.

Mann, Michael. 1988. *States, War, & Capitalism*. New York: Basil Blackwell.

Skinner, Quentin. 1978. *The Foundations of Modern Political Thought*, Vol. 2 *The Age of Reformation*.

New York: Cambridge University Press.

Spruyt, Hendrik. 1994. *The Sovereign State and Its Competitors*. Princeton, NJ: Princeton University Press.

Tilly, Charles. 1990. *Coercion, Capital, and European States, AD 990-1990*. Cambridge, MA: Basil Blackwell.

36 그로티우스

Aristotle. 1926. *Nicomachean Ethics*. trans. H. Rackham. Cambridge, MA: Harvard University Press.

Aquinas, Thomas. 1981. *The Summa Theologica of St. Thomas Aquinas*. trans. Fathers of the English Dominican Province. Nortre Dame, IN: Christian Classics.

Bull, Hedley, Benedict Kinsbury, & Adam Roberts eds. 1990. *Hugo Grotius and International Relations*. New York: Oxford University Press.

Cicero. 2001[1913]. *De Officiis*. trans. Walter Miller. Cambridge, MA: Harvard University Press.

Eikema Hommes, Hendrick van. 1997. "Grotius on Natural and International Law," In *Grotius* Vol. 2, edited by John Dunn and Ian Harris. Lyme, NH: Edward Elgar.

Gentilis, Alberici. 1877. *De iure belli*. edited by Thomas Erskine Holland. Oxford: Clarendon Press.

Grotius, Hugo. 2006. *Commentary on the Law of Prize and Booty*, edited by Martine Julia van Ittersum and trans. Gwladys Williams. Indianapolis, IN: Liberty Fund.

Grotius, Hugo. 2005. *The Rights of War and Peace Book I-III*, edited by Richard Tuck & trans. Jean Barbeyrac. Indianapolis: Liberty Fund.

Jeffery, Renée. 2006. *Hugo Grotius in International Thought*. New York: Palgrave Macmillan.

Lee, Robert W. 1930. "Hugo Grotius." *Proceedings of the British Academy*. 16:219-279.

Montaigne, Michel de. 1958. *The Complete Essays of Montaigne*, trans. Donald M. Frame.

Stanford, CA: Stanford University Press.

Suàrez, Francisco. 1872. *Tractatus De legibus ac Deo legislatore*. Neapoli: Ex typis Fibrenianis.

Tuck, Richard. 1999. *The Rights of War and Peace, Political Thought and the International Order from Grotius to Kant*. New York: Oxford University Press.

Yasuaki, Onuma eds. 1993. *A Normative Approach to War, Peace, and Justice in Hugo Grotius*. New York: Clarendon Press.

37 홉스

곽준혁. 2014. 『마키아벨리 다시 읽기』. 파주: 민음사.

곽준혁. 2013. 『지배와 비지배』. 파주: 민음사.

플라톤. 1997. 『국가』. 박종현 역. 서울: 서광사.

Aubrey, John. 1898. *Brief Lives*. Oxford: Clarendon Press.

Bobbio, Noberto. 1993. *Thomas Hobbes and the Natural Law Tradition*. trans. Daniela Gobetti. Chicago: University of Chicago Press.

Bull, Hedley, Benedict Kinsbury, & Adam Roberts eds. 1990. *Hugo Grotius and International Relations*. New York: Oxford University Press.

Donnelly, Jack. 2004. *Realism and International Relations*. New York: Cambridge University Press.

Finnis, John. 2011. *Natural Law & Natural Right*. New York: Oxford University Press.

Hobbes, Thomas. 1999. *Elements of Law, Human Nature & De Corpore Politico*. edited by John C.A. Gaskin. New York: Oxford University Press.

Hobbes, Thomas. 1998. *On The Citizen*. edited & translated by Richard Tuck & Michael Silverthorne. New York: Cambridge University Press.

Hobbes, Thomas. 1991. *Leviathan*. edited by Richard Tuck. New York: Cambridge University Press.

Hobbes, Thomas. 1741. *Thomas Hobbes Malmesburiensis Opera Philosophica Quae Latine Scripsit*

Omnia Vol. I. edited by Gulielmi Molesworth. Londini: Apud Joannem Bohn.

Machiavelli, Niccolò. 2006. *Il Principe.* edited by Mario Martelli. Roma: Salerno Editrice.

Machiavelli, Niccolò. 2001. *Discorsi sopra la prima deca di Tito Livio Tomo. 1.* edited by Francesco Bausi. Roma: Salerno Editrice.

Malcolm, Noel. 1996. "A Summary biography of Hobbes," in *The Cambridge Companion of Hobbes.* edited by Tom Sorell. New York: Cambridge University Press, 13-44.

Pettit, Philip. 2008. *Made with Words.* Princeton, NJ: Princeton University Press.

Plato. 1930. *The Republic I.* trans. Paul Shorey. Cambridge: Harvard University Press.

Runciman, David. 2008. *Political Hypocrisy, The Mask of Power from Hobbes to Orwell and Beyond.* Princeton, NJ: Princeton University Press.

Schmitt, Carl. 1996. *The Leviathan in the State Theory of Thomas Hobbes.* trans. George Scwab and Erna Hilfstein. London: Greenwood Press.

Schmitt, Carl. 1985. *Political Theology,* trans. George Schwab. Chicago: University of Chicago Press.

Skinner, Quentin. 2008. *Hobbes and Republican Liberty.* New York: Cambridge University Press.

Sreedhar, Susanne. 2010. *Hobbes on Resistance, Defying the Leviathan.* New York: Cambridge University Press.

Strauss, Leo. 1963. *The Political Philosophy of Hobbes.* Chicago: University of Chicago Press.

Sullivan, Vickie. 2004. *Machiavelli, Hobbes, & the Formation of a Liberal Republicanism in England.* New York: Cambridge University Press.

Tuck, Richard. 1989. *Hobbes.* New York: Oxford University Press.

38 로크

Duun, John. 1982[1960]. *The Political Thought of John Locke.* New York: Cambridge University Press.

Hobbes, Thomas. 1991. *Leviathan.* edited by Richard Tuck. New York: Cambridge University

Press.

Laslett, Peter. 1988[1960]. "Introduction," in *Two Treatises of Government*, edited by Peter Laslett. New York: Cambridge University Press, 3-122.

Locke. John. 2010. *A Letter concerning Toleration*, in *Locke on Toleration*, edited by Richard Vernon. New York: Cambridge University Press, 3-46.

Locke, John. 1990. *Questions Concerning the Law of Nature*. trans. Robert Horwitz, Jenny S. Clay, and Diskin Clay. Ithaca, NY: Cornell University Press.

Locke. John. 1988[1960]. *Two Treatises of Government*. edited by Peter Laslett. New York: Cambridge University Press.

Locke, John. 1824. "The Epistle to the Reader," in *The Works of John Locke*, Vol. 1. London: Printed for C and J. Rivington, xliii-vli.

Locke, John. 1824. *The Essays of Human Understanding*, in *The Works of John Locke*, Vol. 1. London: Printed for C and J. Rivington.

Locke, John. 1824. *The Essays of Human Understanding*, in *The Works of John Locke*, Vol. 2. London: Printed for C and J. Rivington.

Locke, John. 1824. *Some Thoughts Concerning Education*, in *The Works of John Locke*, Vol. 8. London: Printed for C and J. Rivington.

Rogers, G. A. J. 2007. "The Intellectual Setting and Aims of the Essay," in *Cambridge Companion to Locke's "Essay Concerning Human Understanding,"* edited by Lex Newman. New York: Cambridge University Press, 7-32.

Strauss, Leo. 1965. *Natural Right and History*. Chicago: University of Chicago Press.

Tarcov, Nathan. 1984. *Locke's Education for Liberty*. Chicago: University of Chicago Press.

Tully, James. 2006[1980]. *A Discourse on Property, John Locke and his adversaries*. New York: Cambridge University Press.

Zuckert, Michael. 1994. *Natural Rights and the New Republicanism*. Princeton, NJ: Princeton University Press.

39 루소

Cohen, Joshua. 2010. *Rousseau, A Free Community of Equals.* New York: Oxford University Press.

Habermas, Jürgen. 1991[1962]. *The Structural Transformation of the Public Sphere.* Cambridge, MA: MIT Press.

Manin, Bernard. 1987. "On Legitimacy and Political Deliberation." *Political Theory.* 15:3, 338-368.

Rousseau, Jean Jacques. 1997. *The Discourses and other early political writings,* edit. & trans. Victor Gourevitch. New York: Cambridge University Press.

Rousseau, Jean Jacques. 1995. *The Collected Writings of Rousseau,* Vol. 5. trans. Christopher Kelly. edited by Christopher Kelly, Roger Masters, and Peter G. Stillman. Hanover, NH: Dartmouth College Press.

Rousseau, Jean Jacques. 1994. *The Collected Writings of Rousseau,* Vol. 4. translated by Judith R. Bush, Roger Masters, and Christopher Kelley. edited by Roger Masters and Christopher Kelly. Hanover, NH: Dartmouth College Press.

Rousseau, Jean Jacques. 1979. *Emile.* trans. Allan Bloom. New York: Basic books.

Viroli, Maurizio. 2003[1995]. *For Love of Country, And Essay on Patriotism and Nationalism.* New York: Oxford University Press.

40 버크

Buckland, W.W. & Arnold D. McNair. 1974. *Roman Law and Common Law.* New York: Cambridge University Press.

Burke, Edmund. 1984. *Selected Letters of Edmund Burke,* edited by Harvey Mansfield, Jr. Chicago: University of Chicago Press.

Burke, Edmund. 1990. *A Philosophical Enquiry into the Origin of Our ideas of the Sublime and*

Beautiful, edited by Adam Phillips. New York: Oxford University Press.

Burke, Edmund. 1951. *Reflections on the French Revolution.* introduction by A. J. Grieve. London: J.M. Dent & Sons.

Burke, Edmund. 1852. *The Works and Correspondence of the Right Honourable Edmund Burke,* Vol. 4. London: Francis & John Rivington.

Burke, Edmund. 1852. *The Works and Correspondence of the Right Honourable Edmund Burke,* Vol. 6. London: Francis & John Rivington.

Eagleton, Terry. 1990. *The Ideology of the Aesthetic.* Malden, MA: Blackwell.

Furniss, Tom. 1993. *Edmund Burke's Aesthetic Ideology.* New York: Cambridge University.

Kramnick, Isaac. 1977. *The Rage of Edmund Burke: Portrait of an Ambivalent Conservative.* New York: Basic Books.

Machiavelli, Niccolò. 2006. *Il Principe.* cura. Mario Martelli. Roma: Salerno Editrice.

Paine, Thomas. 2000. *Rights of Man,* in *Thomas Paine: Political Writings,* edited by Bruce Kuklick. New York: Cambridge University Press.

Prior, James. 1891. *A life of Edmund Burke.* London: George Bell & Sons. Stanlis, Peter. 2003[1958]. *Edmund Burke & the Natural Law.* London: Transaction Publishers.

Stanlis, Peter. 2003[1958]. *Edmund Burke & the Natural Law.* London: Transaction Publishers.

Strauss, Leo. 1953. *Natural Right and History.* Chicago: The University of Chicago Press.

Turner, Frank M. 2003. "Introduction Edmund Burke: The Political Actor Thinking," in *Reflections on the Revolution in France,* edited by Frank M. Turner. New Haven: Yale University, xi-xliii.

Wood, Neal. 1964. "The Aesthetic Dimension of Burke's Political Thought," *Journal of British Studies.* Vol. 4. No.1, 41-64.

41 칸트

Arendt, Hannah. 1992. *Lectures on Kant's Political Philosophy,* edited by Ronald Beiner. Chicago:

The University of Chicago Press.

Guyer, Paul. 2000. *Kant on Freedom, Law, and Happiness*. New York: Cambridge University Press.

Habermas, Jürgen. 1998. *On the Pragmatics of Communication*. edited by Maeve Cooke. Cambridge, MA: MIT Press.

Kant, Immanuel. 2009. *Idea for a Universal History with a Cosmopolitan Aim*, in *Kant's Idea for a Universal History with a Cosmopolitan Aim, A Critical Guide*. edited by Amélie Oksenberg Rorty & James Schmidt. New York: Cambridge University Press, 9-23.

Kant, Immanuel. 2006. "Toward Perpetual Peace: A Philosophical Sketch," in *Toward Perpetual Peace and Other Writings on Politics, Peace, and History*, trans. David Colclasure. New Haven, NY: Yale University Press, 67-109.

Kant, Immanuel. 2002. *Groundwork for the Metaphysics of Morals*. trans. Allen W. Wood. New Haven, NJ: Yale University Press.

Kant, Immanuel. 2002. *Critique of the Power of Judgment*. trans. Paul Guyer & Eric Matthews. New York: Cambridge University Press.

Kant, Immanuel. 2002. *Critique of Practical Reason*, trans., Werner S. Pluhar. Indianapolis, IN: Hackett Publishing Co.

Kant, Immanuel. 1998. *Critique of Pure Reason*, trans. Paul Guyer & Allen Wood. New York: Cambridge University Press.

Mansbridge, Jane. with James Bohman, Simone Chambers, David Estlund, Andreas Føllesdal, Archon Fung, Christina Lafont, Bernard Manin, and José Luis Martí. 2010. "The Place of Self-Interest and the Role of Power in Deliberative Democracy." *Journal of Political Philosophy*, 18:1, 64-100.

Rawls, John. 2001. *The Law of Peoples*. Cambridge, MA: Harvard University Press.

Russett, Bruce. 1993. *Grasping the Democratic Peace*. Princeton, NJ: Princeton University Press.

Urbinati, Nadia. 2006. *Representative Democracy, Principles and Genealogy*. Chicago: the University of Chicago Press.

Wood, Allen. 2005. *Kant*. Malden, MA: Blackwell Publishing.

42 헤겔

Avineri, Shlomo. 1972. *Hegel's Theory of the Modern State*. New York: Cambridge University Press.

Finlayson, James G. 1999. "Conflict and Reconciliation in Hegel's Theory of the Tragic." *Journal of the History of Philosophy*. 37:3, 493-520.

Fraser, Nancy & Axel Honneth. 2004. *Redistribution or Recognition?*. New York: Verso.

Hegel, G. W. F. 2004[1977]. *Phenomenology of Spirit*. trans. Arnold V. Miller. New York: Oxford University Press.

Hegel, G. W. F. 1995. *Lectures on Natural Right and Political Science*. trans. J. Michael Stewart and Peter C. Hodgson. Berkeley, CA: University of California Press.

Hegel, G. W. F. 1991. *Elements of the Philosophy of Right*. trans. H. Barry Nisbet. New York: Cambridge University Press.

Hegel, G. W. F. 1991. *The Encyclopaedia of Philosophical Sciences*. trans. T. F. Geraets, W. A. Suchting, and H. S. Harris. Indianapolis, IN: Hackett Publishing Co.

Hegel, G. W. F. 1988[1975]. *Aesthetics, Lectures on Fine Art*, Vol. 1 & 2. trans. Thomas M. Knox. New York: Oxford University Press.

Hegel, G. W. F. 1983. *Hegel and the Human Sprit, A Translation of the Jena Lectures on the Philosophy of Spirit (1805-6) with commentary*. trans. Leo Rauch. Detroit, MI: Wayne State University Press.

Hegel, G. W. F. 1914. *The Philosophy of History*. trans. John Sibree. London: G. Bell and Sons, Ltd.

Honneth, Axel. 1995. *The Struggle for Recognition, The Moral Grammar of Social Conflict*. trans. Joel Anderson. Cambridge, MA: MIT Press.

Kant, Immanuel. 2002. *Groundwork for the Metaphysics of Morals*. trans. Allen W. Wood. New Haven, NJ: Yale University Press.

Kant, Immanuel. 1991. *The Metaphysics of Morals*, trans. Mary Gregor. New York: Cambridge University Press.

Machiavelli, Niccolò. 2006. *Il Principe*, edited by Mario Martelli. Roma: Salerno Editrice.

Machiavelli, Niccolò. 2001. *Discorsi sopra la prima deca di Tito Livio Tomo. 1*, edited by Francesco Bausi. Roma: Salerno Editrice.

Patten, Alan. 1999. *Hegel's Idea of Freedom*. New York: Oxford University Press.

Taylor, Charles. 1999[1975]. *Hegel*. New York: Cambridge University Press.

Taylor, Charles. 1995[1979]. *Hegel and Modern Society*. New York: Cambridge University Press.

Taylor, Charles. 1994. "Politics of Recognition," in *Multiculturalism, Examining the Politics of Recognition*, edited by Amy Gutmann. Princeton, NJ: Princeton University Press.

43 밀

Bentham, Jeremy. 1889[1823]. *Principles of Morals and Legislation*. Oxford: Clarendon Press.

Hare, Richard M. 2003[1963]. *Freedom and Reason*. New York: Oxford University Press.

Mill, James. 1992. *James Mill's Political Writings*. edited by Terence Ball. New York: Cambridge University Press.

Mill, John Stuart. 2003. *Utilitarianism and On Liberty*. edited by Mary Warnock. Malden, MA: Blackwell Publishing.

Mill, John Stuart. 1991. *On Liberty in focus*. edited by John Gray & G. W. Smith. London: Routledge.

Mill, John Stuart. 1984. *Collected Works of John Stuart Mill* Vol. 21, edited by John. M. Robson. London: Routledge & Kegan Paul.

Mill, John Stuart. 1981. *Collected Works of John Stuart Mill* Vol. 1. edited by John M. Robson & Jack Stillinger. London: Routledge & Kegan Paul.

Mill, John Stuart. 1977. *Collected Works of John Stuart Mill* Vol. 19, edited by John. M. Robson. London: Routledge & Kegan Paul.

Mill, John Stuart. 1965. *Collected Works of John Stuart Mill* Vol. 3, edited by John. M. Robson. London: Routledge & Kegan Paul.

Mill, John Stuart. 1969. *Autobiography.* edited by Jack Stillinger. Boston: Houghton Mifflin Company.

Rawls, John. 1999[1971]. *A Theory of Justice.* Cambridge, MA: Harvard University Press.

Shaw, William H. 2006. "Contemporary Criticisms of Utilitarianism: a Response," in *The Blackwell Guide to Mill's Utilitarianism,* edited by Henry West. Malden, MA: Blackwell Publishing, 201-216.

Skorupski, John. 1998. "Introduction: The fortunes of liberal naturalism." in *The Cambridge Companion to Mill.* edited by John Skorupski. New York: Cambridge University Press, 1-34.

44 마르크스

Balibar, Etienne. 2007[1995]. *The Philosophy of Marx.* trans. Christ Turner. New York: Verso.

Berlin, Isaiah. 2000. *The Power of Ideas.* edited by Henry Hardy. Princeton, NJ: Princeton University Press.

Berlin, Isaiah. 1996[1978/1939]. *Karl Marx, His Life and Environment.* New York: Oxford University Press.

Berlin, Isaiah. 1969. *Four Essays on Liberty.* New York: Oxford University Press.

Carver, Terrell. 2004. "Marx's Eighteenth Brumaire of Louis Bonaparte: Democracy, Dictatorship, and the Politics of Class Struggle," in *Dictatorship in History and Theory.* edited by Peter Baehr and Melvin Richter. New York: Cambridge University Press, 103-127.

Cohen, Jean & Andrew Arato, 1992. *Civil Society and Political Theory.* Cambridge, MA: The MIT Press.

Hegel, G. W. F. 2004[1977]. *Phenomenology of Spirit.* trans. Arnold V. Miller. New York: Oxford University Press.

Hegel, G. W. F. 1991. *Elements of the Philosophy of Right.* trans. H. Barry Nisbet. New York:

Cambridge University Press.

Hegel, G. W. F. 1914. *The Philosophy of History.* trans. John Sibree. London: G. Bell and Sons, Ltd.

Honneth, Axel. 1995. *The Struggle for Recognition, The Moral Grammar of Social Conflict.* trans. Joel Anderson. Cambridge, MA: MIT Press.

Marx, Karl & Frederick Engels. 2005. *Collected Works of Karl Marx & Frederick Engels* Vol. 3:1843-1844. New York: International Publishers.

Marx, Karl & Frederick Engels. 2005. *Collected Works of Karl Marx & Frederick Engels* Vol. 5:1845-1847. New York: International Publishers.

Marx, Karl & Frederick Engels. 2005. *Collected Works of Karl Marx & Frederick Engels* Vol. 11:1851-1853. New York: International Publishers.

Marx, Karl. 1991[1869]. *The 18th Brumaire of Louis Bonaparte.* New York: International Publishers.

Peffer, Rodney. G. 1990. *Marxism, Morality, and Social Justice.* Princeton, NJ: Princeton University Press.

45 니체

Ansell-Pearson, Keith. 1996. *Nietzsche contra Rousseau.* New York: Cambridge University Press.

Golomb, Jacob & Robert S. Wistrich. 2002. "Introduction," *Nietzsche, Godfather of Fascism?,* edited by Jacob Golomb & Robert S. Wistrich. Princeton, NJ: Princeton University Press.

Nietzsche, Friedrich. 2007[1999]. *The Birth of Tragedy and Other Writings,* edited by Raymond Geuss & Ronald Speirs. New York: Cambridge University Press.

Nietzsche, Friedrich. 2006. *On the Genealogy of Morality,* trans. Carol Diethe, edited by Keith Ansell-Pearson. New York: Cambridge University Press.

Nietzsche, Friedrich. 2006. *Thus Spoke Zarathustra,* edited by Adrian Del Caro & Robert B.

Pippin. New York: Cambridge University Press.

Nietzsche, Friedrich. 2005. *The Anti-Christ, Ecce Homo, Twilight of the Idols*, edited by Aaron Ridley and Judith Norman. New York: Cambridge University Press.

Nietzsche, Friedrich. 2003. *Writings from the Late Notebooks*, edited by Rüdiger Bittner. New York: Cambridge University Press.

Nietzsche, Friedrich. 2002. *Beyond Good and Evil*, edited by Rolf-Peter Horstmann & Judith Norman. New York: Cambridge University Press.

Nietzsche, Friedrich. 1996[1986]. *Human, All Too Human*, trans. R. J. Hollingdale. New York: Cambridge University Press.

Nietzsche, Friedrich. 1968. *The Will to Power*. trans. Walter Kaufmann & R. J. Hollingdale. New York: Vintage Books.

Paxton, Robert. 2004. *The Anatomy of Fascism*. New York: Alfred Knopf.

Rousseau, Jean Jacques. 1994. *The Collected Writings of Rousseau*, Vol. 4. trans. Judith R. Bush, Roger Masters, and Christopher Kelley. edited by Roger Masters and Christopher Kelly. Hanover, NH: Dartmouth College Press.

Shaw, Tamin. 2007. *Nietzsche's Political Skepticism.* Princeton, NJ: Princeton University Press.

Solomon, Robert C. 2003. *Living with Nietzsche*. New York: Oxford University Press.

Strauss, Leo. 1996. "Note on the Plan of Nietzsche's Beyond Good and Evil," in *Leo Strauss and Nietzsche*, appended by Laurence Lampert. Chicago: University of Chicago Press, 188-205.

7부

감정과 정치

곽준혁. 2015. 「심의 민주주의와 비지배적 상호성」, 『국가전략』. Vol. 11. No. 2, 141-168

Aristotle. 1932. *Politics.* trans. H. Rackham. Cambridge, MA: Harvard University Press.

Aristotle. 1926. *The Art of Rhetoric*, trans. John Henry Freese. Cambridge, MA: Harvard University Press.

Aristotle. 1926. *Nicomachean Ethics.* trans. H. Rackham. Cambridge, MA: Harvard University Press.

Benhabib, Seyla. 1996. "Toward a Deliberative Model of Democratic Legitimacy," in *Democracy and Difference.* edited by Seyla Benhabib. Princeton, NJ: Princeton University Press.

Burke, Edmund. 1990. *A Philosophical Enquiry into the Origin of Our ideas of the Sublime and Beautiful*, edited by Adam Phillips. New York: Oxford University Press.

Cooper, John M. 1999. *Reason and Emotion.* Princeton, NJ: Princeton University Press.

Deleuze, Gilles. 2002[1986]. *Nietzsche and Philosophy.* trans. Hugh Tomlinson. New York: Continuum.

Deleuze, Gilles. 1988. *Spinoza: Practical Philosophy*, trans. Robert Hurley. San Francisco, CA: City Lights Books.

Fraser, Nancy. 1997. *Justice Interruptus: Critical Reflections on the "Post-Socialist" Condition.* New York: Routledge.

Frazer, Michael L. 2013. "Sentimentalism without Relativism," in *Passions and Emotions.* edited by James E. Fleming. New York: New York University Press.

Habermas, Jürgen. 1998. *The Inclusion of the Other.* edited by Ciaran Cronin and Pablo De Greiff. Cambridge, MA: MIT Press.

Hall, Cheryl. 2005. *The Trouble with Passion: Political Theory beyond the Reign of Reason.* New York: Routledge.

Machiavelli, Niccolò. 2006. *Il Principe.* edited by Mario Martelli. Roma: Salerno Editrice.

MacIntyre, Alasdair. 2002. "Is Patriotism a Virtue?," edited by Igor Primoratz. Amherst, NY: Humanity Books, 43-58

Massumi, Brian. 2015. *Politics of Affect.* Malden, MA: Polity Press.

Mouffe, Chantal. 1993. *The Return of the Political.* New York: Verso.

Nussbaum, Martha. 2013. *Political Emotions*. Cambridge, MA: Belknap Press.

Nussbaum, Martha. 1990. *Love's Knowledge*. New York: Oxford University Press.

Plato, 2001. *Euthyphro, Apology, Crito, Phaedo, Phaedrus*. trans. W. R. M. Lamb. Cambridge: Harvard University Press.

Prinz, Jesse J. 2007. *The Emotional Construction of Morals*. New York: Oxford University Press.

Rawls, John. 1999. *A Theory of Justice*. Cambridge, MA: Harvard University Press.

Robin, Corey. 2004. *Fear: The History of a Political Idea*. New York: Oxford University Press.

Sokolon, Marlene K. 2006. *Political Emotions*. Dekalb, IL: Northern Illinois University Press.

Smith, Adam. 1984. *The Theory of Moral Sentiments*. edit. D. D. Raphael and A.L.Macfie. Indianapolis, IN: Liberty Fund.

Spinoza, Benedictus de. 2002. *Spinoza, Complete Works*, trans. Samuel Shirley, edited by Michael L. Morgan. Indianapolis, IN: Hackett Publishing Co.

Young, Iris. 1990. *Justice and the Politics of Difference*. Princeton, NJ: Princeton University Press.

일상과 정치

곽준혁. 2008. 「왜 그리고 어떤 공화주의인가」, 『아세아연구』. Vol. 51, No. 1, 133-163.

한병철. 2012. 『피로사회』. 김태환 옮김. 파주: 문학과 지성사.

Agamben, Giorgio et al. 2011. *Democracy in What State?*. trans. William McCuaig. New York: Columbia University Press.

Agamben, Giorgio. 2005[1995]. *Homo sacer, Il Potere sovrano e la nuda vita*. Torino: Einaudi.

Agamben, Giorgio. 1999. *Potentiality, Collected Essays in Philosophy*, edit. & trans. Daniel Heller-Roazen. Stanford, CA: Stanford University Press.

Agamben, Giorgio. 1996. *Mezzi senza fine: Note sulla politica*. Torino: Bollati Boringhieri.

Agamben, Giorgio. 1990. *La comunità che viene*. Torino: Giulio Einaudi editore.

Arendt, Hannah. 1958. *Human Condition*. Chicago: the University of Chicago Press.

Aristotle. 1933. *Metaphysics*. trans. Hugh Tredennick. Cambridge: Harvard University Press.

Badiou, Alain. 2012. *The Century*. trans. Alberto Toscano. Malden, MA: Polity.

Balibar, Étienne. 2009. "Violence and Civility: On the Limits of Political Anthropology." *Differences*, 20:2/3, 9-35.

Crouch, Colin. 2004. *Post-Democracy*. Malden, MA: Polity Press.

de la Durantaye, Leland. 2009. *Giorgio Agamben, A Critical Introduction*. Stanford, CA: Stanford University Press.

Halfon, Mark. 1989. *Integrity: A Philosophical Inquiry*. Philadelphia, PA: Temple University Press.

Hurka, Thomas. 1993. *Perfectionism*. New York: Oxford University Press.

Machiavelli, Niccolò. 2006. *Il Principe*. cura. Mario Martelli. Roma: Salerno Editrice.

Machiavelli, Niccolò. 2001. *Discorsi sopra la prima deca di Tito Livio Tomo. 1*. cura. Francesco Bausi. Roma: Salerno Editrice.

Mair, Peter. 2013. *Ruling the Void: The Hollowing of Western Democracy*. New York: Verso.

Nussbaum, Martha. 2004. *Hiding from Humanity: Disgust, Shame, and the Law*. Princeton, NJ: Princeton University Press.

Schmitt, Carl. 2004. *Politische Theologie, Vier Kapitel zur Lehre von der Souveränität*. Berlin: Duncker & Humblolt.

법과 정치

곽준혁. 2009. 「공화주의와 인권」, 『정치사상연구』. 15집 1호: 33-55.

곽준혁. 2006. 「사법적 검토의 재검토: 헌법재판과 비지배적 상호성」, 『한국정치학회보』. 40집 5호: 81-110

박은정. 2010. 『왜 법의 지배인가』. 파주: 돌베개.

Bobbio, Noberto. 1990. *L'età dei Diritti*. Torino: Einaudi.

Calvin, Jean. 2006[1960]. *Institutes of the Christian Religion, Vol.1 & Vol.2*. trans. Ford Lewis Battles. edited by John T. McNeill. Louisville, KC: the Westminster Press.

Dicey, Andrew Venn. 1889. *Introduction to the Study of the Law of the Constitution*. New York: Macmillan.

Dworkin, Ronald. 1996. *Freedom's Law*. New York: Oxford University Press.

Dworkin, Ronald. 1978. *Taking Rights Seriously*. Cambridge, MA: Harvard University Press.

Finnis, John. 2011. *Natural Law & Natural Rights*. New York: Oxford University Press.

Habermas, Jürgen. 1999. "Private and Public Autonomy, Human Rights and Popular Sovereignty," in *The Politics of Human Rights*. edited by Obrad Savic. New York: Verso, 50-66.

Levy, Leonard W. 1967. "Judicial Review, History, and Democracy: An Introduction," in *Judicial Review and the Supreme Court*, edited by Leonard W. Levy. New York: Harper & Row, 1-42.

Maimonides. 1981. *Maimonides' Commentary on the Mishnah, Tractate Sanhedrin*, trans. Fred Rosner. New York: Sepher Hermon Publisher.

Moustafa, Tamir & Tom Ginsburg. 2008. "Introduction: The Functions of Courts in Authoritarian Politics." in *Rule by Law, The Politics of Courts in Authoritarian Regimes*. edited by Tom Ginsburg and Tamir Moustafa. New York: Cambridge University Press, 1-22.

Nussbaum, Martha. 2010. "In Defense of Universal Values," *Idaho Law Review* 36: 379-447.

Peters. Christopher J. & Neal Devins. 2005. "Alexander Bickel and the New Judicial Minimalism," in *Judiciary and American Democracy*. edited by Kenneth D. Ward & Cecilia R. Castillo. Albany, NY: State University of New York Press, 45-70.

Pettit, Philip. 2014. *Just Freedom: A Moral Compass for a Complex World*. New York: W. W. Norton.

Seneca. 1928. *Moral Essays.* trans. John W. Basore. New York: G. P. Putnam's Sons.

Waldron, Jeremy. 2006. "The Core of the Case Against Judicial Review," *The Yale Law Journal,* 115: 1347-1406.

Waldron, Jeremy. 1998. "Judicial Review and the Conditions of Democracy," *The Journal of Political Philosophy,* 6:4, 335-355.

Walzer, Michael. 1994. *Thick and Thin: Moral Argument at Home and Abroad.* Notre Dame, IN: University of Notre Dame Press.

Witte, John. 2007. *The Reformation of Rights.* New York: Cambridge University Press.

Zurn, Christopher F. 2007. *Deliberative Democracy and the Institutions of Judicial Review.* New York: Cambridge University Press.

자유와 평등

Aristotle. 1933. *Metaphysics.* trans. Hugh Tredennick. Cambridge: Harvard University Press.

Aristotle. 1926. *Nicomachean Ethics.* trans. H. Rackham. Cambridge, MA: Harvard University Press.

Bauman, Zygmunt. 2013. *Does the Richness of the Few Benefits Us All.* Malden, MA: Polity Press.

Caron, Paul L. 2015. "Thomas Piketty and Inequality: Legal Causes and Tax Solution," *Emory Law Journal Online.* 64:2073, 2073-2083.

Cicero. 2000[1928]. *De Re Publica & De Legibus,* trans. Clinton Walker Keyes. Cambridge, MA: Harvard University Press.

Dworkin, Ronald. 2002. *Sovereign Virtue, The Theory and Practice of Equality.* Cambridge, MA: Harvard University Press.

Erlanger, Steven. 2014. "Taking On Adam Smith(and Karl Marx)," *The New York Times,* April 19 (www.nytimes.com, 2015년 12월 8일 자 검색).

Krugman, Paul. 2014. "Why We're in a New Gilded Age." *The New York Review of Books*, May 8 (www.nybooks.com, 2015년 12월 10일 자 검색)

Mill, John Stuart. 1991. *On Liberty in focus.* edited by John Gray & G. W. Smith. London: Routledge.

Nussbaum, Martha. 1988. "Nature, Function, and Capability: Aristotle on Political Distribution." in *Oxford Studies in Ancient Philosophy, Supplementary Volume 1988.* edited by Julia Annas. New York: Oxford University Press, 145-184.

Pettit, Philip. 2014. *Just Freedom.* New York: W. W. Norton, 2014.

Piketty, Thomas. 2014. *Capital in the Twenty-First Century.* Cambridge, MA: Belknap Press.

Plato. 1930. *Republic* I, trans. Paul Shorey. Cambridge: Harvard University Press.

Sen, Amartya. 2009. *The Idea of Justice.* Cambridge, MA: the Belknap Press.

Sen, Amartya. 1999. *Development as Freedom.* New York: Alfred A. Knope.

Sen, Amartya. 1982. *Poverty and Famines, An Essay on Entitlement and Deprivation.* New York: Oxford University Press.

정치와 수사

Ackerman, Bruce. 1991. *We the People: Foundations.* Cambridge, MA: Harvard University Press.

Aristotle. 1933. *Metaphysics*, trans. Hugh Tredennick. Cambridge: Harvard University Press,

Aristotle. 1926. *The Art of Rhetoric*, trans. John Henry Freese. Cambridge: Harvard University Press.

Arnhart, Larry. 1986. *Aristotle on Political Reasoning: A Commentary on the* 'Rhetoric.' DeKalb, IL: Northen Illinois University Press.

Berlin, Isaiah. 1999. *Concepts and Categories.* edited by Henry Hardy. London: Random House.

Bilakovics, Steven. 2012. Democracy without Politics. Cambridge, MA: Harvard

University Press.

Garver, Eugene. 1994. *Aristotle's Rhetoric, An Art of Character.* Chicago: University of Chicago Press.

Habermas, Jürgen. 1995. "On the Internal Relation between the Rule of Law and Democracy," *European Journal of Philosophy*, 3:1, 12-20.

Kennedy, George A. 1999. *Classical Rhetoric & Its Christian and Secular Tradition.* Chapel Hill, NC: The University of North Carolina Press.

Lefort, Claude. 1988. *Democracy and Political Theory.* trans. David Macey. Minneapolis, MN: University of Minnesota Press.

Nichols, Mary. 1992. *Citizens and Statesmen.* Savage, Maryland: Rowman & Littlefield.

Wolin, Sheldon. 1994. "Norm and Form: The Constitutionalizing of Democracy." in *Athenian Political Thought and the Reconstruction of American Democracy.* Peter Euben et. al. Ithaca, NY: Cornell University Press, 29-58.

정치철학 2

———————— 르네상스와 근현대

1판 1쇄 펴냄 2016년 7월 15일
1판 2쇄 펴냄 2017년 5월 4일

지은이　　곽준혁
발행인　　박근섭, 박상준
편집인　　양희정
펴낸곳　　(주)민음사

출판등록　1966. 5. 19. (제16-490호)
주소　　　서울시 강남구 도산대로1길 62
　　　　　강남출판문화센터 5층 (06027)
대표전화　515-2000 팩시밀리 515-2007
www.minumsa.com

ISBN 978-89-374-3301-6 (94340)
　　　978-89-374-3324-5 (세트)